Siegfried Genthe

Korea - Reiseschilderungen

Verone

Siegfried Genthe

Korea - Reiseschilderungen

1st Edition | ISBN: 978-9-92500-022-7

Place of Publication: Nikosia, Cyprus

Erscheinungsjahr: 2015

TP Verone Publishing House Ltd.

Reiseschilderungen in Korea, im Original 1908 erschienen.

Samoa

Reiseschilderungen

von

Dr. Siegfried Genthe

Mit einer Karte

Herausgegeben

von

Dr. Georg Wegener

Inhaltsverzeichnis.

	Seite
Vorwort und Geschichte der samoanischen Wirren. Von G. W.	IX
1. Kapitel: Die Ankunft	1
2. Kapitel: Apia	11
3. Kapitel: Ein Sonntag	49
4. Kapitel: An Bord von S. M. Schiff Falke nach Savaii 1	67
5. Kapitel: An Bord von S. M. Schiff Falke nach Savaii 2	87
6. Kapitel: An Bord von S. M. Schiff Falke nach Savaii 3	118
7. Kapitel: Die deutsche Schule in Apia	142
8. Kapitel: In Saluafata, der deutschen Kohlenstation	158
9. Kapitel: Ein Besuch bei Mataafa	167
10. Kapitel: Am Westende Upolus	186
11. Kapitel: Am Ostende Upolus	218
12. Kapitel: Bei den Amerikanern in Pago Pago	241
13. Kapitel: An Bord S. M. Schiff Cormoran nach den Ostinseln 1	256
14. Kapitel: An Bord S. M. Schiff Cormoran nach den Ostinseln 2	279
15. Kapitel: Die Zukunft Samoas	297

Vorwort.

Zu meiner Freude macht es die Aufnahme der beiden ersten Bände von „Genthes Reisen" möglich, noch einen dritten folgen zu lassen. Ich wähle für ihn Genthes Schilderungen aus Samoa, die vom 5. November 1899 bis zum 4. April 1900 in der Kölnischen Zeitung er=
schienen. Wie hoch ich gerade diese schätze, habe ich bereits in meiner biographischen Einleitung zu Band I berührt.

In etwas unterscheidet sich diese Veröffentlichung von den beiden vorausgehenden. Band I „Korea" und Band II „Marokko" waren zur Zeit ihrer Buchausgabe in hohem Grade aktuell; der vorliegende, „Samoa", ist dies nicht. Die zugrunde liegenden Artikel hatten zwar bei ihrem ersten Abdruck ebenfalls diese Eigenschaft in ausgesprochenem Maße; sie erschienen gerade während einer Zeit, wo dieser ferne Archipel einen Mittelpunkt des brennendsten Interesses aller Großmächte bildete und seine winzige Hauptstadt Apia berühmter und mehr in aller Leute Munde war als die meisten Millionenstädte der Erde. Für die Welt ist aber seither die Samoafrage, die damals ihre Erledigung fand, naturgemäß in Ver=
gessenheit geraten, und auch in Deutschland selbst hat, nachdem die erste Freude an dem endlichen Erwerb des langumstrittenen Kleinods verrauscht und besonders nach=
dem auf gewisse übertriebene und törichte Vorstellungen von dem wirtschaftlichen Wert der Inseln ein notwendiger

Rückschlag erfolgt war, das unmittelbare Tagesinteresse sich anderen Gegenständen zugewendet.

Die Gentheschen Schilderungen haben daher heute für uns in erster Linie einen historischen Wert. Der aber wird unverlierbar sein. Denn die Epoche, in die sie uns führen, gehört doch immerhin zu den bedeutsamsten unsrer jungen Kolonialgeschichte. So klein uns auch heute bei ruhiger Betrachtung der Gegenstand des ehemaligen internationalen Streites erscheint, es ist unleugbar, daß um seinetwillen beinahe ein gefährlicher Kriegsbrand zwischen verschiedenen Großmächten emporgelodert wäre, unleugbar, daß damals Deutschlands nationale Ehre aufs tiefste mit der Samoafrage verknüpft gewesen ist und daß mit vollem Recht der endliche Gewinn von Upolu und Savaii als ein bedeutender politischer Erfolg unseres Vaterlandes und zugleich als die Sühnung einer langdauernden Versäumnisschuld angesehen wurde. Und wenn wir auch heute über den materiellen Wert Samoas innerhalb unseres übrigen Kolonialbesitzes sehr viel besonnener denken, so ist doch Samoa wahrscheinlich noch immer diejenige unserer Kolonien, die unser Volk am meisten mit Liebe und Stolz sein eigen nennt. Wir fühlen, daß in diesem Erdraum mehr als irgendwo anders deutsche Tüchtigkeit schon lange vorher den Boden bereitet und uns ein ganz besonderes moralisches Anrecht daran verschafft hatte, und wir wissen, daß uns hier ein Gebiet in den Schoß gefallen ist, das an landschaftlichem Zauber wie an Poesie des Volkstums seinesgleichen auf der Erde nur wenig kennt. Auch deshalb wird die Zeit, wo wir Samoa gewonnen haben, für uns immer von Bedeutung bleiben und alles uns wertvoll sein, was dazu dient, ihr Gedächtnis zu erhalten.

Genthes Briefe führen uns in diese Zeit mit größter Lebendigkeit zurück, weniger in den Gang der nackten tatsächlichen Ereignisse, deren Kenntnisse er bei den damaligen Zeitungslesern voraussetzen durfte, als in die Stimmung jener Tage. Seine besten journalistischen Eigenschaften, wie wir sie aus den andern Büchern kennen, sind hierzu mit besonderer Frische tätig; denn es war dies die erste große Reise, die er im Dienste der Kölnischen Zeitung unternahm. Neben der Schilderung der politischen Wirren und der zeitgenössischen Streitigkeiten erwächst dabei unter seinen Händen ein köstliches Gemälde des kleinen Archipels und seines Volkes selbst, das uns deren Wesen festhält, wie es zur Zeit des endgültigen Überganges in die deutsche Herrschaft war. Und wenn zuletzt diese Beobachtung von Land und Volk zur Hauptsache wird, so leitet ihn auch dabei ein völlig richtiges Gefühl, das mitten in dem politischen Kampf doch empfand, wie nichtig und häßlich die Einzelheiten jenes Zankes der Europäer im Grunde waren, welch einen Ewigkeitswert aber, dem einer großen Dichtung ähnlich, die Eindrücke dieser schönen, sonnigen Eilande und ihrer Menschen besaßen, in denen damals die Welt Homers vor uns noch einmal lebendig zu werden schien. Wundervoll ist die Liebe, ja Ehrfurcht und das poetische Verständnis, mit denen er sich in all diese Schönheit und Eigenart der Natur und des samoanischen Volkes und seiner Sitten versenkt, in dem deutlichen Bewußtsein, wie vieles davon unter der Berührung mit der Kultur des weißen Mannes unrettbar dahinschwinden muß. Dabei ist er aber doch durchaus frei von jeder unwahren Sentimentalität. Im Gegenteil, kernhafte Klarheit und männliche Sicherheit des Urteils spricht aus jeder Zeile. Wie richtig alles gesehen ist, davon konnte ich mich selbst überzeugen, als ich ein Jahr später als er ebenfalls Samoa bereiste.

Damals fand ich auch sein persönliches Gedächtnis, die Erinnerung an seine sieghafte Lebensfrische und seinen

Humor, seine reiche und gediegene Bildung noch überall lebendig. Der Widerschein von alledem liegt über unserem Buche.

Die Herausgabe von Siegfried Genthes Schriften soll ja vor allem ihn selbst seinem Volke teuer machen. Hierzu denke ich, werden diese Samoa-Briefe besonders beitragen können.

Im folgenden möchte ich nur noch eine kurze Übersicht der

Geschichte der samoanischen Wirren

geben. Wenn auch zu der Zeit, wo die Aufsätze erschienen, alle seine Leser deren Hauptzüge kannten, wußten, wer die samoanischen Königsparteien Malietoas, Tamaseses, Mataafas oder Tanus waren, welche Rolle die Engländer, die Amerikaner in den letzten Jahrzehnten dort gespielt, welche Kämpfe, welche verlustreichen Katastrophen stattgefunden hatten, und über die daraus hervorgegangenen, seltsam verschrobenen politischen Fragen und Zustände unterrichtet waren, für die durch die Samoa-Akte von 1899 eine endliche Lösung gefunden wurde: so kann dies alles heute doch nur noch bei wenigen von uns vorausgesetzt werden. Ich schicke deshalb so viel davon voran, wie zum Verständnis des Buches notwendig ist.

Wie seit der Mitte des vorigen Jahrhunderts der Grundstein zu den deutschen Interessen auf Samoa gelegt wurde, hat Genthe selbst in seinem Abschnitt über das hamburgische Haus Godeffroy und des durch ihn geschaffenen, die ganze Südsee umspinnenden und in Apia zentralisierten Handels geschildert (S. 21 ff.). Diese geschäftlichen Erfolge verlockten auch die Engländer und Amerikaner, in den Wettbewerb um Einfluß auf Samoa mit einzutreten. Noch verwickelter wurde dieser gleichzeitig dadurch, daß auch die im Gegensatz zueinander stehenden protestantischen und katholischen Missionen sich lebhaft daran beteiligten. Samoa war zu jener Zeit durch mancherlei einheimische Parteifehden zerrissen, die durch das von den Missionaren eingeführte einheimische Wahlkönigtum geschürt wurden. Die wetteifernden weißen Nationen versuchten infolgedessen schon früh, durch allerlei Verbindungen mit dieser und jener Partei sich gegenseitig Vorteile abzugewinnen. Eins der interessantesten Kapitel aus diesem Wettkampf, die Geschichte des merkwürdigen jüdisch-deutschen Amerikaners Steinberger, hat Genthe ebenfalls ausführlich behandelt (S. 13 ff.). Dauerndere Ergebnisse dieses internationalen Ringens waren im Jahre 1879 die Verträge, wonach die Amerikaner den Hafen Pago Pago auf Tutuila und die Deutschen den Hafen Saluafata auf Upolu als Kohlenstation erwarben, und vor allem der Vertrag mit dem damaligen Könige Malietoa Talavu, wonach der Bezirk von Apia zu einem neutralen Gebiet erklärt und unter den Schutz der drei gleichberechtigten Konsuln Deutschlands, Amerikas und Englands gestellt wurde. Die Verwaltung der europäischen Siedelung daselbst sollte ein Munizipalpräsident leiten. Es gelang jedoch nicht ganz, die auf größerer Anzahl und älterem und größerem Besitz beruhende Vormachtstellung der Deutschen auf Samoa zu erschüttern. Der erste Präsident von Apia wurde ein Deutscher und blieb es bis zuletzt. Damals hätte es das neuerstandene Deutsche Reich mit seiner gewaltigen Weltmachtstellung vielmehr leicht gehabt, Samoa wie eine reife Frucht zu pflücken. Es ist bekannt, wie es die beste Gelegenheit dazu verständnislos verfehlt hat. Die Firma Godeffroy geriet zu jener Zeit durch Mißerfolge, die nicht im Gebiet seiner Südseeunternehmungen lagen, in Zahlungsschwierigkeiten. Bismarck fand eine Anzahl deutscher Kapitalisten, die bereit waren, das zu ihrer Aufrechterhaltung nötige Geld herzugeben, der Reichstag aber weigerte sich in den denkwürdigen Sitzungen vom 22. und 27. April 1880, die von dem Konsortium geforderte Zinsgarantie zu übernehmen und damit eine Kontrollgewalt über die Besitzungen der Firma in Samoa zu erhalten, die ein politisches Protektorat zur natürlichen Folge gehabt haben würde.

Diese Verleugnung von seiten des Reichs erschwerte aufs äußerste die Stellung der Deutschen auf Samoa, die gegen die Umtriebe der beiden rivalisierenden Nationen kämpften, und ermunterte die letzteren zu erneuten Anstrengungen. Die Folge war eine zwanzigjährige Periode der verworrensten Zustände auf Samoa, die eine fast ununterbrochene Unterhaltung von Kriegsschiffen aller drei Nationen im Archipel nötig machte, dem Deutschen Reich weit mehr als jene Zinsgarantie kostete, Handel und Wandel schwer schädigte und Blut und Leben von Söhnen aller drei Völker, außer dem der Samoaner selbst, zum Opfer forderte.

Im Jahre 1881 starb Malietoa Talavu. Die neue Königswahl der Samoaner fiel nicht einheitlich aus. Von den drei maßgebenden Landschaften wählte nur Tuamasanga einen Sprößling der alten Malietoafamilie wieder, Malietoa Laupepa; Aana wählte den Häuptling Tamasese und Atua den besonders angesehenen „Herzog" (tui) Mataafa. Durch den Einfluß der Mächte wurde zunächst erreicht, daß Malietoa, obwohl in starker Minorität, als König von Samoa ausgerufen wurde. Tamasese beruhigte sich eine Zeitlang mit der Verleihung des Titels Vizekönig, doch 1885 erhob er sich gegen Malietoa zum Kampfe. Bei der Stellungnahme der weißen Ansiedler zu diesen Wirren tritt immer mehr ein Gegensatz zwischen einer angloamerikanischen und einer deutschen Partei hervor. Erstere begünstigt Malietoa, der mehrfach veranlaßt wird, England um Übernahme einer förmlichen Schutzherrschaft über Samoa zu bitten, letztere Tamasese. Da die Malietoaleute sich verschiedener Übergriffe gegen Deutsche schuldig machten, wurde Malietoa selbst 1887 von diesen kurzerhand gefangen genommen und mit einem Umweg über Hamburg und Kamerun nach den Marschallsinseln geschickt. Hierüber entbrannte natürlich ein diplomatischer Streit der drei Mächte. Während diese vergeblich zu einer Verständigung zu gelangen suchten, wurde jetzt in Samoa Tamasese von der Mehrheit der Eingeborenen zum Könige erwählt.

Gegen diesen spielte die angloamerikanische Partei nunmehr den dritten Thronanwärter, Mataafa, aus. Unter ihrem Einfluß begann letzterer Krieg gegen Tamasese. Da aber wiederum deutsches Eigentum bei diesen Feldzügen geschädigt wurde, verlangte Deutschland ein Ende der Feindseligkeiten und Entwaffnung beider Parteien. Tamasese war auch dazu bereit, Mataafa nicht. Bei dem Versuch, letzteren dazu durch ein Landungskorps von deutschen Seesoldaten zu zwingen, kam es zu dem bekannten Gefecht am Bailele vom 8. Dezember 1888, bei dem sechzehn Deutsche, zwei Offiziere und 14 Mann, ihr Leben einbüßten.

Kurz darauf verlor die deutsche Marine durch den furchtbaren Orkan am 7. März 1899 in dem überfüllten Hafen von Apia zwei Kriegsschiffe, Adler und Eber, und 93 Mann. Noch größer waren die Verluste der Amerikaner, während es den Engländern gelang, sich auf die hohe See zu retten. Der dadurch daheim veranlaßte bringende Wunsch nach einer diplomatischen Regelung der Samoafrage führte zu der Berliner Konferenz von 1899. Ihr Ergebnis war leider wiederum eine Halbheit. Man beschloß die Wiederherstellung des Königtums Malietoas, wenn auch in eigentlich nur noch nomineller Art, unter der Oberhoheit der drei Konsuln. Die völlige Gleichberechtigung der drei Mächte wurde hierbei festgestellt. Als Finanzverwalter wurde dem König der Präsident von

Apia beigegeben. Außerdem wurde ein weißes Obergericht in Samoa eingesetzt.

Die Samoaner selbst waren mit diesem Rechtsspruch durchaus nicht einverstanden. Zunächst bekämpfte Mataafa den aus der Verbannung zurückgeführten Malietoa. Daraufhin wurde er jetzt seinerseits von den drei Mächten gefangen genommen und nach den Marschallsinseln gebracht. Nunmehr kämpfte Tamasese der Jüngere, ein Sohn des früheren gleichnamigen Prätendenten, gegen Malietoa weiter. Samoa blieb ein Schauplatz unseligster Wirren.

Im Jahre 1898 starb der Schattenkönig Malietoa Laupepa. Nach dem Berliner Vertrage sollten die Eingeborenen frei nach ihren Sitten seinen Nachfolger wählen können. Mit überwältigender Mehrheit fiel diese Wahl auf den allgemein beliebten und nach samoanischen Anschauungen damals vornehmsten aller Samoaner, Mataafa. Die deutsche Partei fügte sich diesem Ergebnis, obwohl Mataafa früher unser Gegner gewesen war. Die angloamerikanische Partei dagegen, die ihn früher gefördert hatte, tat es jetzt nicht, und zwar unter dem Einfluß der englischen Missionare, denen der katholische Mataafa im Grunde ein Dorn im Auge war. Sie proklamierte, durch den Mund des — amerikanischen — Oberrichters Chambers vielmehr eigenmächtig den 17 jährigen, nicht einmal tätowierten und daher den Samoanern als unmündiger Knabe geltenden Missionszögling und Sohn Malietoa Laupepas, Malietoa Tanu, zum König. Das führte natürlich zu neuen Kämpfen zwischen den Samoanern. Am 1. Januar 1899 fand ein großes Gefecht in Apia selbst statt, bei dem die Tanuleute von den Mataafaleuten völlig geschlagen wurden und auf den europäischen Kriegsschiffen Schutz suchen mußten.

Unter dem Druck dieses Erfolges erließen die drei

Konsuln jetzt eine Proklamation, wonach Mataafa provisorisch die Regierung führen sollte, unter Mitwirkung des Präsidenten von Apia als obersten Exekutivbeamten. Die Gereiztheit der Samoaner sowohl wie die der Vertreter der einzelnen weißen Nationen untereinander stieg inzwischen auf eine beängstigende Höhe. Verschärft wurde die Stimmung noch durch den Ehrgeiz einiger fremder Schiffskapitäne, insbesondere des im März 1899 eintreffenden amerikanischen Admirals Kautz. Eigenmächtig erklären die Konsuln Englands und Amerikas — unter Protest des deutschen — jetzt die provisorische Regierung Mataafas für aufgehoben und führen die Tanuleute wieder zurück. Die Mataafaleute werden durch Kautz aufgefordert, Apia zu räumen, und als sie das nicht tun, eröffnen die Engländer und Amerikaner ein mehrtägiges Bombardement auf die Stadt, wobei auch deutsches Eigentum geschädigt und Deutsche vielfach unwürdig behandelt werden. Während mehrerer Wochen fahren auch Kriegsschiffe der Partei an der Küste Samoas dahin, bombardieren die Dörfer und zerstören samoanisches Eigentum. In den Krieg zwischen den Mataafa- und Tanuleuten greifen die Engländer und Amerikaner persönlich mit ein und erleiden auch ihrerseits blutige Verluste.

Dies alles führte den Kabinetten Europas schließlich doch die Unhaltbarkeit der durch die Berliner Konferenz geschaffenen Zustände vor Augen. Sie sandten jetzt zur endgültigen Regelung eine gemischte Spezialkommission nach Apia, deren deutsches Mitglied der spätere amerikanische Botschafter Freiherr Speck von Sternburg war. Sie traf am 13. Mai 1899 dort ein, kurz nachdem der bisherige deutsche Präsident von Apia, der tüchtige und energische Dr. Raffel, in Dr. Solf einen wiederum deutschen Nachfolger erhalten hatte.

Die Kommission veranlaßte zunächst eine Wiederherstellung der Ruhe unter den Parteien, beschloß, die Königswürde überhaupt abzuschaffen, übertrug die gesamte Verwaltung aufs neue den drei Konsuln, schlug für Begleichung der europäischen Schadensersatzansprüche infolge des Bombardements ein internationales Schiedsgericht vor und reiste am 18. Juli wieder ab, weitere Verhandlungen der heimischen Diplomatie überlassend. Denn eine wirkliche Lösung der Schwierigkeiten war das alles natürlich nicht. Die Gleichberechtigung der drei Mächte in Samoa hatte sich zur Genüge als eine Unmöglichkeit herausgestellt. In Europa und Amerika gingen die Wogen der Erregung hoch, und der Ausbruch ernstlicher Zwistigkeiten lag nicht außer Bereich der Möglichkeit. Endlich aber wurde doch von den Kabinetten durch das Samoa-Abkommen vom 14. November 1899 ein endgültiger friedlicher Ausweg gefunden: Samoa wurde geteilt. Amerika erhielt den kleineren östlichen Bereich des Archipels, Tutuila und Manua, Deutschland, seinen Anrechten entsprechend, den größeren und weitaus wertvolleren westlichen, Upolu und Savaii; England gab seine Ansprüche auf die Inseln ganz auf gegen den Verzicht Deutschlands auf die seinigen im Bereich der Tongainseln und Abtretung zweier seiner Salomonsinseln an die Engländer. Am 16. Februar 1900 wurde dieses Abkommen ratifiziert, am 1. März 1900 die deutsche Flagge auf dem alten Königslande Mulinuu bei Apia gehißt. Erster deutscher Gouverneur Samoas wurde Dr. Solf, und Mataafa, der einflußreiche Vertrauensmann fast ganz Samoas, zwar nicht zum Könige, jedoch unter dem neugeschaffenen Titel alii sili zu einem Gehilfen und Mittelsmann für den Gouverneur ernannt. —

* * *

Genthes Entsendung nach Samoa durch die Kölnische Zeitung erfolgte in der Zeit, wo das Interesse der Heimat seinen Höhepunkt erreichte. Er traf in Apia ein am Anfang Juni 1899, d. h. als die Samoakommission noch anwesend war, und verweilte vier Monate auf den Inseln, bis zum Anfang Oktober. Durch die Anwesenheit der deutschen Kriegsschiffe und ihre Fahrten hatte er das Glück, dabei die gesamte Inselwelt, auch die später amerikanischen Teile, kennen zu lernen.

Die Veröffentlichung seiner Artikel (s. oben S. IX) beginnt kurz vor Abschluß des Samoa-Abkommens und endigt erst nach Vollzug der deutschen Besitzergreifung. Daher wird in den letzten Aufsätzen noch gelegentlich auch Bezug auf die erst nach der Reise eintretende Entwicklung genommen.

Ich habe die Aufsätze, von einigen aus Raumgründen vorgenommenen Weglassungen unwesentlicher Teile abgesehen, so gut wie ganz unverändert gelassen; auch ihre samoanische Orthographie. Zu dieser sei nur dies eine bemerkt, daß der Laut g zwischen Vokalen nasal, wie ng, lautet, so daß also z. B. Tuamasaga oder Pago Pago wie Tuamasanga und Pango Pango ausgesprochen wird. Meine Fußnoten habe ich auf das geringste Maß beschränkt. Ich bin der Meinung, daß es nicht meine Aufgabe war, Genthes Werk zu verbessern, sondern es dem Publikum vorzulegen. Überdies gilt auch von Samoa das gleiche wie von den vorhergehenden Werken, daß die Zahl der Irrtümer darin für einen Journalisten, der nun einmal unter dem Zwange raschester Auffassung und Wiedergabe schreiben muß, bewundernswert klein ist. Auch das möchte ich zeigen.

Die zur Orientierung beigefügte Karte (nach der Langhansschen Karte von 1900) gibt die Verhältnisse Samoas zur Zeit unserer Besitzergreifung wieder.

Die photographischen Aufnahmen Genthes ließen sich leider ebensowenig mehr ermitteln, wie die von Korea. Wem etwa zur Verlebendigung der Gentheschen Schilderungen an solchen Abbildungen liegt, den kann ich auf meine eigene Schrift „Deutschland im Stillen Ozean, Bielefeld und Leipzig 1903" aufmerksam machen. Er wird dort verschiedene Dinge dargestellt finden, von denen hier auch die Rede ist. Endlich möchte ich auch hier die Leser, die sich über Genthes Leben und seinen tragischen Tod näher unterrichten wollen, auf die Einleitung zu Band I und das Schlußwort zu Band II verweisen.

Berlin, im Oktober 1908.

G. W.

Erstes Kapitel.

Die Ankunft.

Die Bucht von Apia. — Die Kriegsschiffe der Mächte. — Erster Eindruck der Samoaner. — Bismarckbrücke. — Unterkunft und Umgangssprache.

Die erste Südsee-Insel! Das ist ein Ereignis für den Reisenden wie die Offenbarung einer neuen, bisher nur geahnten Größe, die, aus Geographie und Novellistik wohlvertraut, nun zum erstenmal in den Kreis unserer eigenen Erfahrung eintritt. Was beim Studieren der bekannten Darwinschen Korallentheorie in der geologischen Literatur Deutschlands, Englands und Amerikas gelesen wurde, was sich in früher Jugend dem gierigen Leser aus den Beschreibungen von James Cook, Chamisso oder den neueren Schilderern Robert Louis Stevenson und Stoddard eingeprägt hat, wird aufs neue lebendig in uns, da unser Dampfer sich im Morgengrauen Upolu nähert. Noch ist die Sonne nicht über der Kimm emporgetaucht, an den vor uns aufsteigenden Bergen hängt noch der Morgennebel und in leise flatternden Fetzen fegt, von frischer Passatbrise getrieben, ein dünner Schleier über die munter dünende See. Da schießt mit einem Male der erste Feuerstrahl im Osten überm Wasser hervor, und gleich darauf sendet der ganze strahlende Sonnenball ein grelles Licht in die Welt, wie mit heller Fanfare den jungen Tag verkündend. Vor uns breitet sich ein entzückendes Bild aus: die Bucht von Apia in ihrer Einrahmung von hohen, bis zum Gipfel dichtbewaldeten Bergen, von Palmenstrand und Korallenriff. Es ist wie ein lieblicher Talkessel in unseren deutschen Mittelgebirgen ans Meer versetzt und mit Palmen ausgeschmückt. Längs des Ufers zieht sich in langgeschwungener Linie die Stadt hin, anscheinend eine einzige Straße bildend, mit zahlreichen europäischen Häusern, zum Teil im Grünen verborgen, mit Wellblechdach und Holzwänden, vor allen eines auffällig durch schreierische Namensaufschrift in Riesenbuchstaben — natürlich die Behausung eines amerikanischen Händlers, der es sich nicht versagen kann, mit dieser lauten Anpreisung nach der Art amerikanischer Geschäftsstädte einen häßlichen Mißton hineinzubringen in dieses friedliche Bild paradiesischer Schönheit und Stille.

Und das ist nicht der einzige Mißton im Gemälde. Liegt doch der ganze Hafen voll von Kriegsschiffen, und der Anblick dieser dicht zusammengedrängten Streitkräfte reißt einen alsbald heraus aus jener Pierre Lotischen Gefühlsduselei, in die uns nur zu leicht die erste Berührung mit den Wundern tropischer Naturschönheit versetzt. Hier wirkt die Versammlung der Kriegsschiffe um so bedrückender, als alle Fahrzeuge auf engstem Raume nebeneinander verankert liegen und sich in einer Weise nahe auf den Leib gerückt sind, die geradezu verbrecherisch wäre, wenn nicht die Ortsverhältnisse des Hafens so bedenkliche Maßregeln nötig machten. Von einem Hafen in Apia reden zu wollen, ist ein lucus a non lucendo. Ringsum schließt das Korallenriff den sogenannten Hafen von außen ein, nur in der Mitte eine schmale, verzwickte Einfahrt lassend und einigen Schiffen, auch größeren Tiefganges, kargen Ankergrund gewährend. Zwischen Riff und Strand können nur ganz flachgehende Boote verkehren, und auch diese ungehindert nur bei einkommender Flut. Bei niedrigem Wasser, vor allem wenn der Vollmond stärkste Ebbe verursacht, taucht überall bedrohlich das Riff mit seinen abgestorbenen Korallenbänken hervor, nur am Außenrande in die lebhaft gefärbten Bauten lebender Koralle übergehend. Als warnendes memento mori liegt mitten auf der trockenen Bank vor der Mitte der Stadt das Wrack des deutschen Kanonenbootes Adler, das hier vor zehn Jahren in jenem furchtbaren Orkan mit seinen deutschen und amerikanischen Kameraden den Untergang fand, weil nationale Eifersucht die Kommandanten verhinderte, rechtzeitig den Hafen zu verlassen. Rotbraun verrostet, seiner Beplankung und aller Holzteile entkleidet, liegt das gewaltige Gerüst da in der Brandung, die seinen Leib in der Mitte auseinandergerissen hat, eine stete und gerade jetzt wieder zeitgemäße Warnung: so endigte vor zehn Jahren der Versuch der Mächte, Partei ergreifend und sich einander befehdend in den Kampf der Eingeborenen sich einzumischen. Und wie ein Stich geht's einem ins Herz, wenn man auch jetzt wieder sechs Kriegsschiffe dreier Nationen hier vor der Hauptstadt dieser schönen Insel zusammengeschart sieht. Das größte Schiff, die Philadelphia des polternden amerikanischen Admirals, dem die Lorbeeren seines Kameraden vor Manila keine Ruhe ließen, und die Royalist vom englischen Geschwader haben zwar kurz vor unserer Ankunft den Hafen verlassen; aber noch liegen da drei britische Kriegsschiffe, die Tauranga, das Flaggschiff Stuarts, mit der Porpoise Sturdees und dem kleinen als Bark getakelten Kreuzer Torch. Schwarz und ungastlich wie ein Newcastler Kohlenkasten liegt das amerikanische Transportschiff Brutus weit draußen nach Mulinuu zu, der flachen, palmbestandenen Halbinsel, die Apia nach Westen begrenzt. Das Schiff soll später nach Guam gehen und auf dieser im spanischen Krieg erworbenen Mariannen-Insel die amerikanische Verwaltung einsetzen. Das elegante, weißgestrichene Fahrzeug der Oberkommission, der aus der westindischen Warlinie übernommene Hilfskreuzer Badger, ist uns draußen auf See begegnet, noch ehe der Lotse an Bord kam und für unsern Dampfer einen Ankergrund in der schmalen Fahrrinne gefunden hatte, wo das aus den Bergen kommende Flüßchen Mulivai mit seinem Süßwasser das Korallenriff zerstört und ein kleines Tiefwasserbecken geschaffen hat. Das Auslaufen der Badger hatte an Bord große Aufregung hervorgerufen. Niemand hatte das Schiff vorher gesehen. Die zwischen den Toppen der Pfahlmasten wehenden Flaggen der drei Vertragsmächte ließen es aber sofort als das Kommissionsboot erkennen, und gleich wurden Stimmen laut, nun sei alles vorbei in Samoa und die Herren Zeitungsleute seien mal wieder zu spät da. Erst nachher erfuhr man, daß die Kommissare nur zum Beginn der geplanten Entwaffnung nach einem benachbarten Hafen gegangen seien. Als einziger Vertreter unserer deutschen Seemacht lag der Falke im Hafen, ein kleines Schiff von weniger als 1600 Tonnen, wie alle unsere Kreuzer vierter Klasse als Schunerbark getakelt — schmuck und trimm in seinem blendendweißen Anstrich, als ob es eben erst klar gemacht hätte zur ersten Indienststellung. Ein paar kleine Segelschuner, meist der deutschen Handels- und Plantagengesellschaft gehörend und die deutsche oder britische Flagge führend, vervollständigen das Bild, das der Hafen bei der Einfahrt bietet. Sonst liegt nur noch eine große dänische Bark, das Schiffsgedränge mehrend, vorm Riff vor Anker, auch sie in Diensten der deutschen Firma, für die sie das Anwerben von schwarzen Arbeitern auf den melanesischen Inseln für die Pflanzungen besorgt.

Noch ehe der Postdampfer Anker geworfen hat,

schießen von allen Seiten die Kanus der Eingeborenen und zahlreiche europäische Boote heran. Ein ausgehöhlter Baumstamm mit einem durch Bast zusammengeschnürten Ausleger — jener das Kentern verhindernden bekannten Erfindung der Südseeschiffer — und ein Paddelruder, das ist die ganze Schiffsausrüstung des Samoaners. Mit dem kurzstieligen Ruder und seiner herzblattförmigen Kelle paddelt er sich in unglaublich raschem Tempo vorwärts wie eine Kommandantengig und zeigt bei allen Wendungen und Manövern, wie vollständig er sein gebrechliches kleines Fahrzeug in der Hand hat. Wie bei einem großen Kristallisationsverfahren schießen diese kleinen, schmalen Dinger auf uns zu, und im Augenblick ist das Deck des Dampfers überfüllt mit braunen Menschenkindern, Männlein und Weiblein und Kindern, die allerhand Sachen zum Verkauf anbieten. In flüchtig aus Bananenblattrippen geflochtenen Körben bringen sie Früchte aller Art heran, Fächer aus Palmenblättern, Fliegenwedel aus Kokosnußfasern, Keulen, lange Kopfmesser, wunderbar schön aus festen Gräsern hergestellte Matten in interessanten Flechtmustern und vor allem jenes eigentümliche Papierzeug Siapo, das aus der innern Rinde des Maulbeerbaumes gewonnen und im ganzen Lande als Bekleidungsstoff verwandt wird, soweit europäische Kattune noch keinen Eingang gefunden haben. Hier die Apiaer erscheinen zwar fast ausnahmslos in bedruckten Baumwollstoffen, die sie von den weißen Händlern am Strande gekauft haben, und haben sogar außer dem Hüfttuch meist noch ein Unterhemd oder gar Flanellzeug europäischer Mache angezogen — sonst aber laufen sie noch ganz echt als „Wilde" umher, ohne Schuhe, Strümpfe und Kopfbedeckung. Nicht einen einzigen sehe ich in Hosen, die den Kanaken Hawaiis selbst in den entlegensten Teilen der Inselgruppe schon unentbehrlich ge=

worden sind. Man ist überrascht, in den Samoanern lauter ungemein stattliche, schlank gewachsene Menschen zu sehen, mit breiter Brust und gewaltigen Gliedern, alle ohne Ausnahme ebenmäßig und stark wie wenig bevorzugte Athleten bei uns. Auch die Frauen sind prachtvoll gewachsen, besonders in der Jugend. Kleine, halberwachsene Mädchen belustigen sich damit, vom Kanu aus nach Geldstücken zu tauchen, die sie sich von den über der Reeling lehnenden Reisenden herunterwerfen lassen, und so, wie sie sind, mit Hüfttuch und Blumenkette um den Hals, springen sie kopfüber ins Wasser, tauchen nach der rasch sinkenden Münze und zeigen beim Schwimmen die wunderbare Entwicklung ihrer jungen Glieder. Das ohrenbetäubende Geschrei, das beim Landen in andern tropischen und östlichen Häfen lästig fällt, fehlt hier ganz; alles geht recht ruhig und anständig zu, selbst die Verkäufer zeichnen sich durch angenehmen Mangel an Geschäftseifer aus und sitzen schweigend, mit untergeschlagenen Beinen alla turca, vor ihrer Ware und harren in Demut der Käufer, die da kommen sollen. Zwischen diesen halbnackten Südseemenschen bewegen sich die ersten weißen Ankömmlinge vom Lande. In stattlichen Booten mit der Dienstflagge ihres Landes im Heck sind die Konsuln der drei Vertragsmächte längsseit gekommen, der Hafenarzt und der Oberrichter führen die samoanischen Landesfarben, die wie der Danebrog aussehen mit einem Stern im linken oberen Felde. In schlanker Gig mit vorzüglich gedrillter schwarzer Rudermannschaft — Jungen aus den deutschen Schutzgebieten in Melanesien —, hat sich der Direktor der deutschen Firma eingefunden und mit ihm seine Kommis und Superkargos, die das Verladen der einkommenden und ausgehenden Fracht beaufsichtigen. Alles ist in tadelloses Weiß gekleidet, meist sogar mit steifgebügelter Oberwäsche, die nicht recht zum korkenen Tropenhelm passen will. Zahlreiche „Badegäste" kommen das Fallreep herauf, Leute, die nicht das Amt herführt, sondern nur der Wunsch, Neuigkeiten zu erfahren von den Reisenden, die aus den Staaten kommen, und folglich wenigstens ebenso „up to date" sind wie die mit der Post kommenden Zeitungen. Rasch werden ein paar Fragen und Antworten ausgetauscht über Dreyfus und Transvaal, und wir erkundigen uns bei den Strandbewohnern nach der Lage der Dinge auf Samoa.

Gepäck und Zoll ist rasch erledigt, mit einigen an Bord gemachten Reisebekanntschaften und schwer mit Koffern und Kisten bepacktem Boot geht es endlich an Land. Der Steg, an dem unser samoanischer Steuermann uns absetzt, trägt stolz den Namen „Bismarckbrücke". Das mutet gleich heimatlich an, und damit auch die Erinnerung an vaterländische Zucht und Ordnung nicht fehle, ist unter dem Namensschild eine Inschrift auf deutsch und samoanisch befestigt, die besagt, daß diese stolze Bismarckbrücke — ein kläglicher kleiner Brettersteg — nur für die Boote der kaiserlichen Marine bestimmt sei. Daß das nicht so schlimm gemeint ist, ergibt sich aus der anscheinend gewohnheitsmäßigen Kaltblütigkeit, mit der unser Bootssteurer an diesem „tabu" erklärten Steg anlegt und uns gegenüber vom Tivoli-Hotel absetzt, das zum Absteigequartier auserkoren worden ist. Viel zu küren gibt's zwar in Apia nicht, wenn man sich einen Gasthof suchen will. Man bemerkt allerdings beim Spazieren auf der Hauptstraße alle Augenblicke ein Haus, das sich als „Hotel" anpreist, bei näherem Zusehen entpuppen sich diese Anstalten indessen lediglich als Trinkstuben, „Bars" im amerikanischen Sinne, wo man außer geistigen Getränken nichts bekommen kann als das berühmte Butterbrot, das in amerikanischen Temperenzstaaten unter Glas gehalten und tagaus, tagein jedem Besucher vorgesetzt wird, da nach den Landesgesetzen „kein geistiges Getränk ohne Mahlzeit" verabfolgt werden darf, und jeder Gast, der nur einen Whisken zu trinken gekommen ist und nur pro forma ein Butterbrot verlangt, das ehrwürdige Schaustück unberührt läßt, bis es ein museumsfähiges Alter und Versteinerungshärte erlangt hat. —

Von wirklichen Gasthäusern, die Reisende unterbringen und pflegen, gibt es nur zwei hier, das International und das Tivoli. Das erste gehört einem Deutschen, steht aber unter englischer Verwaltung und gilt ganz als englisches Haus, weshalb auch der britische Oberkommissar dort sein Heim aufgeschlagen hat, während die beiden andern an Bord der Badger hausen. Das Tivolihotel liegt in Apia selbst und rühmt sich, zwölf Zimmer zu besitzen, die beim gewöhnlichen Gang der Dinge natürlich leer stehen und Besitzer und Verwalter an den Bettelstab brächten, wenn nicht als Goldgrube eine vielbesuchte Schenke mit dem Haus verbunden wäre. Der „Comfort der Neuzeit", der diesem Gasthof in Reklameschriften angedichtet ist, bestand aus dunkeln, fensterlosen Zimmern ohne jegliche Möbel außer einer einfachen Bettstelle mit zerlöchertem Moskitonetz, zwei Badezimmern in einem angebauten Schuppen, im Vergleich wozu die Badegelegenheit in einem deutschen Staatsgefängnis das reine Fürstengemach ist, und in der Verdoppelung der Preise, die in jener poetisch pomphaften Anzeige genannt waren. Versöhnlich wirkt eine große, luftige Veranda, die nach hawaiischer Art um das ganze Haus herumläuft und bei der stets wehenden Passatbrise sehr angenehm kühlen Aufenthalt gewährt, sowie die echt südseemäßig buntgemischte Besatzung des Hauses. Besitzer ist ein Amerikaner, Verwalter ein ehemaliger Hauptmann der britischen Kolonialtruppen, den ein wechselreiches Leben aus Indien hierher verschlagen hat; in der Schenke sitzt als Machthaber ein „Colonial", das heißt ein Australier oder Neuseeländer mit jenem dort so häufigen Verbrechergesicht, das die Zuchthausvergangenheit der Vorfahren ins Gedächtnis ruft. Der Oberkoch ist ein Chinese, allerdings ohne Zopf und in europäischen Kleidern, dafür aber schon durch Stevenson berühmt geworden, und seine Gehilfen sind seine eigenen samoanischen Mischnachkommen und ein aufgeweckter Singhalese, der die ganze Welt durchstreift hat. Der Hausknecht ist ein schwarzer Salomo-Inselmann, heißt Hans und ist deutscher Reichsschutzbefohlener und spricht jene klassische Sprache, die im Weltverkehr als Pidschin-Englisch bekannt ist. Hier in der Südsee hat sich dieses eigenartige Verständigungsmittel zu einer Blüte entwickelt, die eines besonderen Studiums wert ist. Nicht nur bedienen sich die Weißen dieses Kauderwelschs beim Verkehr mit den Melanesiern, sondern auch diese selbst helfen sich bei der Fülle verwirrender Mundarten auf ihren Heimatsinseln mit dem geliebten Pidschin aus der babylonischen Patsche und leisten in der Bezeichnung ihnen neuer Begriffe die trefflichsten philologischen Scherze. Das Wesen dieser Sprache ist: englische Vokabeln mit gelegentlichen Erinnerungen ans Spanische, Aufgabe jeglicher Formenlehre und Syntax und vor nichts zurückschreckende Kühnheit bei der Übersetzung sogenannter Fremdwörter. So heißt z. B. ein Kahlkopf „he white fellow man belong cocoanut (allgemein für Schädel gebraucht) stop no grass". Eine Lokomotive ist ein „manuao (man of war) stop long bush"; ein Klavier dagegen bedarf folgender längerer Erzählung, bis es dem Melanesier als deutlicher Begriff in seinen „savvy bokkus" (Wissenskasten, Gehirn, savvy spanisch saber) eingegangen ist: „big fellow bokkus white man fight him he cry". Mich dünkt, allein die Aussicht, diese Sprache täglich hören und sprechen zu können, verlohnt der Reise hierher und des Verkehrs mit den schwarzen Boys. Vom sprachpsychologischen Standpunkt aus gibt es kaum etwas Fesselnderes als dies stammelnde Bemühen jener Wilden, die auf wenige Jahre — während ihres Arbeitsvertrags auf den Pflanzungen — den vorsintflutlichen Zuständen ihrer Urwaldheimat entrissen werden, sich in der fremdartigen Welt des Weißen sprachlich zurechtzufinden, um den neuen unfaßbaren Dingen der europäischen Kulturwelt, der ihrigen um Jahrtausende voraus, zu begegnen mit neugeformten Wortungeheuern aus jenem Schatze von etwa 300 Begriffen, die ihnen die Berührung mit den Europäern gebracht hat.

Vom Pidschin=Englisch über Hans, den schwarzen Gentleman von den Salomo=Inseln, zurück zu Apia und dem Tivolihotel ist nur ein Schritt. „Hans, where stop white fellow man belong big nose he come steamer?" Mit diesem erfolgreichen Versuch in der Lingua Franca erkundigte ich mich nach dem Zimmer meines Kollegen und Reisegefährten von der Times, der sich mit edler Ergebung in das „black hole of Calcutta" gefunden hatte, das für die nächsten Monate sein Heim sein sollte, und bereit war, mit mir „an maßgebender Stelle Erkundigungen über die Lage" einzuziehen, wie man in der Zeitungssprache Besuche und Anfragen bei Gesandten, Konsuln, Kommissaren und andern politischen Machthabern so schön nennt.

Zweites Kapitel.

Apia.

Eine Kleinstadt von 1300 Seelen als Ausgangspunkt internationaler politischer Störungen. — Apia, eine Aneinanderreihung von sieben langen Dörfern. — Voll geschichtlicher Erinnerungen. — Der große Abenteurer Steinberger. — Beim „Leiter des großen Rats". — Ein polynesischer roi en exil. — Deutsche Villenvorstadt und Medizinerviertel.

Man wird nicht leicht eine andere Stadt von so geringer Bevölkerung und verhältnismäßig so bescheidener allgemeiner Bedeutung finden, die wie die Hauptstadt der Samoa-Inseln es so verstanden hätte, sich in der ganzen Welt einen Namen zu machen als Brennpunkt schwieriger politischer Fragen. Die ungeheure Lächerlichkeit der völligen Verhältnislosigkeit zwischen politischer und sonstiger Bedeutung wird einem erst klar, wenn einem ein längerer Aufenthalt in dieser merkwürdigen Kleinstadt den genauern Einblick verschafft hat in die Kleinlichkeit des ganzen Betriebes von Schildbürgerlichkeit und politischem Größenwahn, der sich hier in diesem internationalen Dorf auf einer der schönsten Südsee-Inseln seit Jahrzehnten abspielt zum Gespött der ganzen gebildeten Welt und zur nimmerruhenden Sorge der Diplomaten. Man stelle sich vor den im Halbkreis geschwungenen Strand einer landseits von herrlich bewaldeten Hügeln, von der Seeseite durch Korallenriff und Palmenraum eingefaßten Südseebucht, besetzt mit einer ununter=

brochenen Reihe von kleinen Holzhäusern mit Wellblech=
bedachung, und man hat Apia vor sich, die bescheidene
Bühne so mancher weltbewegenden Haupt= und Staats=
aktionen. Trotz der dorfmäßigen Bevölkerung von nur
etwa 1300 Seelen werden sich die Apiaer vielleicht die
Bezeichnung der königlichen Hauptstadt als Kleinstadt ver=
bitten und darauf hinweisen, daß man auch als rüstiger
Fußgänger mehr als eine Stunde braucht, um von
einem Ende des Ortes zum andern zu gehen. In der
Tat zieht sich Apia über mehr als sechs Kilometer am
Strande hin, nicht weniger als sieben Dörfer umfassend,
die auch als völlig miteinander verwachsene Stadtteile
noch ihre getrennten Namen führen. Ein Schlendergang
durch diese aneinandergeleimten Dörfer, die nur nach
der See zu einen europäischen Anstrich haben, bringt dem
Kundigen die ganze wechselreiche Geschichte Samoas ins
Gedächtnis. Beginnt man den Rundgang um die Bucht
an der nordwestlichen Ecke, so betritt man den Stadtbezirk
gleich an dem geschichtlich wichtigsten Teil: es ist die
langgestreckte flache Halbinsel Mulinuu („Landsende"),
die sich wie ein naseweiser Elefantenrüssel in das flache
Korallenmeer hinausstreckt und mit ihrem Sandboden und
den gleichförmigen Palmenreihen kaum die nötige land=
schaftliche Würde aufweist, die man von einem so wichtigen
Bezirk erwarten darf. Seit die Europäer in die poli=
tischen Geschicke der Inselgruppe eingegriffen haben, ist
Mulinuu ein geweihtes Stück Land gewesen, das Eleele
Sa, das „heilige Land" der jeweils herrschenden Familie.
Samoa in seiner vorchristlichen Zeit kannte kein König=
tum, die Monarchie in der verderblichen Form des Wahl=
königtums ist eine Erfindung der Missionare, die im Jahre
1830 ihren Einzug auf den bis dahin fast völlig un=
berührt gebliebenen Inseln hielten. Seitdem ist die kleine
Gruppe friedlicher Inselparadiese in regelmäßigen und

kurzen Zwischenräumen der Schauplatz erbitterter Wahl=
kämpfe zwischen den herrschenden Geschlechtern gewesen,
und je mehr die Abgesandten verschiedener Kirchen und
die Vertreter fremder Nationen sich zur Förderung eigen=
nütziger Zwecke in die verwickelte Frage der Königs=
wählbarkeit einmischten, desto mehr verloren die Kämpfe
der Anwärter gegeneinander den harmlosen Charakter
rasch und ziemlich unblutig herbeigeführter Entscheidungen
und arteten aus zu langwierigen Zwistigkeiten, die den
Keim zu internationalen Verwicklungen eben wegen jener
Einmischungen von vornherein in sich trugen. Hier in
Mulinuu sehen wir die Stelle, wo der erste Weiße ge=
haust hat, der den Anfang gemacht hat mit nachhaltiger,
bewußter Beeinflussung samoanischer Parteipolitik zu=
gunsten fremder Interessenten; hier stand das Haus des
großen Abenteurers Steinberger, eines sogenannten ame=
rikanischen „Obersten" deutsch=jüdischer Abkunft, der den
braven Präsidenten Grant vermochte, ihn als Sonder=
berichterstatter der Vereinigten Staaten nach Samoa zu
schicken, um die Handelsaussichten der fruchtbaren In=
seln und einen Freundschaftsvertrag mit ihren auf=
geweckten Bewohnern in Erwägung zu ziehen. Sehr bald
schwang sich der schlaue und ehrgeizige Mann zum ersten
Ratgeber und „Premierminister" des von ihm selbst ein=
gesetzten Königs auf, und alles, was er tat zur Befestigung
seiner Stellung bei den Eingeborenen, geschah, ohne jede
Befugnis, im Namen der Vereinigten Staaten. Stein=
berger war der erste Weiße, der nicht als Händler oder
Geistlicher ins Land gekommen war, der sich mit Erfolg
den Anschein des selbstlosen Freundes geben konnte. Sehr
rasch wuchs daher sein Anhang im Volk, und beim König
und seinen Großen gewann der „Alii Amelita", der
amerikanische Häuptling, mehr Einfluß als Kaufleute oder
Missionare bisher je besessen hatten. Die einfache Ver=

fassung, die er nach Prüfung alter Herkömmlichkeiten einführte, die glückliche Lösung der Königsfrage durch Schaffung eines regelmäßigen Geschlechterwechsels auf dem Thron, die Herstellung geordneter Zustände auf allen Inseln und die Wohltat einer einfachen, aber wirksamen Gerichtsbarkeit unter eingeborenen Richtern hätten den Schöpfer dieser gedeihlichen Zeit wohl ein besseres Geschick verdienen lassen, als ihn in Wirklichkeit nach wenigen Jahren ereilte. Es konnte zwar nicht bezweifelt werden, daß Steinberger alles darauf angelegt hatte, sein Adoptivvaterland zur Besitzergreifung der Inseln zu veranlassen, und sich selbst durch Volksabstimmung den Posten des ersten Statthalters zu sichern. Auch konnte nicht in Abrede gestellt werden, daß er gelegentlich mehr als gut war trank und eine besondere Vorliebe für die lieben Samoanerinnen an den Tag legte, was den frommen Herren von der englischen Mission um so greulicher war, als er in einem Eingeborenenhause lebte, in dem sich das häusliche Leben fast gänzlich unter den Augen der Öffentlichkeit abspielt. Und so verbanden sich denn Kaufleute und Missionare zu einer gehässigen Denkschrift ans amerikanische Auswärtige Amt. Da auch die Konsuln von Großbritannien und Amerika sich dem Kreuzzug gegen den deutsch-jüdischen Machthaber anschlossen, wurde in der Tat seine gewaltsame Entfernung verfügt. Der deutsche Vertreter und die deutsche Gemeinde waren der ganzen Zänkerei ferngeblieben, was allerdings wohl auch darin seinen Grund hatte, daß Godeffroy & Sohn mit dem „Premierminister", der nach seiner eigenen Verfassung mehr Rechte als der König selbst hatte, einen Vertrag abgeschlossen hatten, wonach die gesamte Kopraerzeugung der Inseln dem großen Hamburger Hause ausschließlich zugeführt und dem Minister als Vermittler zehn Prozent des gesamten Handels gutgeschrieben werden sollten. Ver=

gessen und einsam ist Steinberger erst vor wenigen Jahren in New York gestorben — nach dem heutigen Urteil der Eingeborenen der einzige Weiße, der Samoa verstand und seine Bevölkerung zu nehmen wußte.

Nicht weit von dieses seltenen Mannes Haus sehen wir auf Mulinuu die Häuser, in denen Mataafa, Tamasese und der kleine Königsknabe Tanu Mafili wohnten, als Ende vorigen Jahres sich die Ereignisse vorbereiteten, die heute Samoa wieder in den Vordergrund des öffentlichen Interesses geschoben haben. An der schmalsten Stelle der Halbinsel steht das Haus des Präsidenten des Munizipalrats, ein schmuckes Gebäude in Fachwerk, mit überhängendem Dach und umlaufender breiter Veranda, den Erfordernissen des Klimas angemessen. Der neue Präsident ist ein umgänglicher Mann, dessen gastliches Haus jedem offen steht und ihm bald die tröstliche Gewißheit bringt, daß nicht jeder deutsche Beamte im Auslande notwendig ein verschlossener Bureaukrat mit den bekannten Formen höherer Zugeknöpftheit sein muß. Zugeknöpft sein ist hier unter 14 Grad südlicher Breite weder in Kleidung noch in Umgangsformen am Platze, hier gibt es weder Frack noch Zylinder, und die Menschen lassen sich nicht einteilen in solche, die einen anständigen Frack tragen, und solche, die weder nach Bildung noch Schneiderrechnung mitzählen. Bei einer Entfernung von mehr als 20 000 Kilometern von Hause und einer so völligen Abgeschlossenheit von der Außenwelt, wie sie ein nur vierwöchentlicher Postdampferdienst bedingt, verwischen sich die feineren Unterscheidungen, die wir daheim zu beobachten gewöhnt und berechtigt sind, und jeder Deutsche wird hier, wenn anders er ein braver Kerl ist, umgangsfähig, weil er ein Landsmann ist. Wohl dem Beamten, der diese große Weisheit bald erfaßt und das Vertrauen einer Gemeinde sich zu erwerben versteht, die zumeist aus vielgewanderten, vielerfahrenen Leuten mit amerikanischen und australischen Erfahrungen in Demokratie besteht und längst den letzten Rest kleindeutscher Spießbürgerlichkeit abgestreift hat. Beim Betreten der Wohnung des „Alii Taitaifono" (des Häuptlings, der den Großen Rat leitet), wie die Samoaner den Vorsitzenden der Munizipalität nennen, nimmt mich ein kleiner schwarzbrauner Bengel im Fes in Empfang, der mich daran erinnert, daß Dr. Solf schon als kaiserlicher Richter in Deutsch=Ostafrika koloniale Erfahrungen gesammelt hat und kein Neuling mehr auf einem Posten wie Apia ist. Der kleine Suahelimann, der seinen Herrn von Dar=es=Salaam bis zur Südsee begleitet hat, ist ein höchst drolliger Geselle, der mit der ruhigen Würde des Arabers und der Gelassenheit des kismetgläubigen Mohammedaners alle Erscheinungen der neuen Welten an sich vorüber und abgleiten läßt, als ob er zum Globetrotter vom strengsten Nil admirari=Typus geboren wäre.

Von des Präsidenten breiter Veranda hat man den schönsten Blick auf Apia, der in der Stadt selbst zu haben ist. Der ganze mittlere Teil des Ortes, die eigentliche Geschäftsstadt, mit ihren Läden und Kneipen, liegt hinterm Palmensaum verdeckt, und nur die östliche Küste ist sichtbar mit ihren bewaldeten Höhen, vor denen sich der schlanke Leib des weißleuchtenden deutschen Kreuzers malerisch abhebt. Eine stets lebendige Passatbrise streicht über das Haus hinweg, und recht bequem liegt es sich in jenen riesigen Sitzgeräten, die dem Tropenreisenden als Bombaystühle bekannt sind. Die Brandung bricht sich in dumpfem Schlag am Korallenriff, und auch die innerhalb der Bank kaum bewegte See brandet in regelmäßigen Zwischenräumen nur wenige Schritte von unserm Sitzplatz ans Ufer. Hier genießt man die Vereinigung von Meer und Südseelandschaft aus erster Hand und mit

immer neuer Empfänglichkeit, und der Präsident des
Munizipalrates von Apia könnte ein recht zufriedener
Mann sein, wenn ihm die Dornen seiner Amtskrone
nur nicht so dichtgestachelt die kahle Denkerstirn be=
drückten.

Schräg gegenüber steht das Haus eines andern Macht=
habers von Samoa, des im Jahre 1898 verstorbenen
Königs Malietoa Laupepa. Seine einfache Behausung,
ein schmuckes Holzhaus in europäischer Bauart, einen
Palast zu nennen, ist ebenso töricht, wie die Gewohnheit
der Engländer, jeden Negerdorfschulzen in Afrika als
König zu ehren. Für einen Machthaber indessen, dem
die drei Vertragsmächte eine Zivilliste von 600 Mark
monatlich ausgesetzt haben, wovon er meist nur die Hälfte
wirklich ausgezahlt bekam, während der oberste europäische
Beamte ein Monatsgehalt von 2000 Mark — aus samoa=
nischen Einkünften! — beanspruchen konnte, für einen
so bescheidenen Potentaten ist das kleine Häuschen im
Mulinuu durchaus angemessen; es enthält drei Zimmer
mit europäischen Möbeln und macht bei aller Einfachheit
auf den Samoaner, der in seinem Lande kein einziges
Beispiel fester Steinhäuser und guter Zimmer=Einrich=
tungen nach nordischer Art bewundern kann, doch den
Eindruck einer „großen Häuptlingswohnung", als deren
unerreichbares Ideal ihm für gewöhnlich die Missionars=
häuser der Engländer gelten, die meist mit guten Möbeln,
Teppichen, Bildern und Büchern und Nippsachen gefüllt
sind. An Malietoas Person und Haus knüpfen sich so
manche Erinnerungen, denen nachzugehen eine förmliche
Vorlesung über die neuere Geschichte Samoas erheischen
würde. Es genüge, an einen Abschnitt seines bewegten
und an Unglück mehr als Königsfreuden reichen Lebens
zu erinnern: seine Verbannung vor zwölf Jahren, als
das deutsche Kanonenboot Adler, dessen trauriges Wrack

noch heute den Hafen Apias wie einen Kirchhof erscheinen läßt, den armen Kerl, der nur der Spielball fremder Mächte gewesen, aus seinem sonnigen Lande entführte und über Neu-Guinea, Kapland, Kamerun, Hamburg endlich durch den Suezkanal nach den Marshall-Inseln brachte, wo er auf dem einsamen Korallenatoll Jaluit genug Zeit fand, über den Wert eines samoanischen Königsthrones nachzudenken. Rührend liest sich die schlichte Darstellung, die dieses Kind der Südsee von seinen unfreiwilligen Wanderungen nach seiner Rückkehr den Getreuen daheim gab. Es hat ein großes völkerpsychologisches Interesse, zu beobachten, wie ein naives Menschenkind mit dem kleinen Erfahrungskreis und spärlichem Vorrat von Anschauungsbegriffen sich einer neuen Welt gegenüber verhält, von der er trotz des Verkehrs mit den Weißen auch nicht die leiseste Vorstellung erworben hat, wie jemand, der bisher nur Kokospalmen und das blaue Meer, seine Wälder und das brandende Riff gesehen hat, sich zu Eisenbahn und wolkenkratzenden Steinhäusern, zu Luftballons und Fernsprechern stellt. Der Hannoversche Bahnhof in Hamburg — einer der dunkelsten Punkte in der Architektur der reichen Hansestadt — erschien dem braunen König als „ein prächtiges Riesenhaus mit Wagen drin und einem wunderbaren Dach von Glas", und die Pferdebahn war ihm „etwas wie ein Haus, aber von Pferden gezogen und mit vielen Decken". An mehreren Stellen der Erzählung, wie sie uns Stevenson überliefert hat, gedenkt Malietoa der Vorsorglichkeit der Deutschen an Bord wie später am eigentlichen Verbannungsort, „sie waren gut zu ihm und gaben ihm Rindfleisch, Tee und Zwieback". Das vollendete Anstandsgefühl des Samoaners, der auch seinen Widersachern Gerechtigkeit widerfahren läßt, zeigt sich auch hier in diesem Reisetagebuche eines polynesischen „roi en exil".

Unmittelbar neben des letzten samoanischen Königs
Haus erhebt sich inmitten eines kleinen, gutgepflegten
Gartens das hübsche Marmordenkmal, das von der kaiserlichen Marine „den auf der australischen Station gebliebenen Kameraden" nach dem blutigen Gefecht bei
Fagalii vom 18. Dezember 1888 gesetzt worden ist. Damals war die Lage bekanntlich ziemlich die gleiche gewesen wie bei den letzten Unruhen, nur daß sich Deutschland leider auf das falsche Pferd gesetzt hatte und seine
unglückliche Parteinahme für einen aussichtslosen Thronanwärter mit dem Blute vieler braven Seeleute bezahlen
mußte. Nicht weniger als 47 Tote birgt dies Grab,
darunter zwei Oberleutnants von der Olga, die übrigen
Unteroffiziere und Mannschaften von Adler, Eber und
Olga. Auch diesmal hat der Kampf zwischen den Samoanern und den fremden Truppen bekanntlich wieder an
derselben Stelle stattgefunden; das unglückliche Gefecht
vom 1. April, worin die englischen und amerikanischen
Offiziere fielen, hatte seinen Schauplatz an demselben
Küstenstrich, nur ein paar tausend Schritt vom früheren
Schlachtfeld entfernt, und die Gräber der diesmaligen
Opfer finden sich ebenfalls auf Mulinuu, unweit vom
deutschen Denkmal, einstweilen noch durch nichts anderes
als ein einfaches Holzkreuz kenntlich.

Mit diesen Erinnerungen an die blutigen Zusammenstöße zwischen Samoa und seinen ungebetenen Freunden
und Ratgebern hört der rein geschichtlich und politisch
bedeutsame Teil der Hauptstadt auf, und in dem angrenzenden Sogi betreten wir eine kleine Vorstadt, die
ohne jeden politischen Beigeschmack einer Reihe von
Apiaern als Villenquartier dient. Die sauberen, kleinen
Häuschen mit nett angelegten Gärten zwischen Haus und
Strand verraten durch die schwarzweißrote Flagge schon
die Nationalität ihrer Eigentümer; meist sind es Deutsche,

kleinere Beamte, Handwerker und dergleichen, die hier ihr Heim aufgeschlagen haben. Zugleich ist es das ärztliche Viertel, der Arzt der Handelsgesellschaft sowie der Hafenarzt der samoanischen Regierung, ebenfalls ein Deutscher, haben ihre Häuser hier, und dicht dabei bezeichnet eine deutsche Inschrift ein Haus als deutsches Hospital, eine sehr nützliche Anstalt, die von Konsulat und Marine gemeinschaftlich unterhalten wird. Augenblicklich sind die wenigen Zimmer, die das Krankenhaus enthält, unbesetzt, denn es geht den hiesigen Deutschen, einschließlich der Besatzung des Stationskreuzers, recht gut, und die gelegentlichen Fieberanfälle, die hier niemand verschonen, sind nicht bedenklich genug, um eine Behandlung im Krankenhause notwendig zu machen. Regelmäßiger besetzt ist das Lazarett, das die deutsche Firma für ihre schwarzen Arbeiter aus unsern melanesischen Besitzungen unterhält, denn die „black fellow workboys" sind gegen den Klimawechsel ziemlich empfindlich und müssen sorgfältig auf Lunge und Magen beobachtet werden.

Doch damit haben wir Sogi schon verlassen und sind in den Bezirk des nächsten Dorfes gelangt, das an der Zusammensetzung Apias teilnimmt: Savalalo, das fast ausschließlich von den Baulichkeiten der großen deutschen Firma ausgefüllt wird. Hier versinnbildlicht sich der weitgreifende deutsche Südseehandel in jenem Hamburger Hause, das schon seit Jahrzehnten fast gleichbedeutend gewesen ist mit den deutschen Handelsinteressen im südlichen und westlichen Großen Ozean überhaupt, und noch heute, auch nach dem Sturze der alten Godeffroyschen Firma, derartig mit der Geschichte der Deutschen auf Samoa verwachsen ist, daß man seine Geschichte nicht erzählen kann, ohne vorher von der Samoas im ganzen zu sprechen.

* * *

Geschichte eines deutschen Handelshauses. — Kölnisches Wasser als „Stinkwasser"-Handelsartikel in der Südsee. — Die deutsche Handels- und Plantagengesellschaft, Stütze und Mittelpunkt der deutschen Gemeinde Apias. — Abendspaziergang in Matafele. — Matrosen, englische, amerikanische und deutsche.

Die heutige deutsche Firma, wie sie sich mit ihren Warenlagern, Kopraschuppen, Bureaus und Wohnungen für die Angestellten in dem großen Komplex zu Savalalo darbietet, ist nur ein schwacher Abglanz von dem, was früher in Apia unter dem Namen der „deutschen Firma" oder einfach als „die Firma" in der ganzen Südsee berühmt war. Es gab eine Zeit — und die älteren unter uns haben sie noch miterlebt —, wo von der Kordillerenküste Südamerikas bis an die Mündungen des Mekong und Menam in Hinterindien die großen Vollschiffe des Hamburger Reeders und Großkaufmanns Johann Cesar Godeffroy fast die Alleinherrschaft über den gewaltigen Handel des Großen Ozeans ausübten, wo von Coquimbo und Guayaquil bis nach Saigon und Bangkok Perlmutter und getrockneter Kokoskern, Baumwolle und Chinarinde, Salpeter und Cochenille in deutschen Schiffen ihren Weg über den Haupthafen der Samoa-Inseln fanden, wo Godeffroy wirklich ein ungekrönter König der Südsee war und seine Angestellten in Apia, dem Hauptstapelplatz mittwegs auf seinen ausgedehnten Unternehmungslinien, bei mangelndem Dampferverkehr oder gar telegraphischem Kabel ihrerseits wie die kleinen Könige über ihren Händlern und Arbeitern thronten, in paradiesischem Lande jeder unbequemen Beaufsichtigung durch häusliche Machthaber entrückt.

Es war ein gewisser Anselm, einer der zahlreichen Vertreter des Hamburger Hauses an der Ostküste des Großen Ozeans, der zum erstenmal auf die glänzenden Aussichten hinwies, die sich auf den ungezählten Inselgruppen der Südsee bieten müßten, wenn es gelänge, den ganzen Handel des großen Meeres in deutschen Händen zu vereinigen und in ähnlicher Weise zu betreiben, wie es zwei englische Häuser, Hart Brothers und John Brander, mit großem Erfolg auf den östlichen Gruppen durchgeführt hatten. Auf den flachen Paumotu-Inseln wurde diesem Vorschlage zum erstenmal mit der Errichtung einer Faktorei entsprochen, und die Ergebnisse waren so gut, daß über Tahiti immer weiter westlich eine Station nach der andern gegründet werden konnte auf Niue, Futuna, Wallis, Tokelau, den Ellis- und Gilbert-Inseln, Samoa bis hinauf über die Marshall-Inseln, auf den Karolinen, Mariannen und Palau, so daß schon nach einer kurzen Reihe von Jahren kaum eine Südseegruppe mehr unbesetzt blieb. Auch die melanesischen Gebiete nach dem Bismarck-Archipel und Neu-Guinea hin wurden in Angriff genommen und so ein ungeheures Arbeitsfeld geschaffen, für das Apia den natürlichen Mittelpunkt abgab. Hierher wurden alsbald die großen Warenvorräte von Hamburg aus verschifft, um von hier aus an die weitverstreuten Einzelhändler zu gehen, die überall die Erzeugnisse ihrer Inseln dafür in Austausch gaben, so daß mit verhältnismäßig geringem baren Gelde ein Geschäft betrieben werden konnte, dessen Umfang damals allgemeines Staunen hervorrief. Die zahlreichen Händler, Pflanzer und Schiffer, die für den Hamburger Reeder arbeiteten, mußten sich meist mit einem recht geringen Gehalt begnügen, sie waren auch gezwungen, alle ihre Bedürfnisse an Kleidung, Speise und Trank aus den Beständen des Hauptwarenlagers in Apia zu festen Preisen zu entnehmen und mußten ganz der eigenen Tatkraft und dem eigenen Geschäftseifer vertrauen, wenn sie auf die Kosten kommen wollten. Man verkaufte ihnen europäische Waren nur gegen vorherige Bezahlung des doppelten Einkaufspreises, so daß die Hauptagentur bei jeder Lieferung, abgesehen von Bezügen für Fracht und Vermittlung, 100 Prozent in die Tasche stecken konnte, ganz gleichgültig, ob der Händler nachher seinerseits mit Nutzen verkaufen konnte oder nicht. Er erhielt dann allerdings beim Rechnungsabschluß 3 Prozent des Reingewinns gutgeschrieben. Diese Art rücksichtsloser Ausbeutung entsprach durchaus den in der Südsee üblichen Grundsätzen und niemand sah darin eine selbstsüchtige Härte, wenn auch die mittellosen Unterhändler auf den Zwischenstationen dadurch gezwungen wurden, den Eingeborenen geradezu sündhafte Preise für häufig sehr minderwertige Waren abzufordern. Was diese Leute den bedürfnislosen Insulanern aus Verzweiflung oder Gewinnsucht aufzuschwatzen verstanden, ist unglaublich. Dinge, die selbst einem zivilisierten Mitteleuropäer leicht entbehrlich sind, mußte der künstlich eitel oder abergläubisch gemachte Wilde für schweres Geld kaufen: die „small fellow bottle water belong stink" ist noch heute auf vielen Inseln ein heiß begehrter Besitz, aber nur reiche Häuptlinge haben die Mittel, sich den Luxus einer Flasche Kölnischen Wassers zu gönnen, das auch in der Südsee nichts verliert von seinem Wohlgeruch — oder Wohlgeschmack? — trotz des ergötzlichen pidschin = englischen Namens. Dicke Winterkleidung, die einem Nordpolfahrer nützlicher wäre als einem halbnackten, überdies schön tätowierten Südseewilden, sieht man überall von den armen, verblendeten Naturkindern im Schweiße ihres Angesichts zur Schau tragen, wenn es gilt, dem neidischen Nachbarn zu zeigen, daß alles da ist und es nicht wie bei armen Leuten aussieht. Auf den interessanten Zusammenhang zwischen Missionsarbeit und Kaufgeschäft hinzuweisen, versage ich mir an dieser Stelle.

Inmitten dieses großartigen Netzes kaufmännischer Unternehmungen, die vom Frachtverkehr im größten Maß-

stab bis zum bescheidenen Kramgeschäft die ganze Stufenleiter durchliefen, erschien Samoa sehr bald als die „Perle
der Südsee". Lage, Klima, Landschaft, Bevölkerung, landwirtschaftliche und kaufmännische Aussichten, alles ließ
diese bevorzugte Inselgruppe als ein besonders geeignetes
Versuchsfeld erscheinen für einen großen deutschen Siedlungsplan, den Godeffroy schon längst erwogen hatte.
Kleine deutsche Kapitalisten und Handwerker sollten sich
in Samoa ansiedeln, aus den südamerikanischen Faktoreien der Firma sollten Maultiere für die unzugänglichen
Gebirgswege im Innern beschafft werden, China und
Hinterindien waren als Werbegebiete für Pflanzungsarbeiter in Aussicht genommen, die Regierung des Norddeutschen Bundes zeigte ein lebhaftes Interesse für den
verheißungsvollen Gedanken und die Marine hatte schon
dem Kreuzer „Hertha" Befehl gegeben, von China nach
Apia in See zu gehen. Die öffentliche Meinung in
Deutschland stand dem kühnen Gedanken einer planmäßigen ersten deutschen Kolonisierung über See noch
schwankend gegenüber, zwischen wilder Begeisterung und
Philisterspott die Mitte haltend.

Schon im Keime wurde dieser Anlauf aber erstickt,
der französische Krieg brach aus und die „Godeffroyheitsinsel" geriet in Vergessenheit, bis der Zusammenbruch des
Hamburger Hauses und die Bitte um deutsche Schutzherrschaft abermals Samoa in den Mittelpunkt des öffentlichen Interesses rückten. Die Aktiengesellschaft, die den
großen Reeder in der Südsee ablöste, als rascher Verkauf
fester Werte die Verluste in russischen und westfälischen
Bergwerksversuchen decken sollte, war nicht imstande, das
umfangreiche Geschäft weiter zu betreiben. Die unschätzbare Kraft des auch politisch so berühmt gewordenen
ersten Leiters Theodor Weber reichte nicht aus, auf allen
Gruppen der Südsee die zahllosen Handelsstationen zu

unterhalten, mehr und mehr beschränkte sich das neue
Haus auf den südwestlichen Ozean, die Tongagruppe, den
Bismarckarchipel und vor allem auf Samoa, dem fortan
die größte Aufmerksamkeit geschenkt wurde. So ist die
jetzige „Deutsche Handels= und Plantagen=Gesellschaft der
Südsee=Inseln zu Hamburg" trotz des langen Namens im
wesentlichen nur noch ein Samoageschäft, das allerdings
hier auf den Inseln alles andere soweit in den Schatten
stellt, daß im Pflanzungsbetrieb wie im Kleinhandel zu
allererst die „longhandled firm", wie die Engländer
hier mit einem netten Wortspiel den meilenlangen Titel
abkürzen, kommt und „dann lange nichts", bis schließ=
lich die wenigen mittleren Pflanzer und die zahlreichen
kleinen Händler auf der Liste erscheinen.

Auch im gesellschaftlichen Leben Apias spiegelt sich
dies Übergewicht der deutschen Firma in bezeichnender
Weise wieder. Mit Faktoren, die im geselligen Ver=
kehr eine maßgebende Rolle spielen könnten, sieht es in
einem kleinen Südseehafen natürlich eigen aus. Gar viele
hierher verschlagene Leute haben endlich in Apia den
Ankerplatz gefunden, der ihnen in einem langen Leben
voller Abenteuer und Entbehrungen versagt war, als sie
auf abgelegenen Inseln, alles menschenwürdigen Umgangs
und alles Zusammenhangs mit Außenwelt und heimischen
Kultureinflüssen entwöhnt, den harten Kampf ums Dasein
kämpften oder einem hierzulande so oft unmäßig ent=
wickelten Hang zur ungebundensten „Freiheit" nachgaben.
Es wäre eine ungemein fesselnde Aufgabe, der Lebens=
geschichte jedes einzelnen Bewohners dieser merkwürdigen
Stadt nachzuspüren, die Ausbeute an romantischen Er=
zählungen würde für manchen Band spannender Südsee=
geschichten ausreichen. Die meisten dieser jetzt als Kauf=
leute oder Gastwirte hier lebenden alten Siedler haben
sich mit Samoanerinnen oder Halbblutmädchen verheiratet

oder leben wenigstens in wilder, nur vom einheimischen Geistlichen eingesegneter Ehe mit eingeborenen Frauen, so daß ihr Haus für den gesellschaftlichen Verkehr nicht in Betracht kommen kann. So bleibt außer Konsul und Präsident, Postmeister und Pfarrer, Lehrer und Arzt eigentlich nur die Firma übrig mit ihren zahlreichen Angestellten, die sämtlich unter Vertrag unmittelbar aus Deutschland kommen und einige Jahre hier zu bleiben pflegen. Alle diese letzteren Herren wohnen zusammen auf dem geräumigen Grundstück der Handelsgesellschaft in Savalalo, mit Ausnahme der Verwalter und Aufseher der Pflanzungen, die selbstverständlich draußen auf dem Lande leben. Von den fast 800 Menschen, die auf Upolo allein im Solde des großen Hauses stehen — worunter etwa 700 schwarze melanesische Arbeiter — sind ungefähr 20 Leute von höherer Schulbildung oder gar Hochschul= laufbahn, und um diese Herren sammelt sich in der Haupt= sache der gesellschaftliche Verkehr, wenn deutsche Kriegs= schiffe im Hafen liegen oder Landsleute aus der Heimat auf der Durchreise Samoa berühren. Von jeher ist das Kasino der Handelsgesellschaft seiner Gastfreundschaft wegen berühmt gewesen, und wohl noch jeder Deutsche, der sich in Apia zum Vergnügen oder von Berufs wegen aufgehalten hat, ist mit dem Gefühl weitergereist, daß hier in diesem großen Handelshause und in seinen An= gestellten das Deutschtum eine würdige Vertretung und einen starken Mittelpunkt gefunden hat. Gelegentlich haben sich Fremde darüber aufgehalten, daß bei Bällen, Gartenfesten und ähnlichen geselligen Veranstaltungen, wozu von Zeit zu Zeit die Firma Einladungen ergehen läßt, auch die jungen Damen der Mischlingsbevölkerung erscheinen, und hat gemeint, daß diese dunkelhäutigen Schönen den ganzen Verkehr auf ein Niveau herabzögen, wohin sich eine weiße Vollblutdame niemals verlieren dürfe. Nur kleinlicher Rassenhochmut ist aber imstande, für die Südsee Verhältnisse herbeiwünschen zu wollen, wie sie in andern überseeischen Ländern das gesellschaftliche Leben der Europäer vergiften. In Indien zum Beispiel ist der Mischling, der sein Leben der Liebe eines Weißen zu einem schönen Landeskinde verdankt, ein hoffnungslos Ausgestoßener. Der Kastengeist, der hemmend und störend das Leben jenes alten starren Kulturlandes durchzieht, hat sich auch dem fremden Einwanderer mitgeteilt, er verachtet jeden Menschen von anderer Hautfarbe, und wenn es sein eigen Fleisch und Blut ist. Die eigenartigen sittlichen Zustände, die infolge solch unangebrachter Abschließung sich in der an weißen Frauen so armen europäischen Gesellschaft Indiens mit Notwendigkeit haben entwickeln müssen, wollen wir unserer kleinen deutschen Gemeinde nicht wünschen. Freuen wir uns vielmehr darüber, daß unsere Landsleute hier sich noch nicht auf das hohe Pferd der Selbstanbetung gesetzt und noch etwas Achtung und Freundschaft übrig haben für eines der liebenswürdigsten Völker, die man auf der Erde finden kann. Wer es nicht für unter seiner Würde hält, mit schönen Mischlingmädchen vorübergehende oder dauernde Beziehungen anzuknüpfen, der sollte schon aus Achtung vor seinem eigenen Nachwuchs dafür sorgen, daß sich der Weiße nicht als den alleinigen Pächter aller Vorzüge eines „auserwählten" Volkes gebärden darf, und die wenigen vollbürtigen Damen europäischer Abstammung — die zurzeit in Apia ansässigen kann man an den Fingern einer Hand abzählen — täten auch gut daran, ihren „christlichen Mitschwestern" etwas mehr versöhnliches Entgegenkommen zu zeigen, besonders da die samoanischen Mischlinge durchaus nicht wie solche anderer Völker — Levantiner, Eurasier, südafrikanische Bastarde — nur die schlechten Seiten beider Eltern aufweisen; fast

ausnahmslos haben die Halbblutsamoaner sich die liebens=
würdigen Eigenschaften ihrer Mütter bewahrt und von
ihren weißen Vätern meist nichts als eine gewisse Kenntnis
von deren Sprache angenommen.

Wir haben uns mit unserer Plauderei über die eigen=
artige Stellung der deutschen Handelsgesellschaft so lange
in den wohltuend kühlen Räumen des Firmakasinos auf=
gehalten, daß wir uns beeilen müssen, wenn wir noch
vor Dunkelwerden mit unserem Gang durch die lange
Hauptstraße Apias fertig werden wollen. Die Sonne
steht schon tief, die sengende Hitze des Tages hat einer
angenehmen Abkühlung Platz gemacht und aus allen
Häusern eilen die Menschen auf die Straße, um vor dem
Essen sich rasch ein wenig von der hierzulande so not=
wendigen körperlichen Bewegung zu machen, die man
tagsüber nach Möglichkeit vermeidet. Am Schwestern=
heim der französischen Maristenmission vorbei kommen
wir in den vierten Stadtteil, der Apia zusammensetzen
hilft, Matafele, ebenfalls zum größeren Teil deutsch wie
Sogi und Savalalo. Die Eingeborenen scheinen mit
einemmal die Straße zu überschwemmen, in zahlreichen
Einzelgruppen gehen sie mit jener aufrecht stolzen Hal=
tung einher, die den Polynesier überall auszeichnet. Der
meist völlig nackte oder nur mit einer Blumenkette ge=
schmückte Oberkörper glänzt unter dem frischen Anstrich
von Kokosöl, und unter der prächtig gleichmäßig hell=
braunen Haut bewegen sich die riesigen Muskeln, deren
ungewöhnliche Entwicklung der Samoaner von sich selbst
so gern rühmt, wenn er zwischen sich und andern Völkern
Vergleiche anstellt. Kinder, samoanische, Mischlinge und
Weiße, spielen im fröhlichen Verein auf der Straße und
vor den Häusern umher mit demselben lauten Übermut, der
überall in der Welt das Vorrecht des kommenden Ge=
schlechts ist. Seit die zahllosen militärischen Wachtposten,

die seit Ankunft des amerikanischen Admiralschiffes die
Straßen der Stadt unsicher machten, auf Befehl der
Kommission das Feld haben räumen müssen, läßt es
sich hier doch wieder leben, und in alter Weise kann der
Apiaer seinen „Constitutional" in der Abendbrise durch
die Hauptstraße machen, wo er auf einer Strecke von
wenigen Kilometern sämtliche Bekannte finden und ein
paar Worte „über die Lage" austauschen kann.

Es ist zwar eigentlich recht ruhig geworden, und mit
den militärischen Feldlagern auf offener Straße ist auch
das Gefühl verschwunden, als ob man mitten im Kriege
lebe. Schön war es überdies nicht, auf Schritt und Tritt
von einem unverschämten amerikanischen Matrosen oder
einem britischen Seesoldaten daran erinnert zu werden,
daß man als Deutscher zur verhaßten „Rebellenpartei"
gehörte. Längs der Hauptstraßen hatten sich die Wacht=
truppen in flüchtig gebauten samoanischen Hütten ein=
gerichtet, und während der wachthabende Posten in feld=
mäßiger Ausrüstung — Flanellhemd, Strohhut, Feld=
flasche und Gamaschen — gelangweilt auf und ab ging,
lagen die Kameraden in ihren unsauberen Anzügen —
nur Hose und Flanellhemd — in mehr oder weniger male=
rischen Stellungen auf dem Erdboden umher und schäkerten
mit den vorüberziehenden eingeborenen Mädchen, von
denen sich einige schon ganz zum Bestande der Wachtstube,
wenn man eine an allen Seiten offene Hütte so nennen
kann, gehörig zu betrachten schienen. Jetzt schaut es
wieder friedlicher aus, und die Straße in Matafele hat
ihr altes Ansehen wieder gewonnen. Die deutsche Schule
grüßt uns von einem kleinen offenen Platze und er=
innert uns wohltuend daran, daß die deutschen Bewohner
der Stadt die einzigen sind, die ihre Kinder unter fach=
männischer Leitung in der Muttersprache und andern
nützlichen Dingen erziehen lassen, während die Kinder

anderer Staatsangehörigen sich mit dem Unterricht in den Missionsschulen begnügen müssen, der selbstverständlich einen ganz besonderen Beigeschmack hat. Matafele ist der eigentliche Kern der deutschen Ansiedlung, außer der Schule stehen hier noch Konsulat und Post, die großen Häuser und Warenschuppen mehrerer deutschen Kaufleute und schließlich zwei Gasthöfe in deutschem Besitz, von denen der eine allerdings zurzeit an einen Engländer verpachtet und dadurch in den Ruf eines ausländischen Hauses gekommen ist. Hier hat die hohe Kommission ihr Quartier aufgeschlagen, eine deutsche Wache steht davor, die noch allein von allen militärischen Schaustücken übriggeblieben ist. Unsere deutschen Jungen sehen denn doch anders aus als die fremden Blaujacken, sie sind in tadellos weißes Zeug — das zu Hause nur zur Parade getragen wird — gehüllt, und aus dem kleidsamen blauen Exerzierkragen schauen lauter offene ehrliche Gesichter hervor, die nichts zu tun haben mit der Klasse von Desperados, die so oft als letzte Zuflucht in der amerikanischen Marine Dienste genommen haben.

Vom Wasser her tönen die Signale zur Flaggenparade, „Oberdeck stillgestanden", alles grüßt in militärischer Haltung die am Heck niedergehende Kriegsflagge, die Sonne versinkt hinter dem flachen, palmenbestandenen „Landsende" von Mulinuu und das belebte Straßenbild gewinnt außerordentlich an Reiz durch das plötzlich stärkere Hervortreten aller Farben. In tropischen Ländern läßt bei Tag das grelle Sonnenlicht alles in ein Meer von farblosem Licht getaucht erscheinen, alle mittleren und schwachen Farbenreize fehlen in der blaßstrahlenden Lichtflut, und erst gegen und nach Sonnenuntergang gewinnt alles das eigene Lokalkolorit wieder, die Töne werden dunkler und satter, und die wunderbare Schönheit tropischer Lichter und Farben geht einem erst

in solchen Augenblicken auf. Leider ist die Herrlichkeit
nur von kurzer Dauer, eine wirkliche Dämmerung gibt
es bekanntlich nicht in diesen Breiten, und nach wenigen
Minuten ist alles in das Dunkel der Nacht gehüllt, in
dem alle Katzen grau sind und auch Apia aussieht wie
irgendein südliches Dorf am Meer, außer den ragen=
den Kokospalmen und dem immer gegenwärtigen Schall
der Riffbrandung in nichts verschieden von irgendeinem
kleinen Mittelmeerflecken bei Nacht — wenn nicht Apia
eben auch eine Nachtstadt wäre mit zahllosen Kneipen,
Gasthöfen und Trinkstuben, in denen der Apiaer und der
fremde Matrose sich allabendlich ihren Nachttrunk und
gar zu oft auch einen Rausch zu holen pflegen.

* * *

Die „Beachcomber", eine im Aussterben begriffene eigene Gattung
des Südsee=Europäers. — Bully Hayes, „Gentleman Pirate",
der Störtebeker des Großen Ozeans. — Bêche de Mer und
Perlmutter. — Ein Seeräuberenkel in Deutschland.

Man hat Honolulu das Paradies des Großen Ozeans
genannt, und wenn auch weder Hafen noch Umgebung
der Hauptstadt der Hawaiischen Inseln sich an Güte oder
Schönheit mit andern bevorzugten Orten der pacifischen
Gewässer messen können, so hat für den Seefahrer und
den verschlagenen Wanderer dieser großen Wasserwüste
eine Stadt von einigen 30 000 Einwohnern, unter denen
fast ein Drittel Weiße, doch einen außerordentlichen Reiz,
sie erscheint ihm als der Gipfel aller Kultur und das
Babel aller lang entbehrten Genüsse. Für den südlichen
Ozean ist Apia seit Jahrzehnten ein gleiches Paradies ge=
wesen wie Honolulu für den nördlichen Teil. Der Ver=
kehr zwischen den zahlreichen Inselgruppen der eigent=
lichen Südsee war der Natur der Sache entsprechend
stets nur sehr spärlich; nur wenige Dampfer — außer

den kleinen „Inter Island"-Fahrzeugen der Neuseeland-Linie und den größeren Postdampfern zwischen Sydney und San Francisco — finden ihren Weg hierher, und von Segelschiffen sind es außer den häufiger vorsprechenden kleinen Kopraschunern fast nur die Vollschiffe und Barken des Hamburger Hauses gewesen, die, um schwarze Arbeiter aus Melanesien oder frische Warenvorräte von Haus zu bringen, in regelmäßigen Zwischenräumen auf der Reede von Apia erschienen. Und die Zeit der Dampferlosigkeit liegt noch nicht lange zurück, die meisten Ansiedler der Hauptstadt haben ihren Weg hierher gefunden, als eine Reise auf kleinem, koprabeladenem Schuner, voll vom süßlichen Geruch des ranzigen Kokosöls und dicht bevölkert von Kakerlaken und Ratten, die einzige Möglichkeit bot, den gesegneten Port zu erreichen. Wenn man von den Vertretern der Regierungen und der Missionsgesellschaften absieht, sind fast alle Bewohner Apias irgendwie mit dem Südseehandel in der einen oder andern Form, als wirkliche Kaufleute oder als Schiffer, verbunden gewesen; die meisten kleinen Ladeninhaber und Schenkenbesitzer sind aus Angestellten kaufmännischer Häuser, und zumeist aus solchen der deutschen Firma, hervorgegangen, und selbst die wohlhabendsten Geschäftsleute der Stadt haben sich emporgearbeitet aus den Reihen der sogenannten Beachcomber, jener für die Südsee so bezeichnenden Menschenklasse, von denen jeder einen Roman erlebt hat voll von wilden Abenteuern, Schiffbruch, Entbehrungen und oft genug blutigen Verbrechen. Auf den abgelegeneren Inseln der Südseegruppen kann man besonders bemerkenswerte Vertreter dieser verwilderten Weißen finden, die oft in Sprache, Kleidung und Lebensweise mehr Kanaken als Europäer sind. Es gibt auf einsamen Handelsstationen solche Geschöpfe, die vom Perlenhandel oder kleinem Tauschkram leben, für ein größeres Haus Kopra einkaufen oder den Vertrieb europäischer Waren, meist Kleidungsstücke, Waffen und geistiger Getränke, übernehmen und lange Jahre, oft ein Menschenalter in ihrer Abgeschlossenheit aushalten müssen, bis sich ihnen Gelegenheit bietet, auf einem Segler, der ihre Erzeugnisse zum nächsten größeren Hafen bringt, eine andere Inselgruppe und damit einen neuen Wirkungskreis zu erreichen, der sich von ihrer bisherigen Umgebung nur durch veränderte Sprache, andere Tätowiermuster und Haartracht der Eingeborenen auszeichnen mag. Haben sie die Gefahren eines solchen Lebens — und die größte Gefahr sind sie sich selbst mit ihrem Hang zu Trunk und Ausschweifung — glücklich überstanden und sich ein gut Stück bar Geld zurückgelegt, so nähert sich ihr Lebensideal der Erfüllung: eine Gastwirtschaft oder einen Kramladen zu besitzen in einem lebhaften Südseehafen, wo sie gleichgestimmte Seelen finden und im wesentlichen ihr früheres ungebundenes Leben ohne allzu große Einschränkungen und Zugeständnisse an Tugend und gute Ordnung fortsetzen können. Nur die erfolgreicheren und verhältnismäßig wenigst „verkanakten" dieser Beachcomber werden sich Apia als Endpunkt ihrer Laufbahn aussuchen, wo sie inmitten einer sehr kleinen weißen Gemeinde und unter der argwöhnischen Aufsicht zahlreicher Missionare leben müssen und bei der Gewinnung ihres Lebensunterhalts beeinträchtigt werden durch die starke nationale Eifersucht, die eines der hervorstechendsten Merkmale dieses politischen Schilda ist.

Weit sind wir bisher mit unserem Spaziergang durch Apia noch nicht gekommen, aber hierzulande dauert alles lange, doppelt und dreimal so lange als zu Hause, und es ist kein kleines Stück Arbeit, zu Fuß die Hauptstraße herunterzugehen, sich von allen Bekannten anreden und aufhalten zu lassen und schließlich doch, wenn auch mit einer Verspätung von ein paar Stunden, das Endziel zu erreichen. Wir haben aber jetzt wenigstens den Mittelpunkt der eigentlichen Stadt erreicht, Matafele mit Mulivai und dem wirklichen Apia, und gerade hier können wir uns aus erster Hand näher unterrichten über das Apia von ehedem, als es hier noch lustig zuging und die Beachcomber ihre gute alte Zeit unumschränkter Alleinherrschaft hatten. Es haben sich ein paar würdige Vertreter dieser Südseespezialität hier erhalten, Leute von außerordentlichen Erfahrungen und Erinnerungen, von rauhem Charakter und doch jener kindlich gutmütigen Gemütsart, die so oft das Kennzeichen des alten, seebefahrenen Mannes bleibt. Apia ist so glücklich, noch ein paar Gefährten des berühmtesten Südseemannes aufzuweisen, Leute, die den großen Bully Hayes noch persönlich gekannt haben, jenen famosen Seeräuber und Wegelagerer des Großen Ozeans, der fast ein halbes Jahrhundert lang diese ungeheure Wasserfläche mit ihrem spärlichen Schiffsverkehr unsicher gemacht hat wie ein chinesischer Pirat die südasiatischen Gewässer. Hayes hatte viele Jahre hindurch sein Hauptlager hier in der samoanischen Hauptstadt, und zur Zeit, als die deutschen, amerikanischen und englischen Kriegsschiffe noch nicht zu den dauernden Erscheinungen des hiesigen Hafens gehörten, pflegte der große „Gentleman Pirate" hier anzulaufen und sich von seinen Schandtaten zu erholen, von denen die Kunde immer erst auf Umwegen und lange Zeit nach seiner Abfahrt hierhergelangte. Es ist unverständlich, wie ein Mann, dessen kühne Verbrechen an Leben und Eigentum von Weißen und Eingeborenen Jahre hindurch das Gespräch bildeten, in den Kneipen und Geschäftsstuben des Großen Meeres von San Francisco bis Hongkong und von Sydney bis nach Vancouver, es immer wieder fertig brachte, den ihm auf die Spur gesandten Häschern der Regierungen, den Kriegsschiffen und Zollbehörden zu entgehen und ungestört seine Schreckensherrschaft auszuüben, die ihresgleichen wohl zu unsern Zeiten nirgends gehabt und ihm selbst den Ruhm eingebracht hat, der größte Spitzbube dieser Halbkugel, der größte Hohn auf die stolze Kultur des 19. Jahrhunderts gewesen zu sein. Ein alter Schwede hat in Matafele seit langen Jahren einen Allerweltskramladen, in dem meist die zahlreichen Mischlinge dieses Stadtteils sich zu ihren Einkäufen einfinden, und wo der Fremde, der gern vom alten Apia erzählen hören möchte, zuweilen ein Plauderstündchen über den Ladentisch gelehnt abhält; denn dieser alte nordische Seebär ist jahrelang Maat beim großen Seeräuber Hayes gewesen und steckt noch voll Geschichten und Schnurren von seinem alten Herrn, den er natürlich für einen Ausbund von Seemannstugenden und das Opfer des böswilligsten Inselklatsches hält. Wir können indessen seinen Darstellungen bequem diejenigen anderer Kenner gegenüberstellen, denn er ist nicht der einzige am Ort, der zu diesem Störtebeker der Südsee persönliche Beziehungen unterhalten hat. Unser Chinese im Gasthof, dessen Speisezettel noch an die Einförmigkeit langer Segelfahrten erinnert, ist Schiffskoch bei Bully Hayes gewesen, und ein paar alte Kapitäne, die ihr ganzes Leben auf den Schunern zwischen den Inselgruppen des mittleren und nordwestlichen Ozeans zugebracht haben, vermögen ebenfalls ihr Scherflein beizutragen zur Charakteristik dieser romantischsten Gestalt des alten Apia, als es noch der Sammelpunkt der Walfischjäger und der echten rechten Beachcomber war.

Es war im Jahre 1858, als in Honolulu, das damals seine Blütezeit als Handelshafen und Walfischjägerreede feierte, ein Schiff namens Orestes auftauchte, dessen Führer sehr bald in dem kleinen, aber wilden Hafen von sich reden machte. Und es gehörte schon etwas dazu, in einem so zügellosen Ort wie die damalige Hauptstadt der hawaiischen Inseln, die Aufmerksamkeit der ständigen oder vorübergehenden Bevölkerung auf sich zu ziehen, die einander in Roheiten und Ausschweifungen aller Art zu übertreffen suchte. Schon in den nächsten Jahren liefen aus allen Windrichtungen Meldungen ein über unerhört dreiste Schiffsdiebstähle, die in den Häfen der amerikanischen Westküste und in China vorgekommen und den Polizeibehörden mehrerer Länder stets unaufgeklärt geblieben waren. Man erinnerte sich des verwegenen Schiffers, der damals die Matrosenkneipen Honolulus unsicher und schon am Beginne seiner Laufbahn als selbständiger Schiffsführer die Neugier rege gemacht hatte, was wohl das weitere Schicksal eines so gewalttätigen Mannes sein würde. Bully Hayes pflegte mit großer Kaltblütigkeit an Bord von Schiffen zu gehen, deren Kapitän, wie er wußte, gerade am Lande war, bedrohte dann die Besatzung mit dem Revolver, wenn sie sich nicht sofort in seine Dienste begeben wolle, und hatte meist die Genugtuung, mit einigen wenigen seiner unerschrockenen Spießgesellen die schönsten und wertvollsten Schiffe in seinen Besitz zu bringen. Er pflegte mit seinen Genossen ehrlich zu teilen und dadurch ihre unbedingte Ergebenheit zu gewinnen, so daß er auch bei den gewagtesten Abenteuern stets auf ihre Mithilfe rechnen konnte. Ein kleiner Scherz, der nie versagte, war der Überfall auf einen vereinzelten Händler auf irgendeiner einsamen Insel, die nur alle Jubeljahre einmal von einem Handelsschiff angelaufen wurde. Er bat den Weißen, der in den meisten Fällen wohl der einzige Vertreter seiner Rasse und ganz auf sich selbst angewiesen war, in höflichster Form zu sich an Bord, um ihm zu eröffnen, daß er beabsichtige, seinen Laden, seine Kopra und sein ganzes

Warenlager zu „erwerben". Der Kaufplan wurde selbstverständlich bei einem Glase Whisken besprochen, das für solche Fälle stets in unfehlbarer Schlaftrunkmischung bestand. War der arme Beachcomber dann in einen festen Schlaf versunken, brachten die Matrosen des Seeräubers alsbald das ganze Besitztum des Händlers an Bord, einschließlich seiner eingeborenen Frau oder Tochter, wenn sie schön genug war, um des großen Sünders Gelüste zu reizen. War der aus seiner Betäubung Erwachende mit der Prellung nicht einverstanden, so ward ihm kurzer Prozeß und der Garaus gemacht, ehe er Zeit hatte, die Lage zu begreifen. Ungezähltes Besitztum hat Bully Hanes auf diese Weise mühelos an sich gebracht.

Unter solchen kleinen Händlern waren zuweilen recht wohlhabende Leute, zumal wenn sie außer dem kleinen Tauschhandel, den sie für Rechnung irgendeines größeren Hauses mit den Eingeborenen betrieben, sich noch auf den Trepangfang oder die Perlenfischerei verlegten. Trepang ist bekanntlich eine getrocknete Molluskenart aus der Holothuridenfamilie, deren zu Schuhsohlenhärte gedörrtes Fleisch bei den Chinesen im Rufe ganz besonderer Geheimwirkung steht und mit fabelhaften Preisen bezahlt wird. Eine besondere Art, die für das stärkste Aphrodisiakum der Welt gilt, erzielt auf dem Markt in Hongkong mit Leichtigkeit bis zu 2000 Mark die Tonne oder das Pfund 1 Mark, womit die leichte Arbeit des Massenfanges und der Darre mehr als reichlich bezahlt wird. Auch die Perlfischerei ist nicht zu verachten. Wenn auch die Südseeperlmutterschale weniger gut zu sein scheint als diejenige des Persischen Meerbusens und Ceylons, so kann ein einsamer Mann, den keine täglichen Berufsgeschäfte drücken, sich leicht ein beträchtliches Einkommen verschaffen, wenn er mit einigen seiner Leute sich täglich ein paar Stunden mit Stemmeisen und Schleppnetz aufs Riff der Atoll-Lagune begibt und die dort massenhaft klebenden Austernschalen abbricht. Er kann leicht 1000 Kilogramm davon für 300 Mark und mehr verkaufen, der zehnfache Preis würde ihm oder dem Wiederverkäufer in London winken, und ein paar Jahre emsigen Fanges werden jeden zu einem wohlhabenden Menschen machen in einem Lande, wo der tägliche Lebensunterhalt, soweit er nicht aus Europa bezogen werden muß, so gut wie gar nichts kostet. Es hat alte Inselbewohner gegeben, die sich mit ihrer Bêche de Mer — unter diesem Namen ist Trepang meist im Handel bekannt — oder der Perlmutterschale ganze Fässer voll Silberdollars erworben und gespart hatten. Auch unter ihnen gab es wieder kleinere Seeräuber, die es Hayes nachtun wollten. Auf den Paumotu-Inseln im östlichen Pacifischen Ozean spricht man noch heute von einem alten dorthin verschlagenen Kapitän, der aus dem Plündern gefüllter Perlmutterbehälter auf der ganzen Gruppe ein Geschäft machte. Er war so dreist geworden, daß er sogar mit seinen kleinen Schunerböllern eines schönen Tages auf ein amerikanisches Kriegsschiff feuerte, das zu seiner Verhaftung ausgesandt war. Bei diesem ungleichen Kampf fand er dann allerdings sein wohlverdientes Ende; er mit seiner ganzen Mannschaft wurde ohne Erbarmen in den Grund gebohrt.

Bully Hayes war nicht weniger tollkühn, aber doch etwas vorsichtiger einem überlegenen Gegner gegenüber. Er hat sich nie von einem Kriegsschiff abfassen lassen, obwohl sowohl die englische wie die amerikanische Marine sich oft und heiß bemüht hat, seiner habhaft zu werden. Ein einziges Mal schien er in die Falle zu gehen und sich leichtsinnigerweise an Bord, geradezu in die Höhle des Löwen, zu begeben. Der Kommandant des amerikanischen Kriegsschiffes Naragansfett — Kapitän Meade, nebenbei gesagt derselbe, der Anfang der siebziger Jahre für die Vereinigten Staaten den schönen Hafen von Pago-Pago erwarb — hatte den Auftrag, den als Dieb, Räuber und Mörder schon unzählige Male unter Anklage gestellten Seehelden lebend oder tot den amerikanischen Behörden einzuliefern. An der Küste von Upolu fand man endlich den Gesuchten, verhaftete ihn und brachte ihn vor den gestrengen Herrn Kommandanten. Drei Tage blieb der Gefangene an Bord, in täglichem Verhör vor Kapitän und Offizieren, und am Ende dieser kurzen Zeit hatte der schlaue Fuchs es fertig gebracht, seine Widersacher von seiner völligen Unschuld zu überzeugen und bei seiner Freilassung und Verabschiedung ihnen die Erklärung abzuzwingen, es wäre doch eine Schmach, einen so verdienstvollen, braven Mann, wie den Kapitän Hayes, in so gemeiner Weise zu verleumden. Einer Bitte um einiges Ersatzmaterial an Segeln und Rundhölzern, um das der wieder reingewaschene Verbrecher ersuchte, wurde von den entzückten Offizieren des amerikanischen Schiffes sofort entsprochen — und auf Nimmerwiedersehen verschwand Bully Hayes, der sich wohlweislich fast nach jeder größeren Reise eines neuen Schiffes versicherte, um desto ungestörter seine Raubzüge fortsetzen zu können. War gerade kein fremdes Kriegschiff im Hafen, kehrte er mit Vorliebe in Apia ein, wo er gute Freunde besaß, mit denen er sich gern in diesem kleinen Paris der südwestlichen Südsee vergnügte. Er pflegte hier stets tadellos schwarz gekleidet, wie ein Missionar, aufzutreten und in seinem ganzen Wesen den wohlerzogenen Ehrenmann zu betonen. Und doch hat dieser selbe Herr mit eigener Hand manches junge Mädchen umgebracht, das ihm nicht zu Willen sein wollte. Bei einem solchen Angriff auf die Frau seines jungverheirateten ersten Offiziers büßte er

endlich sein vollgerütteltes Maß von Sünden mit dem
Tode; ein wohlgezielter Axthieb des in seiner Hausehre
gekränkten Maaten spaltete dem Scheusal den Kopf. Sein
Leichnam wurde ohne weiteres in der Nähe der Mariannen
über Bord den Haifischen zum Fraß vorgeworfen. Seine
Witwe, oder vielmehr eine von den vielen, die er hinter=
ließ, lebte noch geraume Zeit danach in Apia und ver=
heiratete ihre Tochter dort an einen deutschen Arzt, der
sich allerdings der Seeräubertochter durch die Scheidung
wieder entledigte. Ein Sohn dieser merkwürdigen Ehe
wird zurzeit auf einer höheren Schule erzogen, fern von
allem, was ihn an seinen berühmten Großvater und
dessen Kumpane erinnern könnte.

Apia war um die Mitte des 19. Jahrhunderts voll
von solchen Gestalten wie Hayes, Leuten meist von un=
beugsamer Willenskraft und rücksichtslosester Unter=
nehmungslust, die der dem Nordländer so oft verhäng=
nisvolle Drang zu südlichen Abenteuern herausgetrieben
hatte auf dieses fast noch jungfräuliche Gebiet des riesigen
Weltmeers und seiner ungezählten Inseln. Sich nach
eigenem Geschmack auszuleben,

„To burst all links of habit — there to wander
far away
On from island unto island, at the gateways of
the day"

wie es bei Tennyson heißt, keinen Herrn über sich zu
kennen als den eigenen Willen, keine Schranke zu ziehen
der Betätigung wilder Leidenschaften, ein König zu sein
über ein Häuflein halbwilder, unwissender Eingeborenen
— das war das große Ziel der Beachcomber und Südsee=
flibustier, von denen wir abends in den Kneipen Apias
die grauhaarigen Siedler erzählen hören können, wenn
sie selbst wieder jung werden in der Erinnerung an den
Anfang ihrer pacifischen Jugend. Die Goldfelder Austra=

liens und Kaliforniens, die Walfischfänger von der Küste
Neu-Englands, amerikanische Kriegsschiffe mit ihren ver=
rohten Mannschaften und ihrer mittelalterlichen Lands=
knechtzucht, die Außenstationen großer Handelshäuser auf
fernen Koralleninseln, sie alle sind der Reihe nach die
Vorschule gewesen für diese eigene Abart des Über=
menschen, die, vom Krimskrams der Imagination aller=
dings gründlich kuriert, nur die blonde Bestie zur Ent=
wicklung gebracht hat und von Gott und den Propheten
nichts mehr kannte als die Altäre, auf denen der Drei=
einigkeit Mammon, Bacchus und Venus geopfert wird.

* * *

Polizei und Polizeistunde in der samoanischen Hauptstadt. —
„Lampenputzer, Nachtwächter und Schreiber der Regierung."
— Lauwarmes Münchener Bier. — Warum stets Kriegsschiffe
im Hafen von Apia liegen müssen. — Trotz Mission und
Weißen die Stadt noch ziemlich unverfälscht.

Ja, die guten alten Zeiten für Apia sind nun vor=
über, am Ende des 19. Jahrhunderts haben Kultur und
Sitte auch in der Hauptstadt der samoanischen Inseln
ihren Einzug gehalten, und die Romantik der Südsee
ist verschwunden und enthüllt sich nur dem emsigen For=
scher bei günstiger Gelegenheit und nächtlicher Stunde,
wenn er mit Ausdauer seine Zeit und manchen guten
Tropfen opfert, bis sich die Schleusen der Erinnerung
der Alten öffnen, die noch Zeugen waren jener wilden
Tage, da Apia in einem ununterbrochenen Taumel lebte
von Trunk= und Genußsucht, da auch die ernsteren Leute,
die ihres Berufes wegen herausgekommen waren, nicht
leicht sich dem Zauber des rücksichtslosen Herrentums
entziehen konnten, das der Weiße dem Eingeborenen
gegenüber beanspruchte. Heute haben wir hier Hunderte
von frommen Glaubensboten, weißen und bekehrten

Landeskindern, Protestanten, Katholiken, selbst Mormonen, die von ihrer schönen Salzseestadt hierherkommen, um ihre sonderbare Lehre an den leicht empfänglichen Kindern der Südsee zu versuchen. Heute haben wir hier eine städtische Polizei, allerdings nur von zehn Mann, dafür aber in schönen Khakiuniformen und eleganten europäischen Strohhüten; und wenn diese Brüder der heiligen Hermandad von des Präsidenten Gnade auch weniger glänzende Verdienste als Hüter von Ordnung und Gesetz aufzuweisen haben, so schmeicheln sie sich doch mit Geschick in unser Wohlwollen ein, indem sie uns des Tages über wenigstens ein dutzendmal grüßen, als ob sie ganz genau wüßten, was sich die Auguren zuraunen, die über die Perle der Südsee mit vereinten Kräften wachen. Zur Polizei gehört in einem wohlgeordneten Gemeinwesen auch eine Polizeistunde, und auch die haben wir hier. Der Chef des Nachtdienstes der Königlich Samoanischen Polizei ist ein Ire, der nach einer bunten Vergangenheit in Tonga und Viti dem hoffnungslosen Beachcombertum noch glücklich entronnen ist, sich in den rettenden Hafen der Staatsanstellung geflüchtet und das hohe Amt eines Königlichen Lampenputzers und zugleich unter der neuen Ordnung der Dinge das eines vorläufig angestellten Schreibers der vorläufigen Regierung von Kommissions Gnaden sich gesichert hat. Tagüber thront dieser Machthaber als alleiniger Insasse in dem Gebäude, worin seit kurzem die neue Regierung des Konsularhofes tagt oder doch tagen soll. Ein großes Tagebuch liegt auf dem Tisch, das der Nachwelt die spärlichen Ereignisse überliefern soll, die in diesen nun wieder friedlichen Zeitläuften den gemächlichen Gang der politischen Geschichte Samoas unterbrechen. Da finden wir von des braven Iren zierlicher Hand folgende Eintragungen: „Seine Gnaden der Herr Oberrichter und Generalkonsul der Vereinigten Staaten erschien im Amtszimmer. Er wollte nichts Besonderes und verließ das Haus nach fünf Minuten." „Die wöchentliche Sonnabendsitzung der Regierung fiel aus (wie auch in der vorigen Woche), da mehrere Mitglieder der vorläufigen Regierung verhindert waren." Ist das Tagewerk mit solch gewichtigen Niederschriften in die Annalen Samoas getan und abends vom hohen Flaggenmast die dänische Fahne heruntergeholt, die in Ermangelung einer samoanischen Nationalflagge von den Kriegsschiffen der neuen Regierung großmütig gestiftet worden ist, dann beginnt der zweite Teil der Amtspflichten dieses vielgeplagten Regierungsbeamten. Er wandelt die lange Hauptstraße hinab und überzeugt sich, daß die Straßenlampen, die in respektvollen Zwischenräumen das Dunkel der Nacht zu erleuchten bemüht sind, fein säuberlich geputzt sind und „nach Maßgabe ihrer Kerzenstärke" leuchten. Um Mitternacht erscheint der Ire in dritter Amtseigenschaft und steckt seinen Kopf in allen Wirtschaften in die Tür mit einem Gesicht, dem man von weitem die Bedeutung ablesen kann: „Meine Herren, Feierabend!" Bei genauerem Zusehen erkennt man auf seinem werten Antlitz auch den Ausdruck einer Bitte, die nichtamtlich, aber darum doch nicht weniger regelmäßig oder inständig hinzugefügt wird; der Stammgast und Menschenkenner versteht seine Gedanken von fern und bestellt für Seine Exzellenz den Chef der Königlichen Nachtpolizei ein Glas Whiskey — denn welcher Sohn der grünen Insel könnte je des heimischen Getränkes vergessen, das ihm auch bei Tropenschwüle und unter Palmen lieber ist als irgendein anderes Bräu, das der Mensch seit Noahs ersten Winzerversuchen für den Durst erfand. Im übrigen brauchen wir nicht zu befürchten, daß sich der also mit Whiskey getränkte Staatsbeamte in seinen Amtspflichten etwa lässig zeigen oder sich gar bestochen vorkommen könnte. Nicht umsonst haben die meisten Bewohner der Fremdenkolonie Apias und vor allen die Wirte in der großen Schule der Gesetzumgehung gelernt, in den Vereinigten Staaten, wo täglich zu bestimmter Stunde und Sonntags den ganzen langen lieben Tag die Schenken geschlossen werden, was sich natürlich kein freigeborener amerikanischer Bürger gefallen lassen kann; er fordert einen versteckten Seiteneingang und findet ihn — und die Polizei, die das Augenzudrücken in jenem Lande der Freiheit einträglich genug finden mag, freut sich über die Smartneß der Bevölkerung.

Wenn auch hier in Apia die Ankündigung der Polizeistunde also nicht notwendig das Ende einer abendlichen Plauderei über einem Glase deutschen Bieres zu sein braucht, da im obern Stockwerk, wo sich's bei frischer Landbrise viel angenehmer sitzen läßt, die Befugnisse der Behörde aufhören, so liegt doch kein Grund zur Besorgnis vor, daß unsere kleine Hauptstadt noch immer das berüchtigte Sumpflokal früherer Jahrzehnte sei. Der Verbrauch an geistigen Getränken ist in jenen Zeiten, denen Bully Hayes und die wahren alten Beachcomber angehörten, augenscheinlich ungeheuer gewesen. Wir können uns auch heute ein recht genaues Bild von den jahraus, jahrein verbrauchten Mengen geistiger Getränke machen, wenn wir den Jahresbericht des Zollamtes und die Frachtbriefe der Einfuhrhändler zu Rate ziehen. Wie nach der Zahl der Einwohner, der Größe des Landbesitzes und in manchen andern Punkten die Deutschen in Samoa an erster Stelle stehen, so würden sie auch bei genauerer Prüfung des Verbrauches an Bier und Wein an der Spitze der Liste stehen, und wir tun wohl besser, in unserer nationalen Bescheidenheit die statistisch ermittelte Ziffer des auf den Kopf entfallenden Alkohols zu verschweigen. Nur soviel soll verraten werden: nach Ausweis der Gastwirte gibt es hier einige trunkfeste Landsleute, die den Monat eine durchschnittliche Rechnung von 500 bis 600 Mark an Getränken machen, — beileibe nicht an geistigen allein, denn zu jedem Whisky gehört Eis und eine Flasche Selterwasser, das ein findiger Kopf hier am Orte herstellt und damit endlich einem „langgefühlten Bedürfnis" abhilft. Eis gibt's zwar für gewöhnlich nicht; nur wenn die Dampfer hereinkommen, gelingt es den Wirten, vielleicht ein paar Pfund zu erstehen und damit für einen oder anderthalb Tage die Getränke kühl und ihre Schenke durch dieses einfache Mittel von morgens bis abends gefüllt zu haben. Sonst trinkt der Apiaer mit löblicher Todesverachtung seinen Pschorr in einer angenehm lauwarmen Temperatur, bezahlt 1,50 Mark für das halbe Liter und kauft für dies schwere Geld, für das er im gesegneten München sechs Liter erstehen könnte, die tröstliche Gewißheit, daß lauwarmes Bier in den Tropen viel bekömmlicher ist als eiskaltes. Das behauptet wenigstens unser Hotelwirt, wenn es ihm wieder nicht gelungen ist, vom Schiffskoch des eingelaufenen Postdampfers das Eis zu erhandeln, auf das wir uns schon seit Wochen gefreut haben. Hat Apia erst einmal seine Eismaschine, die jedem Haushalt und jeder Wirtschaft frühmorgens den täglichen Bedarf ins Haus schickt, dann ist es mit der jetzigen Harmlosigkeit vorbei, dann wird nicht nur wieder eine Zeit des starken Männertrunks in Permanenz erklärt werden, sondern Üppigkeit aller Art wird einreißen, die sich die heutigen Apiaer in ihrer ländlich schändlichen Einfachheit gar nicht träumen lassen. Dann werden die beiden Schlächter, die jetzt jede Woche oder alle vierzehn Tage einmal frisch schlachten, täglich zum Schlachtbeil greifen und ein Luxus wird einreißen, der an die Zeiten des römischen Kaiserreiches erinnert. Liegen Kriegsschiffe im Hafen, dann müssen die

Schlächter allerdings täglich frisches Fleisch liefern, und das wird manchem die Augen darüber öffnen, warum die Weißen immer den wehleidigen Notschrei nach Hause richten: Um Gottes willen, schickt uns ein Kriegsschiff, die Verhältnisse sind so unsicher! Ja, unsicher ist es allerdings immer, wann es bei Kriegsschifflosigkeit wieder kein frisches Fleisch gibt, und da der letzte Krieg besonders den Hühnern und Tauben in die Glieder gefahren zu sein scheint, so bleibt dem armen Weißen, der hier die kriegsschifflose, die schreckliche Zeit durchmachen muß, nichts als die Aussicht auf Büchsenfleisch. Und Büchsenfleisch auf die Dauer heißt Unzufriedenheit, Ränkesucht, politische Unruhen und Verschwörung. Wer hier monatelang kein frisches Fleisch mehr bekommt, sehnt sich alsbald nach den Fleischtöpfen Sydneys oder San Franciscos zurück, er verlangt Urlaub, wird mürrisch, mäkelt an allem, und da er sonst nichts zu tun hat, fängt er an, die Schuld an seinem Unbehagen den politischen Verhältnissen zuzuschieben und trägt das Seinige dazu bei, möglichst rasch Wandel zu schaffen durch Aufstellung eines neuen Königsanwärters oder Einfädelung einer ähnlichen kleinen Verschwörung, wie sie nun einmal zum täglichen Brot des unzufriedenen Apiaers gehört. Wir bleiben also lieber bei den Kriegsschiffen, ohne Eismaschine und bleiben, was wir sind, oder nach den wilden Tagen der Walfischjäger und Beachcomber wieder geworden sind: eine artige, niedliche Kleinstadt mit einem bißchen politischen Größenwahn und etwas viel Geistlichkeit.

Kirchen gibt es hier nämlich annähernd soviel wie in Berlin, verhältnismäßig; zwischen Matafele und Matautu, den mittlern Stadtteilen, stehen allein vier große Gotteshäuser mit Turm und Glocke, Kanzel und Bänken, aus Stein gebaut und friedlich weiß getüncht wie zu Hause in einer frommen Landgegend. Wenn heute Apia im Vergleich zu seiner Vergangenheit wirklich den Eindruck eines wohlerzogenen Waisenhauses macht, dann wollen wir den Missionaren den Spaß nicht verderben, wenn sie ihren zahlreichen Kirchen den Umschwung zugute schreiben. Eine Kirchenbesuchsliste wird allerdings nicht geführt, und nicht häufig sieht man einen Weißen zum Gottesdienst wallen, Eingeborene und Mischlinge dafür um so mehr. Wenn man durch diese kirchengeschmückte Straße der mittleren Stadt zieht und zwischen all den europäischen Baulichkeiten, wie Amtsgebäuden, Läden, Kirchen, Warenschuppen und Kneipen, sich den Straßenverkehr abspielen sieht in Formen, die in nichts an die mehr als sechzigjährige Anwesenheit der Weißen erinnern, dann kann man sich der Frage nicht erwehren: Warum hat Samoa, warum selbst Apia sich inmitten dieser langen Beeinflussung durch Fremde, durch Missionen und durch das nie ruhende Interessenspiel der fremden Nationen so echt, so unverfälscht erhalten, wie es in der ganzen Südsee unter ähnlichen Bedingungen nicht zum zweitenmal vorkommt? Hier sehen wir die Eingeborenen noch halbnackt umherlaufen, nicht einen einzigen Samoaner könnten wir in europäischen Hosen finden, während in Hawaii, auf Neuseeland (Fidschi) und andern Gruppen unsere häßliche und im Tropenklima geradezu törichte Bekleidung sich unwiderruflich eingebürgert hat als das „Gewand der christlichen Kultur", wie sie in den Missionsberichten mit Genugtuung genannt wird. Selbst auf so abgelegenen Gruppen wie den Gilbert- und Ellice-Inseln laufen die betörten Insulaner in Wollhemden und Hosen umher, auf den melanesischen Gruppen ist sogar ein europäischer Filzhut schon de rigueur geworden, und hier in Samoa halten sich nach fast 70 Jahren ununterbrochener Missionsarbeit und bei einer nach Hunderten zählenden Bevölkerung von Weißen die alten ursprüng-

lichen Gewänder, die zwar auch der vereinbarten Er=
findungsgabe von Händlern und Geistlichen ihr Dasein
verdanken, seit der ersten Einführung aber keine weitere
Annäherung an das sogenannte Gewand der Kultur ge=
macht haben.

Jedenfalls ist es die nie ruhende Eifersucht zwischen
den Angehörigen der fremden Nationen, der stets arg=
wöhnisch und absichtlich geschürte Gegensatz zwischen den
Missionaren der verschiedenen Kirchen, die hier auf
Samoa die Wirkung aller fremden Beeinflussung ab=
geschwächt, ja fast gänzlich verwischt haben. Zwar gelten
heute wohl alle Eingeborenen als Christen; zwar hat
in Apia und Umgegend die englische und in bescheidenem
Maße auch die deutsche Sprache Boden gewonnen, euro=
päische Hemden, Unterhemden und Schirme werden wenig=
stens bei festlichen Gelegenheiten gern von jedermann
getragen, aber damit ist auch erschöpft, was äußerlich
sofort als Ergebnis der „Zivilisation" auffallen würde,
wenn man nicht die zunehmende Geldgier der Ein=
geborenen in und in der Nähe der Hauptstadt zu diesen
Erscheinungen rechnen will. Gastfreundschaft und Höf=
lichkeit, Nationalstolz und jeglicher Mangel würdeloser
Unterwürfigkeit vor dem Weißen, das sind noch heute
ebenso wie vor 100 Jahren die unverfälscht erhalten ge=
bliebenen Eigenschaften des Samoaners, selbst in Apia —
ein erfreuliches Zeichen der zähen Eigenart wenigstens
dieses einen und besten polynesischen Stammes.

Drittes Kapitel.

Ein Sonntag.

Einzelne Kirchgänger im Sonntagsstaat. — Samoanische Pferde. — Morgen im Busch. — Ein idyllischer Badeplatz. — Die „Durchbrecher des Himmelsgewölbes".

Schon mit Sonnenaufgang war der kleine Samoaner, der bei mir die Stelle eines Hausjungen und Laufburschen versieht, in mein Schlafzimmer getreten, hatte an dem Gestell des Moskitonetzes leise gerüttelt und die Meldung gebracht, das Pferd stände zum Ausritt gesattelt im Garten bereit. Natürlich war ich wieder eingeschlafen, oder doch in jenen Halbschlummer verfallen, der eigentlich das beste vom ganzen Schlafen ist. Da weckten mich mit einemmal von neuem die herrlichsten Töne, als ob im Faust die Osterglocken erklängen und die frohlockenden Chöre die Auferstehung des Herrn jauchzend verkündeten. Ich sprang sofort aus dem Bett und lief, die Quelle dieser unerwarteten musikalischen Morgenbarbringung zu entdecken: Es war Sonntag und die Eingeborenen hatten sich zum Frühgottesdienst versammelt in den zahlreichen Kirchen der Stadt, von denen eine der stattlichsten unmittelbar neben meinem Gasthof steht. Gleich nach Sonnenaufgang fangen die guten Samoaner an mit ihren Betübungen und Gesängen. Die Kirche ist wie alle Häuser hier offen, und wenn sie auch im europäischen Stil gebaut ist, weist sie doch so viele niedrige Seitenfenster auf, daß man von außen ganz bequem den Hergang drinnen überschauen kann, ohne daß man als neugieriger Störenfried die Andacht der Kirchgänger durch die ungewöhnliche Anwesenheit eines Fremden abzulenken brauchte. Das ganze Haus ist gedrängt voll, aber nur vollblütige Samoaner scheinen zu den Pfarrkindern dieses Bezirks zu gehören, und in dem Bewußtsein dieser Würde haben die frommen Leute sich höchst feierlich und wunderbar herausgeputzt. Die ganze Gesellschaft ist in den komischsten Mischungen von europäischen und altsamoanischen Kleidungsstücken erschienen. Die Männer, die wie bei uns in der Dorfkirche von den Frauen getrennt auf einer Seite des Hauses sitzen, tragen sämtlich europäische Hemden, dazu das Hüfttuch der Eingeborenen in unverfälschter Form und Schöne, und die wohlhabenderen unter ihnen über dem Hemd noch einen kurzen europäischen Rock oder dergleichen. Sehr beliebt scheinen die dunkelblauen Tuchjacken amerikanischer Matrosen zu sein, selbst die von Unteroffizieren dieser Marine scheinen recht häufig den Gegenstand eines interessanten Tauschvertrages gebildet zu haben. Die Frauen prangen fast sämtlich in den scheußlichen langen Nachtkitteln, die die keusche Phantasie der Missionare zur Verhüllung der üppigen Körperformen der schöngewachsenen Töchter dieses gesegneten Eilandes erfunden und seit Jahrzehnten mit glücklicherweise noch recht mangelhaftem Erfolg einzuführen versucht hat. Nur am Sonntag kommt der Missionar zu seinem Recht. Und sieht er dann seine guten Schäflein in der Kirche versammelt, ehrbar angetan mit „dem Gewande der christlichen Kultur", dann mag sein Herz höher schlagen in dem Bewußtsein, einen großen Sieg errungen zu haben über das finstere Heidentum mit seinen barbarischen Bräuchen. Bei den Frauen und Mädchen hat das Wort des frommen Mannes sogar noch bessere Saat getragen. Wie sündhaft ist es doch, den Kopf — und deckt ihn noch so dichter Haarschopf — den Unbilden der Witterung auszusetzen. Flugs also einen europäischen Hut gekauft, damit diese unchristliche Barhäuptigkeit sofort sittsam weiche und einer Gott wohlgefälligen Bedeckung des Kopfes mit dem neuesten Pariser Hutmodell Platz mache. So ein Hütchen aber ist ja bei jedem Händler für ein Billiges — höchstens drei Dollar! — zu haben, und wehe dem armen Mädchen, das sich am Tage des Herrn nicht mit einem europäischen Hut sehen lassen kann, der ja in einem Lande unerläßlich sein muß, wo seit Menschengedenken kein Hitzschlag oder Sonnenstich unter den Eingeborenen vorgekommen ist.

Zu Hause müßte man sich ja beinahe schämen, wenn man von seinem Ausritt am Sonntag erzählen wollte. Zu den Sonntagsreitern gehöre ich auch nicht gern, hier aber ist es unumgänglich notwendig, täglich, ohne Ausnahme, also auch Sonntags, ehe die höhersteigende Sonne die Hitze unerträglich macht, sich gehörig zu tummeln und seinem Blut die nötige Gründlichkeit des Umlaufes zu sichern, die allein im tropischen Klima vor Krankheit und Siechtum schützt. Das bißchen Kricket- oder Tennisspielen, das man spät nachmittags gegen Sonnenuntergang den Damen zu Gefallen mitmacht, kommt als vernünftige Leibesübung nicht in Betracht. Die kurze Zeit zwischen Eintritt der kühleren Dämmerungsstunde und dem Essen erlaubt nicht, das sonst so angenehme Spiel lange genug auszudehnen, und morgens vorm Frühstück ist selbstverständlich niemand für solche schönen Dinge zu haben. Es bleibt also nichts als das Pferd, und das erfüllt den beabsichtigten Zweck sicherlich auch besser als alles andere. Zwar ist es hier in Samoa mit den Pferden so eine Sache. Hier haben sich die Eingeborenen nicht wie auf andern Südsee-Inseln so ans Reiten gewöhnt, daß es ihnen förmlich zur zweiten Natur geworden

wäre. Man sieht sehr selten einmal einen erwachsenen
Samoaner reiten um des Reitens willen, und als Fort=
bewegungsmittel erfreuen sich die Pferde durchaus nicht
der Beliebtheit, die man auf andern Gruppen des
Großen Ozeans beobachten kann. Die Reise im Boot wird
auch da dem Überlandweg zu Pferde vorgezogen, wo
Schnelligkeit und Sicherheit der Beförderung durch den
Umweg zu Wasser nur leiden. Die samoanische Sprache
hat für das erst jüngst eingeführte Pferd selbstverständ=
lich kein eigenes Wort; Solofanua, „das über den Erd=
boden hinfegende" Tier, ist ihnen noch heute ebenso fremd
wie die Bezeichnung umständlich. Infolgedessen hat die
Pferdezucht bisher mit großen Schwierigkeiten zu
kämpfen gehabt. Auf den deutschen Pflanzungen hat man
zwar mit gutem Erfolg aus australischem Blut sehr brauch=
bare Tiere gezogen, aber sobald die Tiere aus den Hän=
den der sachverständigen Züchter in die des eingeborenen
Käufers übergehen, ist es um sie geschehen. Die meisten
Weißen, die der Zufall hier an den Strand geworfen
hat, sind Seeleute und als solche nicht gerade geborene
Pferdekenner und Zureiter. Von ihnen können die Ein=
geborenen kaum lernen, wie ein gutes Reitpferd durch=
gearbeitet werden muß, wohl aber wie Jan Maat seine
Schiffssteuerkünste auf ein Landfahrzeug überträgt. Man
braucht das nur einmal gesehen zu haben, um die heroische
Hartmäuligkeit zu verstehen, die das Grundübel aller
hiesigen Pferde ist. Als ich mir hier zu täglichem Ge=
brauch ein Pferd aussuchen wollte, mußte ich den ganzen
Stall eines ehemaligen amerikanischen Zirkusmenschen
durchprobieren, ehe ich etwas einigermaßen Brauchbares
fand. Aber auch das beste Tier dieses angeblich ehemalig
Barnumschen Bestandes wies eine solche Fülle von Un=
arten auf, daß mir der Eigentümer gar nicht erst zu ver=
sichern brauchte, es werde nur von ihm selbst geritten,

niemals an Fremde ausgeliehen; es war sofort klar, daß es täglich von Krethi und Plethi mißhandelt worden war. Erst das elfte Pferd, das ich im Laufe der Zeit versuchte, entsprach meinen Anschauungen von einem wirklichen Reittier, und seitdem ist kein Tag vergangen, wo ich nicht jeden Morgen vor dem Frühstück in der Frische des Waldes meine zwei Stunden Frühgalopp gemacht hätte.

Es gibt kein besseres Mittel, das Land in all seiner Schönheit kennen zu lernen, als die kühlen Morgenstunden zum Durchstreifen der näheren und weiteren Umgebung der Hauptstadt zu benutzen; man bekommt einen Einblick in den geographischen, landschaftlichen und wirtschaftlichen Charakter des Landes, wie man ihn sonst gar nicht erwerben könnte in einem Lande, wo Fußmärsche zu den ausgeschlossenen Dingen gehören und für Gefährt zugängliche Straßen einstweilen nur noch in bescheidener Zahl vorhanden sind. Es gibt nichts Herrlicheres als auf gutem Pferde in leichtem Galopp in den Busch hineinzureiten und die köstliche Kühle zu genießen, die einem der übrige Tag versagt; auch in den Tropen hat Morgenstunde Gold im Munde, das Gold einer nachhaltigen Erfrischung von Leib und Seele. Wie auf den rührend unbeholfenen Gemälden unserer mittelalterlichen Maler verhutzelte oder todesmatte Männlein und Weiblein auf der einen Seite in den Jungbrunnen hineinsteigen, um auf der andern wieder herauszukommen als neugeborene Menschen, jugendstark und lebensfroh, so verjüngt man sich hier im tropischen Lande auf dem morgendlichen Ritt durch den kühlen Wald oder am Strande entlang, wo die Brandung übers Riff braust und der stets lebendige Passat einem die Stirn fächelt. Die unerschöpfliche Fülle der Pflanzenwelt eines tropischen Waldes enthüllt sich auf solchen Ritten mit der Kraft einer Offenbarung. Mein Lieblingsweg führte mich zur Besitzung

eines bekannten deutschen Kaufmanns, der in Alafua seine
Landbesitzung hat, wie fast alle seine Landsleute, die gern
auch außerhalb der Stadt draußen im Grünen einen
Platz ihr eigen nennen, wo sie des Sonntags sich von
den Sorgen und kleinlichen Alltäglichkeiten des Berufs
erholen können. Der Besitzer dieses etwa eine deutsche
Meile von Apia entfernt gelegenen Landsitzes war durch
die jüngsten Unruhen gezwungen worden, Samoa zeit=
weilig zu verlassen. Erst nach völliger Wiederherstellung
des Friedens kam er nach einer Abwesenheit von wenigen
Monaten von einer der benachbarten Inselgruppen zurück
und fand sein ganzes Land völlig zugewachsen, buchstäb=
lich überdeckt mit dichtestem Kriechgewächs und versteckt
unter meterhohen Stauden und Sträuchern, die unter
andern Umständen schon als kaum sprossendes Unkraut
dem jätenden Messer der Pflanzungsarbeiter zum Opfer
gefallen wären. Die wenigen Monate notgedrungener
Arbeitseinstellung hatten das ganze Grundstück in eine
romantische Wildnis verwandelt, in unzugängliches
Dschungel, als ob ein Dornröschen dort verzaubert schliefe
und auf den erlösenden Ritter warte. Eine bekannte Ab=
art des noli me tangere, die vor Jahren von einem
Missionar eingeführt wurde und seitdem sich zu einer
förmlichen Landplage für das ganze Land ausgewachsen
hat, bedeckt den Boden derart, daß nicht ein Fleckchen
Erde mehr zu sehen ist, wilde Gräser sind so hoch auf=
geschossen, daß sich Fuß und Steigbügel alle Augenblicke
darin verfangen und das Fortkommen schwieriger wird
als auf einem der sogenannten Negerpfade, von denen
man bekanntlich auch sagen kann wie in jener berühmten
Inschrift: „Dieser Weg ist kein Weg. Wer's doch tut,
verfällt in Strafe." Schlimmer als die Hindernisse, die
vom Boden aufwachsen, sind die Schlinggewächse, die
sich mit ihren zähen Ranken plötzlich einem um die

Kehle legen, während das Pferd ruhig weiter geht und kalten Blutes unsere Erdrosselung vorbereitet. Die Schöß= linge der Lianen und ähnlich verderblicher Urwaldpflanzen sind so stark und schon frühzeitig so holzig, daß man sie mit der Hand gar nicht zerreißen kann. Hat man kein Taschenmesser zur Hand, so muß man mit dem Pferd zurück und kann noch froh sein, wenn man mit einer kleinen Quetschung des Kehlkopfes davongekommen ist.

Das sind aber auch die einzigen Gefahren, die einen im samoanischen Busch bedrohen. Zwar ist die Luft um diese frühe Morgenstunde, wo die niedrigstehende Sonne das dichte Laubdach noch nicht hat durchdringen können, feucht wie in einem Treibhause und die Ausdünstungen der üppig wuchernden Pflanzen lassen an Sumpffieber und andere Schrecken denken. Das sind aber hierzulande Schreckgespenster, die nur selten greifbare Gestalt an= nehmen und den ruhig und vernünftig Lebenden ver= schonen. Wilde Tiere gibt es nicht im samoanischen Walde, ja nicht einmal zahme. Die gesamte Tierwelt dieser Inseln ist ungemein schwach entwickelt und arm an Arten. Außer verwilderten Hausschweinen, fliegen= den Füchsen, Ratten und Mäusen sind überhaupt keine Vierfüßer im Walde zu finden, und außer zahlreichen und zum Teil ungeheuer großen Landkrebsen gibt es nur noch Vögel, darunter sehr schön gefiederte, und Insekten. Wilde Menschen gibt es auch nicht auf diesen friedlichen Inseln; selbst zu Kriegszeiten hätte ein Weißer wohl unbehelligt seines Weges durch Feld und Wald reiten können, ohne daß ihm ein Leid geschehen wäre. So kann man hier, wo nur das Pferd noch seinen Huf zu setzen vermag, im jungfräulichen, urwaldmäßigen Busche reiten, als ob man der erste und einzige Weiße im Lande wäre, und läuft dabei keine andere Gefahr, als bei einem Spazierritt im Berliner Tiergarten.

Frisch gestärkt und friedlich heiter, wie es bei Wilhelm Busch heißt, kehre ich nach Hause zurück, ziehe ein leichtes Morgengewand an und wandere wiederum in den Busch. Diesmal aber nur eine kleine Strecke, bis zu einem prachtvollen kleinen Wasserfall, den der Vaisigano wenige Minuten von meinem Gasthof entfernt bildet und zu einem der schönsten Badeplätze gemacht hat, die mir bisher begegnet sind. Der Fluß, einer der zahlreichen, prächtigen kleinen Gebirgswässer, die auf den samoanischen Inseln so häufig sind und eine ihrer schönsten landschaftlichen Zierden bilden, kommt mit großem Gefäll zu Tal gestürzt, alle Hindernisse keck überspringend oder sich bei zu starken Niveauverschiedenheiten kühn hinunterstürzend. Die Wucht der herabschießenden Wassersäule pflegt dann an solchen Stellen das Flußbett auszuweiten, so daß fast stets eine seeartige Anstauung der Wasserfläche mit solchem Wasserfall Hand in Hand geht. Eine schönere Einrahmung, als dieses kleine Plätzchen sie besitzt, läßt sich gar nicht denken. Große Nußbäume fassen den kleinen Waldtümpel bis unmittelbar zum Wasserrande ein, Kokospalmen lassen ihre schöngefiederten Wipfel über die Baumkronen hinaus in den blauen Himmel ragen, und das über die vulkanischen Steine hüpfende Wasser murmelt ununterbrochen wie ein Mühlenbach im Schwarzwald. Ein paar Eingeborene sind schon im Wasser und treiben mit fröhlichem Jauchzen ausgelassene Kurzweil. Beim Erscheinen des „Papalagi" (Weißen) verstummen sie sofort und begeben sich weiter stromab, um ihm das Wasser nicht zu trüben. Die Achtung, die der Samoaner dem Europäer entgegenbringt, ist noch immer erstaunlich groß, selbst hier in der Hauptstadt, wo sich der Weiße häufig so wenig zu seinem Vorteil zeigt. Als im Jahre 1768 die Schiffe der Bougainvilleschen Entdeckungsfahrt am Sehkreise auftauchten, verstanden die Eingeborenen von Upolu nicht die Bedeutung der gewaltigen, nie gesehenen Segel. Sie erschienen ihnen wie ein Loch im Himmel, man glaubte, die Götter selbst würden durch diese plötzlich entstandenen Öffnungen kommen und einen Besuch abstatten. Die Weißen, die auf diesen Schiffen zuerst an Land kamen — der Holländer Jakob Roggewein, der schon 1722 die Gruppe sichtete und sie nach dem Führer seines Schiffes „Tienhoven" Baumann-Inseln nannte, hat sich nicht weiter hier aufgehalten — die ersten Weißen also der französischen Expedition waren für die Samoaner unbegreifliche Lebewesen höherer Art, sie wurden als überirdische „Durchbrecher des Himmelsgewölbes" göttlich verehrt, und diese Bezeichnung „Papalagi" hat sich bis auf den heutigen Tag erhalten und mit ihr noch ein gut Stück der wenigstens äußerlich zur Schau getragenen Achtung, die so zaubermäßigen Helden gebührt und geziemt, die den Himmel selbst durchbohren können.

Nun, es tut der hohen Würde des Papalagi keinen Abbruch, wenn er sich vor den Augen der tätowierten Braunen auszieht und in die kühlen Fluten taucht, und nach dem langen Ritt seine Glieder reckt und streckt in dem herrlich klaren Wasser, dem zweiten Jungbrunnen, der seine erfrischende Kraft herleihen muß, ehe das Tagewerk beginnt. Man wird in diesem gesegneten Lande so leicht müde und schlaff, so gänzlich abgeneigt einer daheim so selbstverständlichen Betätigung der Lebensgeister, daß man gar nicht genug tun kann, sie immer wieder aufzurütteln und vor Einschläferung zu bewahren.

* *
*

Sonntagsfeier amerikanischer Seeleute. — Gartenfest auf Papalaloa. — Schwimmkünste samoanischer Damen. — Die „Häuptlinge der Turnkunst".

Durch Ritt und Bad glaube ich jeder aufkommenden Ermüdung genügend vorgebeugt zu haben und setze mich, nach gehörigem Frühstück, auf der Veranda des Gasthauses zum Arbeiten nieder. Hier läßt sich's jederzeit sitzen; was an Brise vom Wasser oder vom Lande kommt, muß seinen Weg über diesen Platz nehmen, und solange der Wind nicht zu stark ist und einem alles Papier und Schreibzeug in lustigem Wirbel entführt, kann man hier ungestört seinen Gedanken nachhängen und schreiben — so lange wie eben die Ungestörtheit dauert, denn der Müßiggänger gibt es gar viele in Apia, und es vergeht keine Stunde, wo nicht einmal einer von der Straße hinaufkäme, von dem bringenden Bedürfnis getrieben, ein paar Worte mit einer fühlenden Brust auszutauschen.

Heute, am Sonntage, droht nun ganz andere Störung. Seit gestern schon sind die Mannschaften des im Hafen liegenden amerikanischen Hilfskreuzers und Kohlenschiffes auf Urlaub — eine ungemein rohe, zügellose Gesellschaft. Schon beim Nachhausekommen bemerke ich einen davon völlig betrunken vorm Hause im Grase liegen und seinen Rausch von gestern ausschlafen. Seine Kameraden gingen achtlos an ihm vorüber, Eingeborene standen in dichtem Kreise um ihn herum, ohne ein Wort zu sagen; nur die Kinder riefen ihre Spielkameraden herbei mit der wichtigen Meldung: „Hier liegt ein betrunkener Amerikaner vom Kriegsschiff!" Keiner der Samoaner wagt den laut Schnarchenden zu stören, sein aufgedunsenes Gesicht ruht auf dem Arm, der weithin sichtbar das eingestickte Rangabzeichen eines Schnelladekanoniers trägt mit dem amerikanischen Adler. Drüben aber erschallen in der Kirche wiederum die Klänge frommen Kirchengesanges, zum zweitenmal schon wandeln die Eingeborenen zum Gottesdienst, und mit nie ermüdender Ausdauer singen sie ihre Kirchenlieder in jenem vielstimmigen Chorgesang, der den Polynesiern eigen und

auch hier auf Samoa zu bewundernswerter Vollkommen=
heit ausgebildet ist. Draußen brütet die bereits hoch=
stehende Sonne auf dem Wasser, die Passatbrise ist heute
ganz besonders schwach, kaum ein einziger weißer Kamm
ist zu sehen, und auf den Kriegsschiffen hängen die Flaggen
unbewegt und schlaff hernieder. Auf dem deutschen
Kreuzer steigt über der Kriegsflagge am Heck plötzlich
ein Wimpel empor, im Dienst als Wimpel 1 bekannt,
der Sonntags als Kirchenwimpel den Beginn des Gottes=
dienstes verkündet und während der Dauer der Andacht
seinen Ehrenplatz über der Kriegsflagge beansprucht. Als=
bald erklingen die Töne einer vertrauten alten deutschen
Kirchenweise, von der Kapelle an Bord geblasen, still und
friedlich über das feierlich ruhige Wasser und mischen
sich in den Chorgesang der glaubenseifrigen Samoaner.
Von Bord des Amerikaners aber stoßen zwei große Boote
ab und halten auf Land zu — und damit Valet allem
ruhigen Arbeiten! Der Sonntag ist hin, ein neuer Über=
fall naht, und da gibt es keine andere Rettung als Flucht,
schlechte rechte Flucht aus Haus und Stadt. Beschwert
man sich beim Verwalter des Gasthofs über den wüsten
Lärm, den die amerikanischen Seeleute machen, heißt es
achselzuckend:

„Tut mir leid, aber ich kann die Leute nicht ab=
weisen; die haben mehr Geld in der Tasche als alle deut=
schen und englischen Matrosen zusammengenommen, und
meiner Gesundheit wegen bin ich nicht nach Samoa ge=
kommen."

Da wir hier noch nicht soweit sind, Standesunter=
schiede zu kennen und getrennte Häuser zu haben, eines
für Offiziere und ein anderes für Matrosen, so bleibt
nichts anderes übrig als den Urlaub der amerikanischen
Blaujacken als ein unvermeidliches Übel aufzufassen und
dem heimgesuchten Hause den Rücken zu kehren.

Glücklicherweise entsinne ich mich der freundlichen Einladung einer deutschen Familie zu einem Gartenfest auf der Pflanzung eines befreundeten Amerikaners. So ein samoanisches Gartenfest ist an sich eine Sehenswürdigkeit, nirgends zeigt sich der harmlos fröhliche Sinn der Eingeborenen und Mischlinge im bessern Licht als bei solcher Gelegenheit, wo draußen auf irgendeinem schönen Fleck Erde der Sonntag gefeiert wird durch Sang und Tanz, Frohsinn und Spiel im Freien. Ein prachtvoller Wasserfall, unweit von Apia auf einer Kakaopflanzung unseres Freundes gelegen, ist stets das beliebteste Ziel für solche Sonntagsausflüge gewesen; denn außer schönem Wald und kühlem Schatten findet sich hier eiskaltes kristallklares Wasser — und was mehr braucht der Samoaner zu seiner völligen Glückseligkeit? Es ist wirklich eine Freude, die guten Naturkinder sich in dem klaren See dieses berühmten Falles mit seinen schroffen, vulkanischen Felsblöcken — Papaloloa, den langen Felsen — belustigen zu sehen und miteinander wetteifern in Ausdauer und Kühnheit. Der Fluß ist derselbe Vaisigano, der dicht an unserem Gasthofe den reizvollen Badeplatz geschaffen hat; er stürzt senkrecht von einer Höhe von etwa 7 Metern hinab in eine grottenartige Erweiterung, in der das Wasser stets eine köstliche Kühle bewahrt, wie sie das Meer in Samoa leider nie bietet. Der Korallenstrand mit seinen scharfkantigen Bänken, die den nackten Fuß zerschneiden, die Häufigkeit des Haifisches, der dann und wann selbst mitten im Hafen von Apia sein Opfer fordert, und vor allem die unerträgliche Wärme des flachen Wassers machen das Baden in der See hierzulande fast ganz unmöglich. Dafür ist aber Samoa so außergewöhnlich reich an herrlichen Quellen und kalten Bergflüssen, daß man für den Mangel des regelmäßigen Seebades reichlich entschädigt wird. Der Papaloloa ist

einer der schönsten Badeplätze im Lande, und wer ihn
belebt gesehen hat von solch ausgelassenem Sonntags-
völkchen, wie es die Samoaner im Freien sind und vor
allem im Wasser, ihrem ureigensten Element, der wird
ihn sobald nicht wieder vergessen. Unermüdlich springen
die Mädchen — denn es scheint deren Vorrecht zu sein,
den Männern eine turnerische Leistung vorzuführen, die
nicht jeder von ihnen nachmachen könnte — mit lautem
Jodler hinab vom hohen Felsen, durchschwimmen das
ganze Becken unter Wasser, tauchen schließlich am andern
Ende wie eine Fischotter wieder auf, gehen ans Land,
ersteigen den Stein und wieder geht's hinab ins kalte
Wasser und immer wieder mit erstaunlicher Ausdauer.
Die Samoaner schwimmen nicht wie wir im Froschstil,
sondern paddeln wie die Hunde, haben aber darin solche
Übung, daß sie es auch mit dem geübtesten Europäer
bequem aufnehmen können und ihn, wenn auch nicht an
Schnelligkeit, so doch ohne Zweifel an Ausdauer mit
Leichtigkeit schlagen werden. Dieselben Damen, die wir
nur im Straßenkleide oder im Ballgewande zu sehen gewohnt sind, sich hier wie die Waldnymphen tummeln zu
sehen und übermütig fröhlich wie die Kinder der Natur,
ist ein Anblick, den wir unter Europens übertünchter
Höflichkeit kaum genießen können. Hier wird er uns
nicht nur von den Mischlingen geboten, sondern ebenso
von den Weißen, wenigstens von denen, die hier im
Lande geboren sind und mit den Samoanern wie mit
ihresgleichen aufgewachsen und von den Landeskindern
nicht nur die Freude an der Natur, sondern auch die über-
legene körperliche Geschicklichkeit, Kraft und Ausdauer
erworben haben, die den Eingeborenen unverdorbener
Naturvölker auszeichnet. Stundenlang dauert das Spiel
im Wasser, dann wird das Mahl bereitet, in samoanischer
Weise auf dem flachen Erdboden mit Bananenblättern als

Tischtuch. Nach dem Essen stürzen sich die unermüdlichen Damen und Kinder wieder ins Wasser. Wir aber ziehen vor, unter dem Schatten eines großen Faobaumes uns lang hinzustrecken und wie Mirza Schaffy zu schwärmen bei Tabak und kühlem Wein, Weib und Gesang, und uns glücklich zu preisen, dem wüsten Sonntag in der Stadt entflohen zu sein, wo um diese Zeit die Straßen widerhallen von dem rohen Gejohle trunkener Seeleute, die die Schenken belagern und ihre unflätigen Flüche in den frommen Chorgesang der Eingeborenen mischen.

„Da sind wir Wilden doch bessere Menschen!" Das dürfen die Samoaner von sich wirklich mit Recht sagen, wenn sie die wilden Gesellen von den englischen und amerikanischen Kriegsschiffen ihr Geld vertun sehen, als ob der Rausch das höchste aller Güter für sie wäre. Und wir Deutsche können uns diesem Selbstlob ruhig anschließen. Nicht als ob wir oder unsere Matrosen lauter Tugendbolde wären und fromme Lämmlein, die nie ein Wässerchen getrübt und niemals einen Rausch gehabt hätten. Aber es steckt doch wenigstens Mannszucht in unsern Leuten drin und Achtung vor der Uniform, die sie tragen, die sie selbst und alle andern stets daran erinnern soll: das sind Angehörige der kaiserlich-deutschen Marine, die da in ihren weißen Anzügen gehen mit dem blauen Exerzierkragen und den Mützen mit den fliegenden Bändern! Und das hat noch jeder Ausländer, und wäre er noch so ungern bereit, etwas Deutsches zu rühmen, zugegeben, und gerade bei so drastischen Gegenüberstellungen, wie sie der Sonntag in Apia liefert, oft und ohne Rückhalt zugegeben: der deutsche Matrose weiß sich am Lande wie ein Gentleman zu benehmen, ruhig und anständig, als ob er alle Tage auf Urlaub wäre und es nicht nötig hätte, die unter mittelalterlich schroffer Zucht

zurückgehemmte Freiheit sich austoben zu lassen durch
zügellose Roheit und lärmende Rücksichtslosigkeit.

Sehen wir es uns einmal an, wie die Leute vom
deutschen Stationskreuzer ihren Urlaub am Lande ver=
bringen. Kaum ist nach dem Gottesdienst der große
Kutter mit den Urlaubern an Land gekommen, so stürzen
die kleinen samoanischen Pferdejungen auf die neuen An=
kömmlinge zu, denn die Erfahrung hat sie längst gelehrt,
daß noch jeder Jan Maat eine Schwäche für das Pferd
hat, auch wenn er es gar nicht regieren kann. Da aber
selbst die ziegenartigen Tiere, denen die Rippen aus
dem schlecht genährten Wanste gucken wie eine Waschraffel,
nicht unter zwei Schilling die Stunde verliehen werden,
so sind die knappen Mittel eines deutschen Matrosen mit
19,50 Mark Monatslohn auf die Dauer selbst an Sonn=
tagen solchen Anforderungen nicht gewachsen, und die
meisten Jungen müssen sich schweren Herzens entschließen,
auf Pferd und stolzen Ritt durch die Straßen zu verzichten
und aufs Land zu gehen, wo sich Nachmittag und Abend
billiger verbringen lassen. Da hat vor Jahren ein deut=
scher Unternehmer einen hübschen Garten außerhalb der
Stadt gekauft und ihn zu einem Vergnügungsplatz für
seine Landsleute hergerichtet. Das Ganze heißt natürlich
Lindenau, eben weil es dort keine Linden gibt und kein
Ziegenbock springt auf grüner Au; wohl aber stehen
Palmen dort und Bananenstauden in Hülle und Fülle,
Brotfruchtbäume und Mango und alles, was zu einer
Südseelandschaft gehört. Dort läßt es sich hübsch im
Freien sitzen, und da der Kommandant des deutschen
Kreuzers jeden zweiten Sonntag seine Musikkapelle her=
leiht, so gibt es dort Musik und Tanz wie in Kiel auf
der Waldwiese. Alles aber geht nett und anständig zu,
so daß auch die Offiziere selbst hinkommen und das lau=
warme Pschorrbräu trinken können, das hier nun einmal

die Rolle des deutschen Nationalgetränkes spielt, solange man hier noch alles von Hause beziehen und ohne Eis genießen muß. Bei den besseren Familien Apias sind diese Lindenauer Konzerte mit ihrem zwanglosen Tanzvergnügen rasch sehr beliebt geworden, und aus einer Aufforderung zum Tanz hat sich manch zärtliches Freundschaftsverhältnis entwickelt zwischen schmuckem deutschem Seemann und dunkeläugigem Halbblutmädchen, das auch ohne Tanzmeister rasch unsern deutschen Walzer gelernt hat, wenn die dazu nötigen Schuhe wohl auch viel Schmerz und Unbequemlichkeit gekostet haben mögen. Die ungezwungenste Demokratie herrscht auf diesen Tanzabenden dort draußen im samoanischen Palmengarten mit dem biedern deutschen Namen, und das Mädel, das eben von einem schlichten Matrosen wieder auf seinen Platz geführt worden ist, mag den nächsten Tanz mit einem schneidigen Oberleutnant tanzen und den nächsten wieder mit ihrem Feleni (friend), der von ihrer Farbe und wohl ein sichererer Eheanwärter ist als der fremde Seemann, der mit Vorliebe das Lied singt: „Mein Herz, das ist ein Bienenhaus, die Mädchen sind darin die Bienen." Wie schade, daß die zahlreichen Mormonen-Missionare, die das Land glücklich machen wollen, kein Deutsch verstehen! Sie würden alle Sonntage dieses hohe Lied der Vielweiberei in Lindenau hören können und ihre helle Freude daran haben, mit welcher aufrichtigen Begeisterung der deutsche Vaterlandsverteidiger seine Kehle zum Ruhme der alten Mormonenlehre ertönen läßt.

Nur einen Ort gibt es noch, wo sich das freundschaftliche Verhältnis zwischen unsern blauen — hier allerdings stets weißgekleideten Jungen und den Landeskindern besser beobachten läßt als im deutschen Biergarten, wo bisher noch jeder Gast ungestraft unter Palmen gewandelt hat: das ist das Karussell, die größte Sehens-

würdigkeit Apias. In der Tat, wenn man gefragt würde,
was ist wohl die größte Merkwürdigkeit der Hauptstadt,
man müßte, ohne sich zu besinnen, sagen: das Karussell
der deutschen Bierhalle in Matafele, das Melikolau (merry
go-round) der Eingeborenen, der letzte Rest eines vor
Jahren hier gestrandeten amerikanischen Zirkus. Die An=
kunft der Reitkünstler und Seiltänzer in ihren schillernden
Gewändern und ungewöhnlichen Trachten war für die
guten Samoaner seinerzeit ein Ereignis ersten Ranges.
Der billige Tand und die unverblichene Pracht ihres
Theaterfirlefanzes war für die Eingeborenen die höchste
Prunk= und Glanzentfaltung, die sie bisher nur von
seiten der Papalagi gesehen hatten. So schöne Kleider
hatte ja nicht einmal der Oberrichter, und wer unter den
bisher gesehenen Weißen konnte so kühne Sprünge auf
dem Pferde machen wie diese neuen Helden aus dem
großen Wunderlande Amelita? Jahrelang nach der Ab=
reise der wandernden Gaukler konnte man noch in samoa=
nischen Dörfern beherzte Kinder sich üben sehen, auf ihren
kleinen dummen Pferden die unerreichbaren Künste der
Alii Tifaga, der Häuptlinge der Turnkunst, wie man die
Kunstreiter genannt hatte, zu versuchen, und noch heute
leuchten die Augen der Kinder, wenn der Vater von jener
Zeit spricht, wo die prächtig gekleideten weißen Häupt=
linge auf ihren Pferden sprangen. Nun, als einziges
Überbleibsel jener herrlichen Zeit ist uns das Karussell
geblieben, das noch heute mit seiner Orgel, den vielen
Lichtern und Glasgehängen für den naiven Samoaner
ein Wunderbau ist, so unvergleichlich viel großartiger so=
gar als die Wohnung des englischen Missionars, daß in
seinen Augen nichts Schöneres und Bewundernswerteres
in Samoa gefunden werden kann. Und die geheimnis=
volle Kraft, die das ganze Wunderwerk treibt! Kein
Mensch, kein Pferd, kein schwarzer Arbeitsjunge von der

deutschen Firma, niemand zieht oder schiebt, und es läuft doch rasch um, als ob vierzig starke Ruderleute daran arbeiteten. Die Dampfmaschine, dies ewig unergründliche Teufelswerk der Weißen, ist allerdings die einzige ihrer Art auf Samoa. Eine Baumwollpresse und Öldruckmaschine, die früher von der deutschen Firma benutzt wurden, sind längst zum alten Eisen gewandert, und allein das Karussell verkündet hier auf Upolu die Wunder des neunzehnten Jahrhunderts. Wie zum Fest geschmückt, mit Blumen bekränzt, in ihren schönsten Feiertagskleidern ziehen Samstag abends die jungen Mädchen, weiß, halbweiß und braun, hinaus nach Matafele und warten darauf, daß ein guter Freund sich ihrer erbarme und ihnen ein paar Fahrkarten, das Stück für 25 Pfennig, erstehe oder mit ihnen selbst auf stolz wiehernden Hippogryphen, aus Holz geschnitzt und edel bewegt wie die Karuselltiere unserer schönsten Jugendzeit, herumjage nach dem ohrenbetäubenden Lärm der martervollen Dampforgel, während die Matrosenkapelle des deutschen Kriegsschiffes vaterländische Lieder und lustige Tanzweisen spielt und sich ganz Apia zuschauend und mitmachend ergeht in diesem tollen Zauberwesen. Offiziere, Mannschaften, Kaufleute und Handlungsgehilfen kann man da auf dem großen Wunderbau Apias herumtoben sehen an der Seite einer schönen Samoanerin, die mit leuchtenden Augen wie in der Verzückung dasitzt und nur für eines Sinn hat: mehr Karten, „se tike (ticket) alii, faamolemole!", bitte, o Herr, mehr Karten! Und wiederum greift man in die Tasche und kauft den kleinen und großen Geschöpfen Karten und mehr Karten, und ein Silberling nach dem andern wird ohne Erröten dem kindischen Spiel geopfert.

Viertes Kapitel.

An Bord von S. M. Schiff Falke nach Savaii. 1.

Iva.

Reisegelegenheiten in Samoa selten und unsicher. — Savaii echter samoanisch als Upolu und Tutuila. — Krieger auf der Heimreise. — Samoanische Förmlichkeiten. — Kronenorden und nackte Männerbrust. — Ein Unterstaatssekretär in Stiefeln, ein König in Strümpfen und ein Vizekönig barfuß.

Man kann jahrelang auf den Samoa-Inseln oder, besser gesagt, in Apia leben, ohne Gelegenheit zu finden, etwas von den andern Inseln dieser Gruppe kennen zu lernen. Regelmäßige Verbindungen gibt es nicht; zu einer zweiwöchentlichen Dampfergelegenheit wie auf den benachbarten Inseln von Viti und Tonga oder gar zu einer regelmäßigen Fahrt um die Inseln alle acht Tage wie auf Hawaii, hat man's hier in Samoa noch nicht gebracht und wird es wohl auch für geraume Zeit noch nicht bringen. Wen Beruf oder Neigung von Upolu nach den andern Inseln führt, der muß sich schon einem der gelegentlich, aber ohne jede Regelmäßigkeit oder Bürgschaft, zwischen den einzelnen Inseln fahrenden kleinen Segelschiffe anvertrauen, die für die Deutsche Handelsgesellschaft oder einen der kleineren selbständigen Händler Kopra einsammeln. Kopra, der getrocknete Kern der reifen Kokosnuß, ist bekanntlich das Haupterzeugnis der Samoa-Inseln, das A und Z alles Denkens bei

Pflanzer und Kaufmann, Schiffer und Zwischenhändler. Im kleinen Kopraschuner zu reisen ist nun aber nicht jedermanns Sache. Stundenlang der Tropensonne ohne jeden Schutz ausgesetzt, auf kleinem Deck ohne Sonnensegel zu liegen, nur in der Gesellschaft des Führers, der gewöhnlich der einzige Weiße der Besatzung ist, und einiger handfester Matrosen von irgendeiner seetüchtigen Kanakeninsel, ist nicht immer ein Vergnügen. Und wenn es wenigstens bei den Stunden bliebe! Es werden aber Tage daraus, ja, ich weiß von einem Herrn der deutschen Firma, der von Matauta an der Nordküste Savaiis bis nach Apia, eine Entfernung von etwa 80 Kilometern Luftlinie, acht volle Tage im Segelboot brauchte. Der Passat ist hier in diesen Breiten nicht sehr gleichmäßig, und muß man noch dazu gegen ihn von Westen nach Osten gehend aufkreuzen, dann kann man sich auf eine lange Geduldsprobe gefaßt machen. Man bekommt einen Vorgeschmack aller Entbehrungen und Mühsale, denen die auf dem Weltmeer treibenden Schiffbrüchigen ausgesetzt sind: das Trinkwasser geht aus und muß durch Spirituosen ersetzt werden, frische Nahrung an Fleisch, Gemüsen und Obst geht ebenfalls zu Ende und es bleibt in den Beständen so kleiner Fahrzeuge meist nichts anderes als Schiffszwieback, so daß man schließlich gerädert, verhungert und vielleicht nicht einmal nüchtern nach tagelanger Qual sein Ziel erreicht.

Ich war daher sehr angenehm überrascht, als mir unser deutscher Oberkommissar Baron von Sternburg eines schönen Tages vom Kommandanten des deutschen Kreuzers Falke eine Einladung überbrachte, eine für die nächsten Tage in Aussicht genommene Fahrt nach Savaii mitzumachen. Ich brauche nicht zu sagen, daß ich dieses freundliche Anerbieten des Kapitäns Schönfelder mit tausend Freuden annahm. Savaii, die westlichste und umfangreichſte unter den ſamoaniſchen Inſeln, ſpielt in der Geſchichte und darum auch in der jetzigen Politik des Landes von jeher eine maßgebende Rolle. Eine Anzahl der einflußreichſten Häuptlinge hat hier ihren Sitz, keine der großen Fragen des Landes kann entſchieden werden, ohne daß Savaii ſeine ausſchlaggebende Stimme erteilt hätte. Die nach Weſten verſchobene Lage, die dichte Bewaldung, die Unzugänglichkeit des rauh gebirgigen Innern und die hafenarme ſteile Küſte der Inſel haben hier die Beeinfluſſung durch Miſſion oder andere europäiſche Kulturfaktoren ſehr erſchwert und dadurch auf Savaii ein Bild von ſo unverfälſchter ſamoaniſcher Sitte und eingeborenem Leben möglich gemacht, wie es auf Upolu und andern Inſeln die wachſende Zahl der weißen Anſiedler und die ungeſtörte Arbeit der Miſſionare ſchon längſt zu verwiſchen begonnen hat. Auf Savaii ſind nicht mehr als drei Sendboten der Londoner Miſſionsgeſellſchaft anſäſſig, etwa ebenſoviel von der franzöſiſchen katholiſchen Miſſion und von der Kirche der Heiligen vom letzten Tage, den Mormonen aus Utah. Weiße Pflanzer und Händler ſind ebenfalls nur ſehr ſpärlich auf dieſer großen Inſel angeſiedelt, nur an einem halben Dutzend Küſtenorten wird man Vertreter Apiaer Häuſer finden, die in der Einſamkeit des weißen Siedlers ganz unter Eingeborenen ein recht ſtilles, ereignisloſes Leben führen. Es kann alſo nicht wundernehmen, daß Savaii ſich bis auf den heutigen Tag als eine Hochburg altſamoaniſcher Sitte erhalten hat. Auf andern Gruppen, die ſchon ebenſoviel und in ebenſo ununterbrochener Folge von europäiſchen Einflüſſen bedroht worden ſind wie Samoa, würde man vergeblich nach ſo echten Bildern polyneſiſchen Lebens ſuchen, wie ſie ſich auf Savaii mühelos beobachten laſſen. Im heutigen Samoaniſchen bedeutet das Wort Savaii ſoviel wie altertümlich, echt, und ohne ba=

mit eine der üblichen volkstümlichen Erklärungen des
Namens der Insel geben zu wollen, glaube ich vielmehr
daran zeigen zu können, daß den Samoanern der andern
Inseln die Gebräuche von Savaii als besonders alter‑
tümlich bemerkenswert erschienen sind und sie mit Savaii
etwas wirklich echt Samoanisches bezeichnen wollen. Die
Londoner Missionare haben in ihren mannigfachen
Schriften über Samoa eine ganze Reihe von Erklärungs‑
versuchen für die Namen der einzelnen Inseln und zahl‑
reicher Ortsnamen gegeben, meist mit Hilfe ihrer ein‑
heimischen Lehrer, von denen sie jedes ihnen aufgetischte
Märchen mit kritikloser Dankbarkeit angenommen haben.
Daß Savaii mit Hawaii und Java zusammenzuhalten
ist und nur „das kleine Java" bedeutet, ist diesen guten
Leutchen nie eingefallen. Daß auch die Maori in ihren
Sagen das Land ihrer Herkunft mit Hawa Iki (dem
kleinen Hawa) bezeichnen, ist einer der ersten Finger‑
zeige für die gemeinsame Herkunft der Bewohner von
Neuseeland, Samoa, Hawaii, Tonga, Tahiti und Mar‑
quesas geworden und auch für den Laien zu deutlich,
als daß er nach herbeigezogenen Erklärungen aus eigens
zurechtgemachter Sage zu suchen brauchte.

Um sechs Uhr in der Frühe fand ich das ganze
Schiff umlagert von zahlreichen eingeborenen Fahr‑
zeugen, den aus dem Baumstamm gehöhlten Kanus so‑
wohl wie den großen sogenannten Walfischbooten nach
europäischem Vorbild, die unter Anleitung von Weißen
oder Halbblutzimmerleuten von den Samoanern selbst
gebaut werden. An Bord hatten sich schon Hunderte
von Eingeborenen eingefunden und es sich mittschiffs
und auf dem Deck bequem gemacht. Es waren Krieger
beider Parteien, die nach Ablieferung ihrer Gewehre
nun auf Befehl der Kommissare wieder in ihre Heimat
zurückgebracht werden sollten; meist prächtige Gestalten,

die auch jetzt, ohne Feuerwaffen oder kriegerischen Schmuck, einen recht streitbaren Eindruck machten. Der Samoaner, der etwa eine Durchschnittsgröße von 1,80 Meter haben mag, hält sich ungemein aufrecht. Seine Bewegungen haben etwas Selbstbewußtes und Stolzes, wie man es wohl bei keinem andern Volk, außer den Polynesiern, so ausgeprägt findet. Schmückt sich der Samoaner zum Kriege, dann wird diese stattliche Erscheinung noch bedeutend gesteigert durch die völlig altertümliche Art der Bekleidung und des Putzes, die eigens für den Kampf und ähnliche festliche Gelegenheiten aufgespart bleiben. Das Stück buntbedruckten Kattuns, das immer mehr an Stelle des selbstgemachten Maulbeerzeuges tritt, wird abgelegt und durch einen Behang von frischen grünen Blättern, meist aus schmalen Bananenblattstreifen, ersetzt, der indessen nur einen Teil der Schenkel bedeckt und den größeren Teil der schönen Beintätowierung sichtbar läßt. Darunter wird als Lavalava oder Hüfttuch nur ein ganz schmales Stück Zeug getragen. Der Oberkörper ist völlig unbekleidet, nur Blumengehänge bedecken ihn, und auf dem Kopfe prangt das Tuch in den Farben der Partei, das turbanähnlich einmal herumgeschlungen wird. Häuptlinge hoher Abkunft tragen einen ganz besonderen Kopfputz, der wie eine Barockperücke aus dem Haar junger Mädchen gemacht und mit Muscheln und seltenen Federn geschmückt ist. Der ganze Körper wird mit einer dicken Schicht Kokosnußöl eingerieben, um den Gliedern größere Geschmeidigkeit zu geben und beim etwaigen Handgemenge die Möglichkeit des Entkommens zu sichern. Auch ohne diese letzten Zeichen samoanischer Mobilmachung sahen unsere Gäste auf dem Falken doch achtunggebietend genug aus. Ihre Instrumente, mit denen sie dem toten oder nur verwundeten Gegner in der Schlacht den Kopf abschneiden, hatten sie noch alle bei sich: lange Messer ohne Scheide, etwa wie sie zum Zuckerschneiden auf den Pflanzungen gebraucht und zu diesem Zweck in großen Mengen in Solingen und Sheffield hergestellt werden. Am obern Ende der etwa 30 Zentimeter langen Klinge ist der Stahl zu einem scharfen Haken umgebogen, „zum Aufreißen der Halsschlagader", wie uns ein im übrigen recht wohl= wollend dreinschauender Krieger freundlich lächelnd er= klärt. Die früher üblichen Keulen und gewaltigen Knüppel aus Eisenholz scheinen heute zur Zeit der Feuerwaffen gar nicht mehr mit in den Kampf genommen zu werden. Das Messer genügt. Das Ende der amerikanischen und englischen Offiziere im Gefecht von Vailele ist noch in zu frischer Erinnerung, als daß man vergessen könnte, daß der Samoaner, im gewöhnlichen Leben Höflichkeit und Harmlosigkeit selbst, im Kriege und im Taumel der Kampfesleidenschaft wieder zum Wilden wird.

Der Falke geht Anker auf und setzt sich westwärts in Bewegung, weit außerhalb des den Strand begleiten= den Riffes an der Küste Upolus entlang. Auf der Hütte des Achterdecks, wo sich die dienstfreien Offiziere den Gästen des Kommandanten widmen, so lange dieser selbst auf der Brücke sein muß, haben sich auch ein paar der höheren Häuptlinge eingefunden, die vor andern das Recht haben, mit den „alii papalagi", den weißen Häuptlingen, zusammen auf bevorzugtem Platz zu sitzen. Der Samo= aner ist ein großer Freund von Förmlichkeiten; der Aus= tausch von Höflichkeiten beim Empfang von Gästen, bei Begrüßung von gleich= oder höherstehenden Stammes= genossen und ähnliche Haupt= und Staatsaktionen unter= liegen einem ganz genau geregelten Zeremoniell, das mit der peinlichsten Genauigkeit beobachtet wird, als ob es sich um Leben oder Sterben handelte, wenn auch nur das Tüpfelchen auf dem i eines Nebenparagraphen vergessen würde. Die Empfindlichkeit bei wirklichen oder eingebildeten Verstößen zeigt sich auch hier sofort an Bord. Zwei Häuptlinge haben schon oben auf der Campanje Platz genommen und sich mit vieler Würde in den bereitstehenden Lehnstühlen niedergelassen, als auch noch ein dritter die Treppe heraufzusteigen beginnt, um unter den Edelsten der Nation ebenfalls noch Platz zu finden. Die beiden andern erheben Einspruch, der neue Ankömmling wäre kein Häuptling von gleichem Range, keine Susuga, also keine wirkliche Exzellenz, und dürfe sich nicht erdreisten, mit ihnen zu sitzen. Glücklicherweise kann die Frage von Sachverständigen entschieden werden. Generalkonsul Rose, der sich auf dem Schiffe befindet, ist ein sehr gründlicher Kenner aller einheimischen Verhältnisse, und für Fälle, wo sein eigenes Wissen zur Entscheidung ganz knifflicher Fragen nicht ausreicht, hat er sich den Dolmetscher des Konsulats mitgebracht, den alten Meisake, der selbst Häuptling ist und seinerzeit eine große Rolle in der Regierung gespielt hat. Als das Deutsche Reich vor zwanzig Jahren seinen Freundschaftsvertrag mit König Malietoa Laupepa abschloß, wurde Meisake, der damals Schreiber der samoanischen Regierung war, in der deutschen Fassung des Vertrages „Seine Exzellenz der Unterstaatssekretär des Auswärtigen Herr Meisake" genannt, und natürlich fiel nach glücklichem Abschluß der Verhandlungen auch ein Orden für ihn ab. Da seine nackte Männerbrust indessen keine Gelegenheit bot, den Kronenorden Vierter irgendwie zu befestigen, so wanderte die hohe Auszeichnung nach Berlin zurück. Seine Exzellenz der Unterstaatssekretär trägt aber seitdem stets zu den europäischen Höfen auch einen weißen geschlossenen Rock, damit sie nicht noch einmal ihm zugedachte kaiserliche Auszeichnungen zurückzuweisen brauche. Ja, außer zu Hofe und Rock hat sich der Unterstaatssekretär a. D. auch noch zu Stiefeln entschlossen, der höchsten Marter europäischer Kultur, die nur bei überwältigenden Ereignissen und bei übermäßig entwickeltem Zivilisationsbedürfnis erduldet wird. Geht der Konsul mit seinem getreuen Dolmetsch mal über Land und nur über die Stadtgrenzen hinaus, so ist das erste, was geschieht, sobald die letzte Hütte Apias glücklich passiert ist: Meisake hockt sich mit einem „faamolemole alii" (Entschuldigen Sie, Herr Konsul) auf den Boden und zieht sich die Sündenstiefel mit jener Hast aus, der sich schon Wilhelm Buschens fromme Helene befleißigte, als sie sich alles weltlichen Tands entledigte. Selbst Könige haben in Samoa nicht gelernt, irgendwelche Bekleidung an ihren allerhöchsten Füßen zu tragen. Als kürzlich der amerikanische Oberrichter mit seinen Freunden von der britischen Marine „seinen" König krönte und auf dem freien Platze bei seinem Hause in Matautu den jungen Missionsschüler Tanu Mafili auf den (nicht vorhandenen) Thron Samoas setzte und ihn, bildlich gesprochen, durch Aufsetzung der (nicht vorhandenen) Königskrone weihte, erschien S. M. der neugebackene König in einer Art englischer Admiralsuniform, auf deren Ärmel die Rangstreifen durch eine Königskrone ersetzt waren. Ein englischer Marinesäbel und ein gewaltiger Dreispitz, der die Freude jedes Schmierenregisseurs gewesen wäre, vervollständigte den samoanischen Krönungsornat, der seine höchste Weihe noch durch die Fußbekleidung erhielt. Stiefel waren es nicht, denn der Samoaner, der zeit seines Lebens barfuß gegangen ist, hat natürlich sehr große Füße, und vor allem haben seine Zehen eine außerordentliche Breite. In ganz Apia waren keine passenden Schuhe für die entwickelten Gehwerkzeuge des Landesherrn aufzutreiben gewesen, die Zeit drängte, man konnte die entsprechende Nummer von Elbkähnen auch nicht mehr in Auckland, dem nächsten Kulturzentrum, bestellen, und so mußte sich seine Majestät Herr Tanu begnügen, in Strümpfen zu erscheinen. Tanus Vizekönig Tamasese, der sich in eine Unteroffizier=Husarenjacke gesteckt hatte an jenem großen Tage der neuesten Geschichte Samoas, trug seine Füße bescheiden, wie es sich für einen Vizekönig eines Königreichs von nur braunschweigischen Maßen geziemt, so wie sie ihm gewachsen waren, nackt und groß.

Unser wackerer Kreuzer ist unterdessen an der langgestreckten Küste Upolus entlang gefahren, eine Bergspitze nach der andern wird sichtbar in dem dichtbewaldeten Hügelland, dem man von weitem die vulkanische Natur ansieht. Schon kündigt an der Westspitze die hellere Färbung des Laubes die ausgedehnten Kokoswälder der großen deutschen Pflanzung Mulifanua an, die beiden Inseln Manono und Apolima werden sichtbar, die wie Verbindungsposten zwischen Upolu und Savaii Wache halten, und der gewaltige Bergrücken der großen Waldinsel hebt sich immer massiger vor unsern Blicken aus dem Meere emporsteigend ins Gesichtsfeld. Die Küste fällt anscheinend überall gleichmäßig steil ab, und eine ungeheure Brandung tobt gegen die ausgewaschenen Strandfelsen, unermüdlich eine lange Welle nach der andern gegen das schwarze Basaltbollwerk heranwälzend. An der uns zunächst liegenden Küste, der Südostseite, werden die Maschinen gestoppt und die Gig des Kommandanten bringt uns durch die Riffbrandung ans Ufer.

* * *

Lotse und Landung am Korallenstrand. — Ein wichtiger politischer
    Bezirk. — Häuptlinge und Sprecher. — Triumphzug durch den
    Busch. — Elefantiasis. — Gastfreundschaft und Avatrank.

Eine Landung an der Korallenküste einer Südsee=Insel bei frisch wehender Passatbrise ist eine Sache, die gelernt sein will. Das Wasser ist so flach, daß man nur mit niedrigem Kiel hindurch kann, und der Boden vollständig von den verräterischen Bauten der Koralle bedeckt, die zwar bei Ebbe und Sonnenschein in den schönsten Farben schillern wie ein Regenbogen, mit ihren scharfkantigen grotesken Bildungen aber, fest wie Stahl und schneidig wie ein Messer, schon manchem Schiffer verderblich geworden sind. Die Samoaner, die große Reisende vor dem Herrn und sozusagen von Kindesbeinen an an das Passieren von Korallenriffen gewöhnt sind, haben eine ganz unglaubliche Sicherheit in der Beurteilung solcher Riffpassagen. Sie entdecken Durchfahrten, das heißt offene Bruchstellen im Bau der lebenden Koralle — meist durch den Einfluß einer vom Lande kommenden Süßwasserströmung geschaffen — wo auch das geübte Auge des europäischen Seemannes kaum eine Verfärbung der See erkennen kann. Ohne den eingeborenen Lotsen würde man daher nur sein Boot opfern. Oft ist die Einfahrt so schmal, daß ein einziger falscher Riemenschlag das Boot aufrennen lassen würde, und unsere Boote sind nicht darauf eingerichtet, wie ein Schlickrutscher über den messerscharfen Korallenboden hinzugleiten. Unser Führer bei diesem stets etwas aufregenden Landungsmanöver ist ein portugiesisch-samoanischer Mischling, der Nachkomme jener eigentümlichen Portugiesen von den Azoren, die man als Fischer an der kalifornischen Küste, als Walfischfänger am Südpol und als Kaffeepflanzer auf den Hawaiischen Inseln treffen kann. Er hat unsere Gig, am Bug stehend und stillschweigend dem Bootssteurer mit dem Arm seine Winke gebend, sicher und rasch durch die Brandung gebracht, soweit wie das Boot nur gehen kann. Das letzte Stück muß gewatet, oder besser noch, damit man die Mühe des Stiefelausziehens spart, auf dem Rücken eines stämmigen Giggasten zurückgelegt werden. Die Samoaner haben eine ganz besondere Art, die „weißen Häuptlinge" an Land zu tragen: sie nehmen sie, als ob es sich um ein Kind von 50 Pfund handelte, einfach um die Mitte des Leibes und tragen sie im Geschwindschritt durch das flache Wasser.

Der Ort unserer Landung heißt Jva und ist politisch zurzeit einer der wichtigsten Plätze auf Savaii, da hier in Sachen der Königswahl die Meinungen noch geteilt waren und sich innerhalb desselben Dorfes die Parteien feindlich gegenüberstanden. Denn trotz Kommission und friedlicher Entwaffnung dreht sich doch alles im Lande noch immer um Mataafa und Tanu, und das wird so bleiben für lange Zeit, auch wenn die Königswürde abgeschafft ist. Überdies sind wir hier in einem Bezirk, der von jeher hohen Ruhm für sich und politischen Einfluß beansprucht hat. Das ganze Küstenland an dieser Seite der Insel ist unter dem Namen Faasaleleaga bekannt, das soviel heißt wie „dem Ankerstock geweiht" und mit diesem Namen Erinnerungen an die Zeit weckt, wo ganz Samoa von den benachbarten Tonganern besiegt und in Knechtschaft gehalten ward. Hier hatten die siegreichen Fremdlinge ihr Hauptlager aufgeschlagen, hierher mußten sich die lehnspflichtig gewordenen samoanischen Häuptlinge begeben, um dem verhaßten Fremdherrn Zoll an Hab und Gut zu zahlen. Bei solcher Gelegenheit rissen zwei kühne Verschwörer den Ankerstock des tonganischen Königs aus dem Wasser, wo das große Kriegskanu befestigt lag, und eröffneten mit diesem schweren Rundholz den Angriff auf die Fremden. Alles scharte sich sofort gegen die verhaßten Eindringlinge zusammen, die Tage Tongas auf Samoa waren gezählt und der Ruhm der Malietoa= Familie — denn von ihr war der Angriff vorbereitet und ausgegangen — begründet für die späteren Geschlechter. Bis heute ist das Haus Malietoas des Ersten

Savea eines der herrschenden im Lande geblieben, und bis heute ist Faasaleleaga, der geschichtliche Bezirk des tonganischen Ankerstockes, eine der maßgebenden Gegenden des kleinen an politischen Eifersüchteleien und schildbürgerlichen Rangstreitigkeiten so reichen kleinen Königreiches gewesen. Denn das ist eine der Sonderheiten samoanischer Geschichte: ein Dorf, dessen Bewohner oder dessen Häuptling sich irgendwo und irgendwann ausgezeichnet hat, erhebt auf Grund solcher Verrichtungen den Anspruch auf besondere Vorrechte bei der Königswahl. Ein Titel wird ihm verliehen, den er weiter an einen großen Häuptling verleihen kann, und nicht eher kann ein Großer des Landes Herrscher über alle Inseln werden, als bis er eine bestimmte Zahl solcher alten Titel auf sich vereinigt. Die eigentlichen Machthaber bei solcher Titelverleihung, und infolgedessen bei der Königswahl, sind im Laufe der Zeit aber die sogenannten Sprecher der Stämme geworden, die die wirkliche Macht aus den Händen der Häuptlinge genommen und sich zu den Leitern des Volkes und den Machern samoanischer Geschichte aufgeworfen haben.

Der berühmteste aller Sprecher Samoas ist es, dem der Besuch des Kapitäns und des Konsuls gilt. Lauati ist der Redner von Safotulafai, der politischen Hauptstadt des Bezirks Faasaleleaga und in dieser wichtigen Eigenschaft, als der Vertreter eines der einflußreichsten Landesteile, hat sich dieser kluge Mann bald als eine der geistigen Größen Samoas erwiesen, ein wirklich feiner Kopf und ungewöhnlich begabter Redner. Der Samoaner ist von Natur sehr beredt, und so einfach seine Sprache vom Standpunkt des grammatischen Baues auch ist, er versteht es, die schönsten rednerischen Blüten und treffende Gleichnisse von biblischer Anschaulichkeit in seiner wohlklingenden polynesischen Mundart auszudrücken, so daß

es für den Fremden wirklich ein Vergnügen ist, ihm zu
lauschen, wenn er selbst samoanischer Rede zu folgen
oder mit Hilfe eines geschickten Dolmetschers dem Ge=
dankengange nachzugehen vermag. Nach den Anschau=
ungen des samoanischen Häuptlingszeremoniells, das es
im Aushecken törichter Bestimmungen und heute unver=
ständlich gewordener Gepflogenheiten ohne weiteres mit
den leeren Künsten eines königlich spanischen Hof=
zeremonienmeisters aus der guten alten habsburgischen
Zeit aufnehmen kann, nach diesen heute für geheiligt
geltenden Anschauungen darf der Häuptling selbst in wich=
tigen Fragen sich nicht an das Volk wenden, er spricht
durch seinen Tulafale, seinen parlamentarischen, unver=
antwortlichen Vertreter. Diese berufsmäßigen Sprecher
bilden eine hohe Kaste für sich, sie stehen an Rang den
hohen Häuptlingen wenig nach und sind ihnen wie ge=
sagt an Einfluß überlegen, da sie unmittelbar das Volk
bearbeiten und ohne jeden Rückhalt in ihrem Sinne auf=
klären oder im Dunkeln lassen können, ganz wie es ihren
persönlichen ehrgeizigen Zielen paßt. Die Europäer
müssen sich daher auch in erster Linie an diese Räte der
Großen mit ihren Vorstellungen wenden, wenn sie etwas
erreichen wollen.

Vom Strande aus führt ein kurzer Weg durch die
Ansiedlungen der dicht aufeinanderfolgenden Dörfer des
wohlbevölkerten Bezirks nach Safotulafai, dem Haupt=
ort von Faasaleleaga, wo der große Sprecher ansässig
ist. Kaum haben uns unsere Leute an Land getragen,
so sind wir auch schon von einer lebhaften Schar von
Eingeborenen umgeben, die uns in ihrer freundlichen
Art mit dem wohllautenden „Talofa!" begrüßt haben
und durchaus der Reihe nach uns die Hand schütteln
wollen. In dem gleichförmigen Leben der Eingeborenen
ist natürlich die Ankunft eines Kriegsschiffes immer ein

großes Ereignis, und in diesen unruhigen Zeiten mischt sich in die Freude über die willkommene Unterbrechung des täglichen Allerleis doch die neugierige Furcht, daß das fremde Schiff etwa Böses im Schilde führen könne. Um so größer die Freude, als die durchaus friedliche Absicht des Falke bekannt wird. Sofort sind wir von einem großen Trupp von Frauen und Kindern umgeben, die uns ein freiwilliges Geleit geben wollen und es sich nicht nehmen lassen, obgleich wir unsere eigenen ortskundigen Führer bei uns haben, mit zum Hause Lauatis zu gehen. Die kleinen Menschenkinder sind ungemein zutraulich. Sie folgen uns dicht auf den Hacken, die kleinen Mädchen hängen sich uns zärtlich in den Arm und ein Junge, der irgendwo einen Brocken Englisch aufgeschnappt hat, versichert uns ein über das andere Mal: „You mai feleni!" (you are my friend). Wie im Triumphzug zieht man so durch den Busch. Leider muß ich all die freundlichen Worte der Begrüßung, die neugierigen kleinen Fragen der braunen Freunde unbeantwortet lassen, mein Samoanisch ist noch nicht soweit; über „Talofa", eigentlich „Liebe", allgemein als Begrüßung gebraucht, und „faafetai", danke, geht es kaum noch hinaus, und so muß ich das Plaudern den niedlichen Backfischen überlassen, deren Mundwerk denn allerdings auch gar nicht stillstehen zu können scheint. Da die Gesichter sympathisch, die Lippen frisch, die Zähne blendend weiß und die Stimmen sanft und melodisch sind, läßt man sich das ruhig gefallen und die kleinen Mäulchen darauf losschwatzen, wie es sich fürs Backfischalter geziemt. Tout comme chez nous. Das Haus des Häuptlings und großen Sprechers ist eines der ansehnlichsten im Ort. Trotzdem werden wir nicht unter seinem eigenen Dach empfangen, sondern nach dem größten Hause des Dorfes geführt, dem „Fale tele", das in jedem Dorf zur Auf-

nahme und Bewirtung der Gäste bereitsteht. Gastfreund=
schaft ist eine der hervorstechendsten Eigenschaften der
Samoaner, und das Vorhandensein eines solchen öffent=
lichen Gasthauses allein spricht deutlich genug für den
Wert, den man hierzulande auf die Pflege der Gast=
freundschaft legt. Die schönste und geräumigste Hütte,
aus den besten Stämmen und dem besten Flechtwerk
gebaut, wird für die Fremden bewahrt und in jedem Falle
hergerichtet mit dem Eigentum und auf Kosten dessen,
der Besuch zu bewirten hat. Und kaum ein Tag vergeht,
an dem das „Fale tele" nicht benutzt würde. Die Sa=
moaner sind eigentlich fortwährend unterwegs auf Reisen
und sie haben die große Kunst gelernt, ohne Gepäck zu
reisen. Ein paar Körbe mit frischen Kokosnüssen, etwas
Tabak und getrocknete Bananenblattstreifen zum Ziga=
rettendrehen, das ist eigentlich alles, was der Samoaner
auf der Reise gebraucht. Alles andere holt er sich im
Fale tele. Er läßt sein Boot auf den Strand laufen, be=
sucht seine Freunde und Verwandten und läßt sich von
ihnen im öffentlichen Gästehaus bewirten. Ohne an
Zahlung oder Entschädigung zu denken, zieht er leichten
Mutes weiter und wartet nach seiner Rückkehr darauf,
daß auch seine Freunde einmal den Wanderstab ergreifen
und, auf der Vetternstraße ziehend, auch sein Haus heim=
suchen; es ist eine Art gemeinsamer Güterwirtschaft, die
wir bei den Samoanern sehen, Kommunismus mit Ver=
geltungsprinzip. Wenn auch die stille Hoffnung auf ge=
legentliche und sicherlich nicht zu ferne Vergütung und
Schadloshaltung ohne Zweifel der samoanischen Gast=
freundschaft zugrunde liegt, kann man doch nicht sagen,
daß man auch nur im leisesten daran erinnert wird, wenn
man einen Empfang nach Landessitte über sich ergehen
läßt. Alles spielt sich in so vollendet höflichen und ein=
schmeichelnden Formen ab, daß kein Mensch an der Auf=

richtigkeit und Selbstlosigkeit der gebotenen Gastfreundschaft zweifeln möchte.

Obwohl zwei so hohe Herren, wie Konsul und Kapitän, der diplomatische und der militärische Vertreter des Reichs, den Häuptling besuchen wollen, kommt der also Geehrte unserm Zuge nicht entgegen. Ein Anfall von Elefantiasisfieber hält ihn auf der Matte und im Hause. Das ist eine der häufigsten Krankheiten in Samoa, deren Ursache noch nicht völlig aufgeklärt ist und für die weder heimische Quacksalber noch europäische Ärzte bisher ein Mittel gefunden haben. Die von der Krankheit befallenen Glieder schwellen zu außerordentlichem Umfang an, Arme und Beine nehmen Verhältnisse an, die zu dem wirklich treffenden Vergleich mit den Gliedmaßen des Elefanten geführt haben. Der Samoaner, dem selbstverständlich der gewaltige Dickhäuter eine völlig unbekannte Größe ist, nennt die Krankheit nach dem Riesentintenfisch „Feefee", und in der Tat liefert der Oktopus, der im südlichen Großen Ozean nicht selten vorkommt, keinen üblen Vergleichsmaßstab für die unförmige Vergrößerung der Glieder, wie sie ja auch bei uns zu Hause jedem Mediziner aus den Lehrbüchern der pathologischen Anatomie bekannt ist. Sehr häufig ist die Wucherung der Gewebe — denn es handelt sich um wirkliche Neubildungen, nicht etwa um Wasserabsonderung — mit heftigem Fieber und Schüttelfrost verbunden, und dann sitzt der Kranke unter einer Fülle von Decken und Matten vergraben, als ob er dem Pol ebenso nah wäre, wie er es dem Äquator ist. So trafen wir auch den großen Sprecher fröstelnd unter einem Haufen geflochtener Matten auf dem Boden des Gasthauses liegend. Die Feierlichkeit des Empfanges konnte darunter nicht leiden. Mit „Talofa!" betraten wir barhäuptig die Hütte und schüttelten der Reihe und dem Rang nach den Versammelten die Hand, ließen uns

darauf kreuzschenklig auf die sofort herbeigeholten Ehren=
matten nieder und warteten auf den Beginn der Ver=
handlungen; denn nachsichtsvolles Eingehen auf alle Ge=
bräuche und langwierigen Zeremonien ist die erste Regel
der Höflichkeit und die erste Bedingung des Erfolges.
Alles geht hier seinen geregelten Gang, wie es ihn seit
Jahrhunderten, ja, wer weiß, seit Jahrtausenden gegangen
sein mag. Wir befinden uns in einer Kultur, deren
Alter kein Völkerkundiger zu schätzen vermag, deren letzte
unverfälschte Äußerungen aber jeder mit Andacht beob=
achten sollte als etwas ehrwürdig Altertümliches, langsam
und selbständig Gewordenes, das schon dem kommenden
Geschlecht nur noch dem Hörensagen nach bekannt sein
wird.

„Ihr seid willkommen," beginnt nach vernehmlichem
Räuspern der große Häuptling seine Rede, „Dank dem
allmächtigen Gotte, daß er Eure Hoheiten durch alle Ge=
fahren des Meeres und des Landes sicher hierher geleitet
hat an unsere Küste!" Fromm ist der Samoaner wie
ein alter Quäker, und an förmlichen Gebeten läßt er es
bei keiner Gelegenheit fehlen.

Der Generalkonsul wirft nun ein paar Stücke Ava=
wurzel auf den Boden — für jeden Samoaner das so=
fort verstandene Zeichen, daß wir in friedlicher Absicht
gekommen und nur von den freundschaftlichsten Gefühlen
beseelt sind. Diese Wurzel spielt im Leben des Volkes
hier eine wichtige Rolle. Es ist die getrocknete Wurzel
einer Pfefferstaude (Piper methysticum), hier Ava ge=
nannt, bei den Europäern nach der auf andern Insel=
gruppen üblichen Form besser als Kava bekannt. Die
Polynesier machen daraus ein Getränk, das neben der
frischen Milch der jungen Kokosnuß eigentlich das einzige
Getränk ist, das sie besitzen. Sie räumen ihm aber eine
ganz besondere Bedeutung ein, man trinkt es nur in

feierlicher Gesellschaft mit andern zusammen. Zubereitung und Austeilung sind mit uralten Gebräuchen verbunden, die bis auf den heutigen Tag gewissenhaft beobachtet werden und selbst in Apia noch nicht aussterben wollen. Es ist über die Wurzel und das Getränk schon soviel von durchreisenden Fremden geschrieben worden, daß ich mich darauf beschränken will, zu bestätigen, daß die Ava noch heutigen Tages gekaut, daß aus dem gekauten Brei mit Wasser das Getränk angerührt wird und durch sehr geschmeidige und sorgfältige Handhabung des Hanffaserbündels (fau) auch die kleinsten Teilchen von Holz oder Faserwerk aus der Flüssigkeit entfernt werden. Unfehlbar muß jeder förmliche Empfang mit der Zubereitung und der Austeilung von Ava beginnen; ohne Ava keine Freundschaft, keine Verhandlung, keine Verpflichtung. Jedem Fremdling muß, ehe er Zweck seines Kommens nennen kann, die Schale Ava gereicht werden, und jeder Ankömmling muß den Wirten erst in Ava Bescheid getan haben, ehe man ihn nach seinem Begehr, nach Dauer und Ziel der Reise fragt. Man hat die Ava als das entsetzlichste aller je vom Menschen erfundenen Getränke geschildert und es als unglaubliche Geschmacksverirrung hingestellt, daß sogar Europäer sich daran gewöhnt haben. Das Aussehen der grünlichgrauen, unklaren Flüssigkeit und der etwas seifige Geschmack sind sicherlich anfangs alles eher als ermutigend, aber schon nach wenigen Versuchen wird man die wohltätige Wirkung schätzen, die nach einem heißen Weg oder rauher Seefahrt den Nerven sehr viel zuträglicher ist, als irgendein geistiges Getränk es in diesem Klima sein kann. Von der berauschenden Wirkung dieses Pfeffersaftes habe ich nie etwas bemerken können, wohl aber ist mir vom erstenmal an angenehm aufgefallen, wie rasch jede Spur von Müdigkeit verfliegt, wenn einem wenige Minuten nach

Ankunft am Ziele die Schale Ava gereicht wird mit dem lauten Zuruf, der diesen wichtigen Vorgang stets begleiten muß: „Aumai o le ipu mo le alii vaa Siamani!" (bring die Schale für den Häuptling des deutschen Schiffes!) So oder in entsprechender Form wird jedem, sorgfältig nach Rang und Würden, der kühle Trunk gereicht; in einem Zuge trinkt man mit Todesverachtung das Zeug hinunter, versucht die unwillkürliche Grimasse zu verbergen, die einem wohl oder übel ins Gesicht kommt, und sagt mit sauersüßer Miene „faafetai" (danke schön) zu dem von allen Seiten zugerufenen „manuia!", das genau nach Bedeutung und Brauch unserem „Prosit" entspricht. Nach all diesen Anstrengungen kann man dann endlich „zur Sache, wenn's beliebt!" übergehen, was hier in Samoa wirklich eine der schwierigsten Aufgaben ist, die einem Sterblichen gestellt werden können. Dieses gesegnete Land ist die wahre Verkörperung des schönen Satzes: „Eile mit Weile!", nur hat hier die Eile überhaupt keine Daseinsberechtigung, sie gilt geradezu für unanständig, und nur die Weile bleibt, und sie um so dauerhafter.

So sind auch wir mit unsern Unternehmungen auf Savaii in echt samoanischer Weise noch nicht über den Anfang hinausgekommen. Wollte ich aber, wie es der wahrhaftige und getreue Chronist tun sollte, ehrlich und gewissenhaft alles berichten, was den schneckenhaften Gang unserer diplomatischen Verhandlungen mit Lauati, dem großen Sprecher von Safotulafai, zusammensetzte, ich würde dafür fast noch mehr Zeit brauchen, als die endlosen Reden und Antworten, Höflichkeiten und Erwiderungen, Ausführungen und Verdolmetschungen seinerzeit in Anspruch nahmen. Unterdessen sind unsere Krieger an Land gesetzt worden. Nur ein Teil weigert sich, hier schon das Schiff zu verlassen, sie wohnen an der Südküste und halten es für menschenunmöglich, von Jva aus über Land in ihre Dörfer zu Fuß zu gelangen. Es bleibt nichts anderes übrig, als ihnen Überfahrt an Bord zu versprechen und sie einstweilen mit nach Apia zurück= zunehmen, damit mit den Kommissaren und den eng= lischen Kriegsschiffen neue Verabredungen getroffen wer= den können.

Fünftes Kapitel.

An Bord von S. M. Schiff Falke nach Savaii. 2.

Matautu.

Auf der „Männerseite" Savaiis. — Hochragende Bergfeste im Blauen Meer. — Ein Berg- und Waldparadies. — Wildbewegte Brandungsküste. — Savaii, meist unaufgeschlossenes Dschungelland. — Deutsche An- und Einsiedler.

Diesmal ist es der nördlichste Hafen der großen Insel Savaii, dem die Kreuzfahrt des deutschen Kriegsschiffes gilt, ein großes und wohlhabendes Dorf, etwa in der Mitte der steilen Nordküste gelegen: Matautu, einer der Hauptorte der sogenannten „Männerseite" der altertümlichen Insel. Die Samoaner teilen Savaii von alters her in drei Teile: Faasaleleaga, das Land des Ankerstocks, benannt zur Erinnerung an die Kämpfe gegen die Tonganer, Oleitu o Tane, die Männerseite an der Nordküste, und Oleitu o Fafine, die Frauenseite im Süden. Was diese sonderbaren Bezeichnungen bedeuten, ist nicht aufgeklärt; die Auslegung, die man von den Eingeborenen selbst zu hören bekommt, geht wie immer auf irgendwelche sagenhaften, geschichtlichen Erinnerungen zurück und scheint wenig zuverlässig zu sein. Sicherer ist, daß hier Niederlassungen von Vitileuten vorhanden und die Ursache erbitterter Kämpfe gewesen sind, von denen sich Nachklänge noch in den Heldensagen der savaiischen Geschlechter erkennen lassen. Früher soll die Männerseite Oleitu Tava geheißen haben, nach einem großen Häuptling von Viti, und die Missionare meinen, die heutige Benennung stamme erst aus der Zeit des großen Krieges gegen Aana, den westlichen Bezirk Upolus, der vor 70 Jahren mit Savaii verfeindet war. Alle diese Fragen harren noch gründlicher Untersuchung, aber die meisten Weißen auf Samoa bekümmern sich herzlich wenig um geschichtliche und völkerkundliche Fragen dieser Art, und den Missionaren, die dafür Neigung und Muße besitzen, fehlt es meist an genügender wissenschaftlicher Vorbildung und infolgedessen an Kritik. Sie haben in ihren spärlichen Veröffentlichungen und umfangreicheren handschriftlichen Sammlungen viel nützlichen Stoff zusammengetragen, die Spreu aber von den Körnern nicht zu sondern vermocht, so daß Samoa fast ein noch jungfräuliches Gebiet für den wissenschaftlichen Forscher geblieben ist und bleiben wird, solange die wenigen Reisenden, die der Inselgruppe einen Besuch abstatten, nur durchreisende Touristen sind und von den politischen Verhältnissen mehr angezogen werden als von den weniger zutage liegenden Fragen der geschichtlichen und sagenhaften Überlieferungen eines der interessantesten Völker der an fesselnden Problemen so reichen Südsee. Wir haben hier an Bord unseres Kreuzers in Stabsarzt Martini einen eifrigen Forscher, der, angeregt und gefördert durch die gründlichen Untersuchungen seines bekannten Kollegen Dr. Krämer, sich durch eigene Arbeit und Erkundigung ein Bild von samoanischer Völkerkunde zu machen bemüht ist und uns mit großer Liebenswürdigkeit über die mancherlei verwickelten und dem Fremdling anfangs ganz unverständlichen Überlieferungen und Gebräuche, Sitten und Anschauungen der Samoaner aufklärt und auf die endlosen Fragen des Neulings mit löblicher Geduld Rede und Antwort steht, während unser gutes Schiff sich seinen Weg bahnt durch die von der nie erschlaffenden Passatbrise rhythmisch bewegte dunkelblaue Salzflut, die einen prächtigen Vordergrund schafft für die zu unserer Linken aufsteigenden Inseln.

Der unvergleichliche Reiz der Südseelandschaft beruht nicht zum wenigsten auf dem herrlichen und überreichen Grün, das alles Land bedeckt, soweit das Auge reicht. Ganz Upolu sieht aus wie ein einziger Wald, vom Küstensaum bis zu den Bergen dicht bekleidet mit üppiger Pflanzendecke natürlichen Wuchses, denn was der Mensch angepflanzt hat an Talo und Kokospalmen stellt sich, aus der Ferne betrachtet, nur als ein ganz verschwindender Bruchteil der Inseloberfläche dar. In Wirklichkeit ist dieser Pflanzenwuchs so dicht, daß abseits von den ausgedehnten Straßen, die an der Küste entlang um die ganze Insel herumfahren und von ein paar Saumpfaden, die von Norden nach Süden das schmale Eiland queren, alles ein undurchdringliches Dickicht ist, unbewohnt und unbewohnbar, solange nicht gangbare Verbindung mit der Küste hergestellt ist. Die Siedlungen der Eingeborenen finden sich denn auch mit ganz vereinzelten Ausnahmen nur an der Küste, und dort allerdings so dicht, daß ein Dorf das andere ablöst und der ganze Strand mit einer fast ununterbrochenen Reihe von Hütten bedeckt erscheint. Auch die zwischen den beiden Hauptinseln liegenden kleinen Eilande Apolima und Manono sind grün und fruchtbar und gut bevölkert; etwas verschieden erscheint Savaii, das sich wie ein gewaltiger Dom aus dem Wasser hebt und mit seinen hochragenden Höhenrücken einen mächtigen Eindruck macht. Die höchsten Spitzen verlieren sich in den Wolken, die, in malerische Haufen zusammengeballt, geheimnisvoll über der ganzen Insel schweben, das grelle, blendende Sonnenlicht dämpfend und auf der grünen Pflanzendecke reizvolle Wirkungen von Licht und Schatten hervorzaubernd. Nur wer einmal an der Küste

Siziliens, etwa von Messina nach Catania, entlang gefahren ist und in einer Entfernung von vielleicht 30 Kilometern den gewaltigen Kegel des Ätna hat in die verschleiernden Wolken hineinragen sehen, kann sich einen Begriff machen von dem gewaltigen Eindruck, den die Bergfeste Savaii von Bord eines ansegelnden Schiffes aus macht mit ihrer dunkelblauen Einrahmung des leuchtenden südlichen Meeres, dem schmalen Saum blendendweißen Gischts an ihren starken Felsenufern und der weithin rollenden Brandung auf dem Korallenriff, das die gesamte Küste fast ohne Unterbrechung umschließt. Jenseits dieser Steilküste — Tai Pupû, die wilde Küste, nennt sie der Samoaner — erstreckt sich der Palmensaum und der Gürtel der Nutzpflanzen, der zugleich die Zone der dichtesten Bevölkerung angibt, mit seinen Brotfruchtbäumen, Orangen, Mango, Bananen, Talostauden und Avasträuchern, und darüber erhebt sich, von dichtem Laubwald bedeckt, das Bergland bis zu einer Höhe von mehr als 1640 Metern, das heißt also höher als unsere Schneekoppe im Riesengebirge oder mehr als fünfmal so hoch wie der Drachenfels. Auch Savaii ist wie das Siebengebirge rein vulkanischen Ursprungs, die starken Regenschauer aber, die der Passat mit seinen Wolken gegen die wenigen sich entgegenstellenden Hindernisse treibt, haben die Verwitterung des harten Feuer gewordenen Gesteins und der spröden Lavaflüsse so gefördert, daß eine ungemein fruchtbare, wenn wohl auch nicht sehr dicke Humushülle den Stein überdeckt und einer üppigen Saat wuchernder Pflanzen den unerschöpflichen Nährboden liefert. Und das verleiht eben Savaii wie allen Südseeinseln solch besonderen Reiz, das Fehlen alles Starren und Kahlen, Berge hoch und gewaltig, aber grün bis oben hinauf, ein Paradies nicht mit den herkömmlichen Tälern, darinnen Milch und Honig fleußt, sondern von kräftigeren Umrissen, in der glücklichen Vereinigung von Meer und Gebirge die stärksten Wirkungen aufweisend, die der Landschaftsmaler zum ewig blauen Himmel und zur tropischen Pflanzenwelt noch hinzufügen könnte.

Ein Vulkankegel nach dem andern taucht an der Küste auf, die wie ein Panorama an unsern Augen vorüberzieht, und die gemächliche Fahrt unseres Kreuzers, dem heute knapp zehn Knoten für seine Zwecke genügen, gibt uns Muße, das herrliche Bild in uns aufzunehmen für alle Zeiten. Obwohl in Savaii die vulkanische Tätigkeit wohl am längsten unter den Inseln der Gruppe erloschen ist*), ist das Bild so bewegt, daß man sich leicht täuschen könnte, wenn man sich mit Beobachtung aus der Ferne begnügte. In kurzen Zwischenräumen sieht man an der Küste und oft weit landeinwärts gewaltige Wassersäulen aufsteigen, sich oben fächerartig ausbreiten und dann langsam zerstäubend zu Boden sinken. Das sieht fast so aus, als ob man im Yellowstone-Park, dem großen geologischen Wundergarten der Vereinigten Staaten, die heißen Springquellen emporsprudeln sähe, die dort auf Schritt und Tritt von der regen Tätigkeit unterirdischer Kräfte in jener sonderbaren vulkanischen Hexenküche Zeugnis ablegen. Hier haben wir es natürlich nicht mit Geisern zu tun, sondern nur mit den wunderbaren Wirkungen der heftigen Brandung, die sich

---

*) Diese Vermutung ist nicht zutreffend. Die Betrachtung der von Westen nach Osten zunehmenden Zersetzung der vulkanischen Gesteine und Zerstörung der Kraterformen deutet vielmehr darauf hin, daß die vulkanische Tätigkeit, die die Reihe der Samoa-Inseln aufgebaut hat, von Osten nach Westen schrittweise erloschen ist, so daß, von dem Korallen-Atoll Rosa abgesehen, die Manua-Gruppe im allgemeinen die ältesten, Savaii die jüngsten Bildungen enthält. Seit Genthes Reise haben die im Herbst 1902 beginnenden Ausbrüche von Savaii gezeigt, daß diese Insel sogar ein überhaupt noch nicht erloschener Vulkan ist. A. d. H.

laut brüllend an der Felsenküste bricht, den harten Basalt allmählich zerbröckelnd und in malerischen Trümmerblöcken längs des Strandes umherstreuend. Durch enge Kanäle bahnt sich die heranrollende Woge ihren Weg, kleine unterirdische Behälter und Röhren füllend, bis schließlich der Ansturm eines besonders starken Schwalles eine mächtige Wassersäule emporjagt, die mit unheimlicher Kraft emporgeschleudert wird bis zu dreißig Metern, um dann langsam, langsam zu Boden zu sinken wie ein silberner Schleier, der sich im Abendnebel auf die taufeuchte Wiese niederläßt. Soweit das Auge die Küste verfolgen kann, überall das Auf und Ab dieser Wassersäulen, derselbe Schleier fallenden Sprühregens. Hier und da hat die Brandung eine kleine Ausbuchtung gebildet, und ein stehengebliebener Wall des Basaltsaumes schützt die lagunenartige Buchtung gegen die Wucht der See.

Ein solcher Punkt ist unser Ziel, Matauta will schon in seinem Namen nichts anderes bedeuten als kleine Küstenbucht. Und mehr ist der sogenannte Hafen von Matauta auch nicht, wenn er auch im Segelhandbuch als einer der samoanischen Häfen aufmarschiert. Das übliche Landungsmanöver bringt uns an den Strand, und unter der Begleitung der ganzen Dorfschaft, die das Kriegsschiff schon von weitem kommen sieht und seine Bewegungen mit Spannung erwartet hat, machen wir uns sofort auf zur Station der Hamburger Handelsgesellschaft, die auch hier auf Savaii einige kleinere Niederlassungen besitzt. Viel ist überhaupt für die größte Samoa-Insel bisher noch nicht getan, die geringe Entfernung von Apia hat doch genügt, den etwa aufkeimenden Unternehmungsgeist in Schranken zu halten und Savaii immer als eine Art wildes fernes Dschungelland erscheinen zu lassen. An der Upolu zunächstliegenden Südostküste von Faasaleleaga haben sich schon etwas regere

Beziehungen zwischen den beiden Inseln und zwischen
Weißen und Eingeborenen gebildet; im übrigen ist aber
die Insel tatsächlich noch völlig unaufgeschlossen, und nur
an einigen wenigen Küstenpunkten von Weißen, das heißt
in jedem Falle von einem oder zweien, bewohnt. Auch
der Ansiedler, den wir um seine Gastfreundschaft bitten
müssen, ist solch ein einsamer Mann, der außer einem ein=
zigen Landsmann nur noch einen englischen Missionar
von der Londoner Gesellschaft und einen Mormonen=
sendling aus Utah zu Gefährten hat, wenn es ihn ein=
mal in europäischer Zunge zu reden verlangt oder ihn
gar ein Gelüste zu Skat oder Poker anwandeln sollte,
wobei dann die weltfremden Glaubensboten auch keine Un=
menschen zu sein pflegen und zugunsten des einsamen
Laien sich wohl einmal im sündhaften Kartenspiel ver=
suchen. Der Verwalter der Station, ein junger Deutscher,
der hier ganz selbständig haust und über Kopraernte und
Kleinhandel wacht, nimmt uns sehr freundlich auf, läßt
junge Kokosnüsse herunterschlagen und deutsches Bier her=
beischaffen, das aus München und Flensburg über Ham=
burg bis hierher in die savaiische Einsamkeit seinen Weg
gefunden und seinen guten deutschen Geschmack bewahrt
hat, wenn es auch ohne Eis mit der landesüblichen Tem=
peratur von Glühwein getrunken werden muß.

Der kleine Haushalt des jungen Händlers ist auf
einen solchen Massenüberfall, wie ihn der Besuch von
Offizieren und reisenden Zeitungsleuten darstellt, nicht
ohne weiteres vorbereitet, und es müssen sofort die nötigen
Veranstaltungen zur Bewirtung und Beherbergung ge=
troffen werden. Unterdessen sehe ich mich in dem schmucken
Häuschen um, in dessen engen Wänden er sein Leben
tagaus tagein, jahraus jahrein verbringt. Da sehe ich
auf dem Bücherbrett neben einigen Hilfsmitteln zur Er=
lernung der Landessprache, ohne deren Kenntnis hier

niemand vorwärts kommen kann, englische und französische Klassiker, deutsche Werke wohlbekannter Verfasser über Tropenagrikultur und Forstwirtschaft, ein paar grundlegende Bücher aus dem Gebiet der exakten Naturwissenschaften und vor allem natürlich unsere Schiller und Goethe, Heine und Freytag. Es hat etwas Rührendes, zu sehen, mit welch geringem Aufwand an Mitteln ein von der heimischen Scholle weit verschlagener Deutscher es fertig bringt, hier draußen den Zusammenhang mit dem Vaterlande zu wahren, und wenn des Tages Last und Mühe vorüber sind, in Gedanken und Beschäftigung wieder zurückzukehren zu dem Boden, in dem die starken Wurzeln seiner Kraft gewachsen. Eine spanische Grammatik und ein paar Lesebücher in der schönen Sprache Kastiliens lassen erkennen, daß der junge Kaufmann mit seinen Interessen nicht allein an der Südsee haftet, daß er weiterschaut und in den stillen Jahren seiner samoanischen Lehrzeit an der Abrundung seiner Ausbildung arbeitet, um mitkämpfen zu können in dem großen Ringen des deutschen Handels um die Weltherrschaft. In einigen Jahren finden wir denselben Pionier vielleicht in Deutsch-Ostafrika wieder, in Chile oder in China, stärker und selbständiger werdend mit der Erweiterung seines Tätigkeitskreises, Erfahrungen sammelnd und Anschauungen gewinnend, die nicht nur seinen Auftraggebern, sondern zu guter Letzt dem ganzen deutschen Volke zugute kommen sollen.

Veranschaulichte uns das Beispiel unseres jungen Wirtes den Werdegang des deutschen Kaufmanns über See, so sollte uns derselbe Nachmittag noch ein nicht minder bemerkenswertes Beispiel einer grundverschiedenen Gattung von deutschen Einsiedlern in der Südsee liefern.

* * *

Der Rechtsanwalt an den Gewässern der dunkeln Nacht. — Plattdeutsch als Verkehrssprache der Deutschen Samoas. — Ein Evangelium der Nacktheit. — Sklavenjagd als Drosselfang. — Aussterben der Romantik.

Ein kurzer Marsch bringt uns von der Niederlassung der deutschen Handels- und Plantagengesellschaft in Matautu durch den Wald auf die Höhe, wo wir einem andern Landsmann einen Besuch abstatten wollen, der seit Jahren hier oben in aller Abgeschlossenheit haust. Nur ein einziges Pferd läßt sich auftreiben, und das geben wir einem Patienten unter uns, der kürzlich einen großen Sturz mit Wagen und Pferd in Apia gemacht und sich dabei die Schulter verrenkt hat. Wir übrigen gehen zu Fuß, obwohl in dieser feuchtwarmen Treibhausluft die Fortbewegung aus eigener Kraft nicht zu den freiwillig gesuchten Vergnügungen gehört und zumal, wenn es sich wie hier um hügeliges Gelände und alten Lavaboden handelt, nur rüstigen und nicht allzu beleibten Fußgängern angeraten werden kann. Körperliche Anstrengung ist etwas, das hierzulande dem Weißen, wenigstens dem Neuankömmling, von Herzen widerstrebt. Schon eine kurze Wanderung von ein oder zwei Stunden nimmt den noch nicht an tropische Hitze gewöhnten Nordländer mit, als ob er eine Schnitzeljagd hinter sich hätte. Heiß und matt kommen wir endlich auf der Höhe an, wo sich die Wildnis zu lichten beginnt und geordnete Anpflanzung schön in Reihen stehender Kokospalmen die Tätigkeit des Einsiedlers verrät. Schon in Apia hatte ich von ihm gehört und mir pflichtschuldigst eine Art Waldmenschen vorgestellt, der Europens übertünchte Höflichkeit längst abgestreift hat und im Verkehr mit halbnackten Halbwilden ebenfalls zum Halbwilden geworden ist, wie man das in den Vorbergen des Himalaya oft genug finden kann; einen hochgelehrten einheimischen Sanskritforscher oder auch einen ehemaligen Lebemann vom ältesten Radschputen=

abel, zum weltwei en Einsiedler geworden in gelbem Büßer=
gewande, von Heuschrecken und wildem Honig lebend,
oder doch von Kräutern und Wurzeln, die ihm der
Dschungel gibt. Wie erstaunt war ich daher, in dem
weltfernen Pflanzer einen in schneeweißen Leinenkleidern
steckenden, wohlgepflegten Herrn zu sehen, der einem auf
der Strandpromenade eines modischen Südseebades (wenn
es ein solches gibt) hätte begegnen können; er begrüßte
seine Besucher mit heller Freude, denn selten genug kommt
außer dem deutschen Händler in Matautu mal ein Weißer
an diese Küste Savaiis und herauf zu seiner Pflanzung.
Die Herren vom Falken waren während ihres schon nach
vielen Monaten zählenden Aufenthaltes in Samoa bereits
einmal hier gewesen, und so entspann sich sehr bald eine
Unterhaltung von der Lebhaftigkeit derer, die sich stets
entwickeln, wenn ein vereinsamter Deutscher plötzlich Ge=
legenheit hat, sich in seiner Muttersprache zu unterhalten.
Da der Pflanzer, wie schon sein erstes Wort unverkennbar
merken ließ, von der Waterkant war, wo auch mehrere
von unserer Gesellschaft zu Hause waren, wurden im
Scherz auch einige Worte im schönsten Platt gewechselt,
und es fiel dabei die Bemerkung, daß bis vor wenigen
Jahren das Niederdeutsche eigentlich die herrschende
Sprache unter den bessergestellten Weißen auf Samoa
gewesen sei. Bis etwa zur Zeit des französischen Krieges
war die Mehrzahl der auf Samoa ansässigen Deutschen
in Diensten des großen Hamburger Handelshauses
Johann Cesar Godeffroy & Sohn, und auch später, als
die Kurzsichtigkeit des damaligen deutschen Reichstages
die Besitzergreifung der Inselgruppe durch das Deutsche
Reich und damit die Kräftigung der gefährdeten Interessen
des hanseatischen Handelsherrn verhinderte, ist doch der
Hamburger Einfluß überwiegend geblieben. Auf den
Pflanzungen wurden als Verwalter und Aufseher mit

Vorliebe ausgediente Schiffsführer, Steuerleute und Verlader angestellt, die nach langen Kreuzfahrten in der Südsee die Lust zur Heimkehr verloren hatten. Mit wenigen Ausnahmen sind noch heute die Pflanzungsbeamten alte Seeleute, die auch hier bei ihren Kokospalmen und Kaffeesträuchern denselben Sinn für Ordnung und dieselbe Gewissenhaftigkeit und peinliche Genauigkeit zur Schau tragen, die sie bei der Handhabung und Instandhaltung ihres Schiffsmaterials bewiesen.

Obwohl wir auch hier auf Vai Pou Uli, den „Gewässern der dunklen Nacht", wie der einheimische Name der Pflanzung unseres Wirtes mehr dichterisch als verständlich lautet, Plattdeutsch hören und uns gern in einem alten Seemannshause glauben, haben wir es hier mit einer Ausnahme zu tun. Romantische Gerüchte knüpfen sich an den einsamen Herrn an den Gewässern der dunklen Nacht: man weiß, daß er ein Doktor der Rechtsgelahrtheit und aus einer unserer Hansestädte gebürtig ist. Aus dem Sagenkranz aber, der sich im Apiaer Küstenklatsch um sein Haupt gewoben hat, läßt sich zu größerer Bestimmtheit nur eine der alten, immer wiederkehrenden Geschichten entwirren von einer großen Sehnsucht:

..... „which languished for some sunny isle
Where summer years and summer women smile",
wie es bei Byron heißt. Und selten genug ist es, daß ein Mann der Welt freiwillig den engeren Zusammenhang mit der ihm von Jugend auf vertrauten Umgebung von Bildung und Gesellschaft löst und sich in den Wald einer abgelegenen Insel im großen Weltmeer vergräbt, mit sich selbst und seinen Erinnerungen allein. Die meisten Einsiedler auf den Südseeinseln sind durch Neigung und Verhältnisse nur seßhaft geworden in einer Umgebung, die ihnen durch ihre Berufstätigkeit lieb wurde. So hören wir hier von einer ganzen Anzahl von Weißen,

auch einigen Deutschen, die auf Upolu und selbst den ferneren Inseln im Osten freiwillige Waldsiedler geworden sind, nachdem sie der aufregenden Abenteuer und Gefahren eines Südsee-Seemannes satt geworden. Nur ganz vereinzelte Fälle von Einwanderung aus den höheren und gebildeteren Schichten sind bekannt geworden. Da war einmal vor wenigen Jahren ein Abliger aus einem der Nachbarländer Deutschlands, der hier herauskam, um dem neuen von ihm verkündeten „Evangelium der Nacktheit" nachleben zu können. Zu Hause war er mit seinen Dieffenbachschen Bestrebungen nur auf Unverständnis und Widerstand gestoßen, man erklärte ihn für geisteskrank, ließ ihn beobachten und wartete, daß ihn seine Wahnideen verlassen sollten. Ausdauer und Zähigkeit waren größer bei ihm als bei seinen Peinigern, die ihn schließlich als hoffnungslos aufgaben und ihn mit einem Jahrgelde in die weite Welt hinausziehen ließen. Aber selbst im Paradiese der Südsee, als welches ihm die Samoa-Inseln gerühmt worden waren, sollte es nicht so ganz glatt gehen mit der Einführung seiner neuen Lehre von gesundheitsgemäßem Leben und vernünftiger, das heißt bis auf einen schmalen Hüftschurz verringerter Kleidung. In Apia war seines Bleibens nicht einen Tag, er kam nach Savaii und versuchte hier in Matautu sein Heil. Aber auch hier hatten europäische Anschauungen schon Wurzel geschlagen; es gab drei Weiße hier, unter denen der Missionar nicht fehlte, dessen erste Predigt von alters her der „unchristlichen" Nacktheit zu gelten pflegt, so daß selbst unter den Eingeborenen, wenigstens unter den Erwachsenen, keine Paradiesbewohner mehr wie Adam zu sehen waren. Da der sonderbare Herr auch vor Fremden darauf bestand, als Naturmensch aufzutreten, so blieb nichts anderes übrig, als ihn bei der ersten Gelegenheit nach Hause abzuschieben. Weniger schwierig waren seine vegetarischen Neigungen, er lebte nur von Brotfrucht, Talo und Nüssen, trank nichts, rauchte dafür aber um so mehr, weshalb sich sein Andenken unter den Samoanern noch als „misi sika", der Zigarrenherr, bis heute erhalten hat.

Soweit wir hier von unserem Wirt, der schon manches Jahr hier oben seine Kokospalmen pflanzt und Kopra dörrt, erfahren können, ist von den früher in Samoa so häufigen echten rechten Beachcombern niemand mehr am Leben. Als bemerkenswertester Charakter gilt ein amerikanischer Neger, der schon seit Jahrzehnten in Atua auf Upolu ansässig ist und sich stolz als den ältesten weißen Ansiedler auf Samoa bezeichnet. Denn der Neger, der aus den Vereinigten Staaten kommt und sich in seiner Würde als freier amerikanischer Bürger fühlt, hat dafür gesorgt, daß die Eingeborenen ihn als eine Spielart der weißen „Durchbrecher des Himmelsgewölbes" ansehen, ihn mit Alii, Häuptling, anreden und sich geehrt fühlen, wenn er mit ihnen freundschaftliche und verwandtschaftliche Beziehungen sucht. Er ist der einzige Afrikaner auf den Inseln und der einzige ehemalige Seemann, der noch an den berüchtigten Sklavenjagden teilgenommen hat, wegen deren bis vor kurzem die Südsee nicht weniger berüchtigt war als das arabische Innerafrika. Unter den Schiffern ozeanischer Häfen ist die schimpfliche Menschenfängerei als „Blackbirding", Drosselfang, bekannt, ein harmloser Deckname, der nicht ahnen läßt, mit welch unsagbaren Grausamkeiten die gewaltsame Anwerbung von Arbeitern jahrzehntelang ungestraft betrieben wurde. Besonders waren es die südamerikanischen Sklavenfänger von Ecuador und Peru, die sich auf den östlichen Inselgruppen des Großen Ozeans durch ruchlose Roheiten auszeichneten, die nichts ahnenden Eingeborenen unter dem Vorwand von Tauschgeschäften an Bord lockten und plötz=

lich entführten. Wer durch Überbordspringen sich retten wollte, wurde erbarmungslos niedergeschossen, oft wurde nur der zehnte Teil der ursprünglichen Menschenladung gerettet und an seinen Bestimmungsort gebracht, meist Callao oder Guayaquil, von wo die unglücklichen Kinder der Südsee, die nie etwas anderes gekannt als ein sorgenloses Hinträumen am Palmenstrande, in die Bergwerke geschickt wurden, in denen zu arbeiten sich die stolzen Nachkommen spanischer Hidalgos zu gut deuchten. Aber auch in Mittelpolynesien und vor allem in den melanesischen Gruppen erschienen die Drosselfänger, unter der Führung verkommener Kapitäne, die sich mit Gewalt und List ihre Besatzung in den verrufensten Hafenkneipen Australiens und Südamerikas zusammensuchen mußten. Denn selbst die verrohten Matrosen der amerikanischen Walfischjäger, die sich rühmten, Menschlichkeit und Sitte jenseits von Kap Horn gelassen zu haben, würden sich nicht leicht als Freiwillige zu solcher Henkersarbeit gemeldet haben.

Es traf sich, daß eine dänische Bark auf der Reede von Apia eingetroffen war, die vom Bismarck=Archipel kam, um von den Pflanzungen der Hamburger Gesellschaft diejenigen schwarzen Arbeiter abzulösen und in ihre Heimat zurückzubringen, deren Arbeitsfrist vertragsmäßig abgelaufen war, und an ihrer Stelle in Buka und anderen melanesischen Inseln neue Kräfte anzuwerben. Der Kapitän, ein braver Wikinger, der ebenso glatt Platt=deutsch wie Dänisch sprach, ließ mir eine Einladung zukommen, ihn auf seiner Werbefahrt zu begleiten. So gern ich mir aus eigenem Augenschein ein Bild davon gemacht hätte, wie bei größerer Verbreitung europäischer Gesittung sich die Arbeitergewinnung vollzieht, mußte ich mir die vielversprechende Fahrt versagen. Solche Unternehmungen sind höchst unbestimmte Wagnisse, man

kann nicht im voraus sagen, ob man nach einem oder
nach sechs Monaten wieder zurück sein wird. Übrigens
laufen auch jetzt noch allerhand bedenkliche Gerüchte um
von schweren Ausschreitungen, die bei der nie ganz frei=
willigen Anheuerung der schwarzen Pflanzungsarbeiter
regelmäßig vorkommen sollen. Allen Ernstes wurde mir
unter anderem erzählt, die schweren bewaffneten Lan=
dungsboote der Arbeiterfahrzeuge seien nur deshalb rot
angestrichen, damit das Blut, das jedesmal in Strömen
bei den unvermeidlichen Kämpfen fließe, nicht so auffällig
zu sehen sei und in anderen Häfen abschreckend wirke.
Mir scheinen diese Räubergeschichten heute doch Märchen
einer tropischen Einbildung zu sein, und Scheußlichkeiten,
wie sie der frühere englische Konsul von Apia, Church=
ward, in seinem Buche über den „Drosselfang" berichtet,
das sich im wesentlichen auf die Erzählungen jenes
samoanischen Negers stützt, sind heute wohl nur noch als
Ausnahmen in ganz abgelegenen Inselgruppen denkbar.

Die wilde Romantik der Südsee, das bluttriefende
Flibustiertum hat ausgelebt. Und auch die anziehenderen
Seiten idyllischen Insellebens werden mit dem langsam,
aber unaufhaltsam weiter vordringenden Einfluß von
Mission und Handel rasch genug verschwinden. Es war
mir förmlich schmerzlich, kürzlich von einem amerikanischen
Seeoffizier, der mit seinem Schiff die berühmte Insel
Pitcairn besucht hatte, schildern zu hören, wie nüchtern
und alltäglich diese Südseeidylle jetzt geworden ist, die
einst Dichter und Romanschreiber zu den schwärmerischsten
Verzückungen begeisterte. Auf Pitcairn, der östlichsten
der kleinen Koralleninseln Paumotu, der „Inselwolke",
wie der Polynesier diesen Schwarm kleiner und kleinster
Eilande nennt, landeten vor mehr als hundert Jahren
die meuternden Mannschaften des bekannten Unglücks=
schiffes Bounty, das von dem Botaniker Sir Joseph

Banks, einem Reisebegleiter von James Cook, ausgerüstet worden war, um für die Sklaven englischer Zuckerpflanzer in Westindien die Brotfrucht, von der Cook berichtet hatte, von Tahiti her einzuführen. Wie die rohen Matrosen, die ihren Kommandanten auf offener See ausgesetzt und auf ihre Offiziere geschossen hatten, auf dieser einsamen Insel unter der strengen Leitung ihres fromm gewordenen Rädelsführers zu einer pietistischen Gemeinde werden, ihre von Tahiti eingeführten Frauen mit größter Achtung behandeln und in jeder Beziehung zu einer Mustersiedlung von quäkerhafter Sittenstrenge und Mormonenfleiß heranwachsen, ist immer eines der fesselndsten Beispiele eines echten geschichtlichen Robinson-Abenteuers gewesen. Und noch jedesmal, wenn in langen Zwischenräumen einmal ein britisches oder südamerikanisches Kriegsschiff das abgelegene, ganz auf sich selbst angewiesene Eiland besucht hatte, wuchs die Bewunderung für diese weltferne, tapfere kleine Gemeinde, den eigenartigsten Kulturmittelpunkt, den eine sonderbare Vermischung von Umständen wohl je in solcher Lage geschaffen hat. Und nun hört man, daß seit der Überführung des größeren Teiles der polynesisch-englischen Mischbevölkerung auf die australische Sträflingsinsel Norfolk und seit der Hissung der britischen Flagge über dem alten Pitcairn der ganze Ort das Urbild neuzeitlicher Nüchternheit geworden ist und sich in nichts von einer jener schrecklichen Villenkolonien unterscheidet, die wohlwollende Unternehmer und bequeme Baumeister nach Schema F für Arbeiter und kleine Leute errichten. Wer heute noch wirkliche Romantik finden will, muß sie suchen, wo der Weiße mit seinem tötenden Kulturhobel noch nicht gewütet hat.

* * *

Süßes Nichtstun das erste Lebensgesetz der Samoaner. — Sprung aus der Steinzeit ins Eisenalter. — Feuerbereitung im Urwald. — Der Tanz eine Naturnotwendigkeit für die Eingeborenen. — Sivasiva, Freiübungen mit Gesang.

Eines der größten Rätsel, die sich dem beobachtenden Reisenden in der Südsee darbieten, ist der unerklärliche Gegensatz zwischen der Lebensweise und der Lebenskraft der polynesischen Völker. Man sollte meinen, daß Leute, die unter tropischem Himmel den ganzen lieben langen Tag auf der Bärenhaut oder in diesem Falle auf ihren weichen, aus Pandangblättern geflochtenen Matten liegen, kränklich und schwächlich werden und gar bald durch den Mangel an Bewegung und Tätigkeit zugrunde gehen müßten. Es gibt wohl kaum ein Volk unter der Sonne, das die Faulheit, das süße Nichtstun so sehr zum obersten Grundsatz der Lebensführung gemacht hätte wie das samoanische. Der Samoaner kann recht wohl arbeiten, aber er will nicht, weil er es nicht braucht. In den seltenen Fällen, wo er größere Anstrengungen dauernd und regelmäßig ertragen muß, wie im Kriege oder auf längeren Reisen im Ruderboot, zeigt sich, daß er sehr gut imstande ist, bemerkenswerte Proben von Muskelleistungsfähigkeit zu geben. Das sind indessen freiwillige Arbeiten, denen er ein persönliches Interesse entgegenbringt. Bei irgendwelchen Zwangsarbeiten, wie sie der aus Melanesien eingeführte papuanische Arbeiter auf den Pflanzungen und im Hafendienst leistet, würde der Samoaner eine recht traurige Rolle spielen. Die wenigen zeitraubenden und mühevollen Arbeiten, die der Südseemensch früher zur Herstellung seiner Gerätschaften verrichten mußte, sind heute fast gänzlich überflüssig geworden. Keulen, Speere, Trinkgefäße, Trommeln und vor allem die unentbehrlichen großen Boote aus ausgehöhltem Baumstamm — alles mußte mühsam und mit großer Kraftanstrengung mit Haifischzähnen und scharfkantigen Muscheln geschnitzt werden. Selbst für das Behauen und die Glättung der großen Baumstämme aus Eisenholz, die man als Mittelpfeiler in den Hütten der Samoaner bewundern kann, standen keine andern Hilfsmittel bereit als Haifischzahn, Muschel oder Feuerstein. Seit kaum sechs Jahrzehnten hat sich nun auf diesen Inseln der Übergang von der Steinzeit zum Eisen vollzogen, mit einer Plötzlichkeit, wie sie im natürlichen Entwicklungsgang eines zur Kultur aufsteigenden ursprünglichen Volkes nur ein Naturwunder hätte bewirken können. Und für die Samoaner ist das erste Erscheinen der „Durchbrecher des Himmelsgewölbes" ein Wunder gewesen. Aber erst ein halbes Jahrhundert nach der ersten Begegnung mit Europäern erhielten die Samoaner, 1835, Weiße zu dauernden Nachbarn. Die ersten sechs Sendboten der großen Londoner Missionsgesellschaft kamen, ermuntert durch einen ersten flüchtigen Erkundungsbesuch ihres bekannten Führers John Williams, mit ihren Frauen auf Upolu an, und mit ihnen kam als blinder Passagier der Krämergeist, der bis heute die Tätigkeit dieser großen für den größeren Ruhm des größeren Britannien tätigen Kommanditgesellschaft als Schutzengel bewacht. Messer verdrängten nun rasch den ehrwürdigen und so echt südseemäßigen Haifischzahn, und beim Bau der großen Kriegsboote verfügen die einheimischen und Mischlingsarbeiter beinahe über „allen Comfort der Neuzeit".

Nur eine Erinnerung an die gute alte Zeit hat sich noch erhalten: das Feuermachen. Überall im Innern, fern von den großen Küstendörfern und auf den abgelegeneren Inseln des Ostens, sieht man noch das Anzünden des Feuers vor sich gehen, wie es vor Jahrtausenden in allen Weltgegenden vor sich ging, die nicht mit Kiesel und Feuerstein gesegnet waren. Ein langes

Stück trockenen Holzes wird flach auf den Boden gelegt und irgendwie festgeklemmt; mit einem scharf zugespitzten Pfriem harten Eisenholzes wird dann eine Rille eingeritzt, und in dieser Rille wird der Pfriem so lange unter Anspannung aller Muskeln hin und her bewegt, bis das trockene Holz zu rauchen anfängt und sich am oberen Ende in feines Sägemehl auflöst. Schließlich fängt der Holzstaub an zu brennen, und in Schweiß gebadet, mit noch zuckenden Muskeln, erhebt sich der Feuermacher, der nach solcher Anstrengung sich für den Rest des Tages von allen weiteren Arbeiten beurlauben läßt. Diese Art und Weise der Feuergewinnung, wie ich sie auf Savaii und auf den Ostinseln beobachten konnte, scheint rascher zum Ziele zu führen als das bei andern Völkern angewandte Reiben und Drehen. Bei einem kräftigen und ausgewachsenen Manne wird schon nach wenig mehr als hundert Sekunden das Sägemehl anfangen zu rauchen, nach 150 Sekunden kann man darin, ohne daß ein Funke glömme, schon eine Zigarette anstecken, und nach zwei bis drei Minuten zeigen sich die ersten bleibenden Funken.

Nur in den weniger zugänglichen Teilen der Inselgruppe finden sich noch heute diese Spuren aus der Steinzeit, an der Küste und in den größeren Niederlassungen herrscht unbeschränkt die so viel bequemere Kultur des Weißen und schwedische Taendstikker utan Svafvel och Fosfor gehören zu den liebsten und unentbehrlichsten Schätzen des Samoaners. So hat ihm die Kultur eine letzte anstrengende Tagesarbeit genommen, und es bleibt ihm als regelmäßige Leibesübung und Blutumlauf fördernde Turnübung nur eines, der Tanz. In der Tat, bei diesen glücklichen Tagedieben, die von früh bis spät in göttlicher Faulheit schlemmen und nur Lachen, Singen und Plaudern, Essen und Rauchen als Berufstätigkeit zu kennen scheinen, ist der Tanz geradezu eine gesundheitliche Notwendigkeit. Seelisch und körperlich. Sind gerade keine Gäste zu bewirten, die von andern Inseln oder fernen Dörfern gekommen sind, um Essen und Rauchen, Singen und Scherzen einmal unter fremder Leute Dach zu versuchen, so liegt selbst bei Menschen, die, wie die Samoaner, so erstaunliche Schlaffähigkeit haben, die Gefahr nahe, daß sie auf dumme Streiche verfallen, sie fangen an, politisch zu werden, Partei= versammlungen mit viel Getöse und Begeisterung abzu= halten — und der Nachbarstamm mag sich in acht nehmen. Je mehr Vergnügen, je mehr Tanz, desto besser für den Frieden des Landes, desto glücklicher die Bewohner, desto lehrreicher und ergiebiger die Beobachtungen des Rei= senden. —

Ich war sehr erfreut, als uns nach der Rückkehr von dem einsamen Pflanzer an den „Gewässern der dunklen Nacht" unser Wirt in Matautu mitteilte, daß nach dem Essen abends ein großer Tanz der Eingeborenen statt= finden würde zu Ehren des deutschen Kriegsschiffes. Nicht immer und überall hat man Gelegenheit, einen großen Sivasiva, einen wirklich echten alten samoanischen Tanz, zu sehen. Die Missionare haben diesen Lieblingszeit= vertreib, so lieb und notwendig er dem lustigen Völkchen auch ist, als heidnisch und sündhaft verboten, und tat= sächlich wird man in Bezirken, wo der Einfluß der britischen protestantischen Missionare — denn diese allein nehmen Anstoß an den alten Volkssitten — einigermaßen eingewurzelt ist, unüberwindliche Schwierigkeiten haben, eine unverfälschte Tanzaufführung zu Gesicht zu be= kommen. Was in Apia den unglücklichen Dampferfahr= gästen geboten wird, die, während Post und frisches Obst an Bord genommen werden, mit häßlicher Hast unter Führung „zivilisierter" Eingeborener „Leben und Treiben" der Samoaner studieren wollen, damit sie nach=

her ein Buch darüber schreiben können, das würde kein
Samoaner als Sivasiva wiedererkennen, es ist nichts als
ein rohes und geschmackloses Zerrbild. Der wirkliche
Tanz gilt noch immer als eine besonders festliche und
wichtige Veranstaltung, die sorgfältig vorbereitet und mit
einem Eifer ausgeführt wird, der deutlich erkennen läßt,
wie alles, jung und alt, mit ganzem Herzen und ganzer
Seele dabei ist. Es ist der Ehrgeiz eines jeden Dorfes,
eine gut eingeübte Schar von Tänzern zu haben und
vor den Nachbargemeinden dazustehen als ein Hort der
Tanzpflege. Die Bewegungen der Glieder, das Aus=
wendiglernen der Gesänge und die dramatische Lebendig=
keit des Vortrages und der Handlung, all das sind Dinge,
die gelernt sein wollen und in der Tat von Jugend auf
mit rührender Hingabe geübt werden. Nächst dem
Schwimmen, in dessen Geheimnisse die jungen Mütter
ihre Säuglinge schon von den ersten Wochen an ein=
weihen, ist der Sivasiva der Hauptgegenstand der häus=
lichen Erziehung, die es selbst in recht frommen Missions=
gemeinden fertigbringt, heimlich die heranwachsenden
Kinder in der alten lieben Kunst zu unterrichten. Es
ist ein überwältigend komischer Anblick, ganz kleine
Würmer von Kindern, die kaum auf ihren Beinchen
stehen können, die schwierigen und mannigfaltigen Tanz=
schritte üben zu sehen, den Takt dabei mit den Händen
schlagend, und die zu jedem Tanz gehörige Weise zu
summen. Gar manches Mal habe ich in mondhellen
Sommernächten die einförmigen, nicht ungefälligen Töne
solcher Tanzlieder auf den Dörfern vernommen und auf
taukühler Wiese die schlanken Gestalten halbwüchsiger
Mädchen im Grase hüpfen sehen, während eine andächtige
Korona jugendlicher Zuschauer mit untergeschlagenen
Beinen herumsaß und mit kleinen Stöcken den Takt auf
dem Boden schlug.

Im Fale Tele, dem geräumigen Ehrenhause zum Empfang der Gäste des wohlhabenden Dorfes, fanden wir schon eine festliche Versammlung unserer harren. Das Innere der Hütte bot einen sonderbar frembartigen, malerischen Anblick. In der Mitte, wo sich die starken drei Mittelpfeiler aus dem eisenharten Holz des Poluvai erheben, auf denen das große Dachgewölbe ruht, brannte ein unruhig flackerndes Feuer, von getrockneten Zuckerrohrblättern und Palmenwedeln unterhalten, die fortwährend von einigen kleinen Kindern frisch aufgeschüttet und geschürt wurden in der kalkgehärteten Vertiefung im Boden, die dem Feuer als Behälter diente. Hier im urwüchsigen Savaii ist die europäische Hängelampe mit dem amerikanischen Petroleum der Standard Oil Company noch nicht so eingebürgert wie auf Upolu, wo sie kaum in einem einzigen Hause fehlt. Im Kreise auf der einen Seite des runden Hauses saßen, alla turca wie stets in Samoa, schon die Tänzer und Musiker, mit frischen Blumen im Haar und frischen Bananenblättern im Lendenschurz. Der Körper von Männlein und Weiblein ist nur mit diesem Blattgehänge bekleidet, das am Oberkörper nur durch ein hübsches Gebinde aus den roten Fruchtkernen des Pandangs ergänzt wird und an den Fußknöcheln ein Gegenstück findet in einer Umwicklung mit streifenförmig zerrissenen Bananenblättern. Der ganze Leib ist mit einer dicken Schicht von duftendem Kokosnußöl eingerieben, und dieser süßliche Kokosduft vermischt sich mit dem starken Wohlgeruch der Mosooiblüte, die sich die blumenliebenden Naturkinder in ihr Halsgehänge mit eingebunden haben. Die braune Haut der halbnackten Menschen leuchtet unter dem Ölanstrich bei der bald halb verlöschenden, bald zu wabernder Lohe aufschießenden Glut des Blätterherdfeuers wie neupolierte Bronze. Im weitern Kreise hocken dicht zusammengedrängt neugierige Zuschauer, darunter viele Kinder, die eigentlich nicht zum Sivasiva zugelassen werden sollen, wenigstens nicht zum Poúla, der „Nachtkurzweil"; aber die unerwartete und seltene Anwesenheit der Papalagi mag ihre Neugier diesmal entschuldigen. Die entgegengesetzte Seite des Hauses ist für die erlauchten Gäste freigehalten, und mit möglichster Grazie lassen wir uns auf den ehrfürchtig für uns ausgebreiteten Matten nieder, als ob wir von Kindesbeinen an nie anders als auf unseren Fußsohlen, kreuzweis untergeschlagen, gesessen hätten. Wiederum geht der eigentlichen Festlichkeit der feierliche Umtrunk der Ava vorher, mit all seinen wohlgesetzten Reden und peinlich innezuhaltenden Förmlichkeiten. Dann erst kommt der Tanz zu seinem Recht.

Wenn man in Samoa von einem Tanz spricht, der eine Festlichkeit beschließt, muß man sich nicht vorstellen, daß nun die Herren die Damen um die schlanke Hüfte fassen und sich nach dem Klange lustiger Weisen so lieblich im Kreise zu drehen beginnen. Die Herren und Damen bleiben während der ganzen Übung an der Erde sitzen, in einer einzigen langen Reihe, die an beiden Enden meist von Männern geschlossen, in der Mitte von Mädchen gebildet wird. Der wirkliche Tanz besteht nur in taktmäßigen Bewegungen der Hände und Arme, und nur bei den lebhafteren Teilen beteiligen sich die untergeschlagenen Beine mit einem eigenartigen Auf- und Abklappen, als ob die Tänzer angeleimt wären und sich nicht losreißen könnten. In der Mitte der Tanzreihe pflegt die Ehrenjungfrau, die Taupóu des Dorfes, zu sitzen. Sie ist die Prima Ballerina, die alles leitet, alle Gesänge und damit die Figuren des Tanzes angibt, die durchgemacht werden sollen. Ihre Aufgabe ist es, in ihrem Dorf die ausgesuchten Tanzmannschaften gehörig zu drillen und im Zusammenspiel zu üben. Ihr Verdienst ist es, wenn in ihrem Dorfe die jungen Leute weit und breit berühmt werden wegen ihrer „Freiübungen und Gesang", wie unsere Seeoffiziere in Erinnerung an militärischen Turnunterricht den Sivasiva nicht unpassend zu nennen pflegen. Wirklich erinnert, wie wir sehen werden, die ganze Vorführung mit der Genauigkeit und Energie ihrer Bewegungen an die kräftigen Armstöße, die der Turnsoldat bei militärischem Reigenspiel zum besten gibt, wenn er nach dem rhythmischen Befehl des Unteroffiziers die Glieder streckt und mit hörbarem Ruck Arme und Beine von sich zu werfen scheint.

* * *

Altertümliches im Sivasiva. — Ein Ballett im Sitzen. — Chassez-croisez à la Samoanne. — Die Nachtkurzweil, nichts für zimperliche Gemüter.

Zu einem Sivasiva, einem richtigen Tanzfest, gehört, wie zu allem in Samoa, furchtbar viel Zeit. Mit unermüdlicher Ausdauer wird die ganze Nacht dem Frohsinn geopfert, gesungen und getanzt, gescherzt und gelacht, und für den Zuschauer würde es schließlich eine schwierige Aufgabe sein, der ins Unendliche ausgesponnenen Vorführung mit gleichbleibender Teilnahme zu folgen, wenn nicht der Tänzer und Sänger eine steigernde Erregung sich bemächtigte, die, je weiter die Nacht vorschreitet, den Gesamteindruck der eigenartigen Veranstaltung immer phantastischer und wilder machte, bis am Ende eine alle Grenzen überschreitende Ausgelassenheit der Aufführung von selbst ein Ende gebietet. Der Samoaner liebt den Tanz leidenschaftlich, als Zuschauer wie als Mitwirkender. Kein Tag vergeht ihm, wo er nicht bei sich selbst oder in der Hütte eines Freundes oder jedenfalls beim großen Häuptling seines Dorfes das immer von neuem reizvolle Vergnügen genießen könnte. Große, nach allen alten Regeln streng durchgeführte Aufführungen sind indessen selten. Sie erfordern sorgfältige Vorbereitungen, und da sie als etwas besonders Festliches gelten, ist man darauf bedacht, allen alten Gebräuchen, die im wachsenden Verkehr mit den Weißen mehr und mehr vernachlässigt werden, dabei nach Möglichkeit Rechnung zu tragen und zu zeigen, daß man sich trotz Missionar und Koprahandel nationaler Überlieferungen noch bewußt ist. Keinem Samoaner auf Savaii oder den Ostinseln, selbst auf den von Apia entfernteren Teilen Upolus, würde es einfallen, sich zum Tanz in das Hüftentuch aus buntbedrucktem Kattun zu kleiden, das er beim europäischen Händler kauft und der Bequemlichkeit halber dem selbstgefertigten Maulbeerbastzeug vorzuziehen beginnt. Es fiel mir auf, daß hier beim großen Siva in Matautu alles ohne Ausnahme in diesem Siapo, dem samoanischen Papierzeug, erschienen war, daß weder in Kleidung noch sonstwie irgendwelche Spuren des Auslandes zu bemerken waren. Und das Altertümliche bleibt nicht auf Äußerlichkeiten beschränkt. Die Sprache der Lieder, die Weisen der Gesänge sowie die einzelnen Figuren des Tanzes selbst scheinen Spuren großen Altertums zu tragen, und wie dadurch der Siva dem Völkerkundigen besonders wertvoll wird als eine Gelegenheit, die manches sonst Vergessene oder Vernachlässigte wieder zutage fördert, so erscheint die ganze Aufführung als vorzüglich dazu angetan, den Samoaner in seinen hervorstechendsten Eigenschaften sich betätigen zu sehen: in Gastfreundschaft, Vergnügungssucht und kindlichem Frohsinn.

Zunächst fängt die Sache ganz friedlich an mit schönen taktmäßigen Bewegungen der Arme und Hände, begleitet von einem Hin- und Herbiegen des Oberkörpers, von allen gleichzeitig mit großer Genauigkeit ausgeführt nach den Angaben der Ehrenjungfrau des Dorfes, die zugleich die Vortänzerin ist, besser gesagt Vorsitzerin, denn alles spielt sich im Sitzen ab, — eine Art Sitzballett auf dem ebenen Fußboden. Auch die begleitenden Gesänge, die Inhalt und Zeitmaß der Tänze angeben, sind anfangs noch gemessen im Vortrag, ja, sie hören sich fast wie Klagelieder an. Die Stimmen der Mädchen sind meist nicht sehr wohllautend, recht im Gegensatz zu der gesprochenen Sprache, die bei allen Frauen Samoas einen wunderbar weichen Wohlklang hat. Bei den Männern sind die Stimmen der Natur der Sache nach größer und voller, und ihr Gesang kommt aus voller Brust, während der Chor der Mädchen sonderbarerweise Fistelstimme hören und die Endsilben, die stets lang ausgezogen werden, in einem nicht recht musikalischen Quetschton ausklingen läßt. Wie uns gesagt wird, haben alle Bewegungen der Glieder und des Leibes eine ganz bestimmte Bedeutung, und das lebhafte Minenspiel, das die Tänzer als Zugabe liefern, läßt allerdings darauf schließen, daß ein tiefer Sinn im kind'schen Spiele stecken mag. Ich muß aber gestehen, daß mir die schauspielerischen Künste der Samoaner recht bescheiden erscheinen, wenn die Erklärungen, die ein neben mir sitzender Häuptling, der ein wenig Pidschin-Englisch rabebrecht und uns als Dolmetscher dient, zu jedem Tanz und jedem Liede gibt, für richtig hingenommen werden müssen. Ich konnte in keinem einzigen Falle den angeblich zugrundeliegenden dramatischen Gehalt entdecken, und wenn ich meinen Dolmetscher gefragt hatte, erschien mir der Zusammenhang zwischen gesungenem Lied und gespielter Handlung recht gesucht und unvollkommen. Für einen Fremden ist es außerordentlich schwer, der gesungenen Sprache zu folgen. Selbst tüchtige Kenner des Samoanischen bringen es nur selten fertig, die Bedeutung eines gejungenen Liebes „auf Anhieb" zu verstehen. Die Liedersprache ist voller veralteter Ausdrücke, deren Sinn selbst den Eingeborenen in vielen Fällen abhanden gekommen ist. Dazu kommt, daß die Betonung der Vokale, auf der in der gesprochenen Sprache alle Verständigung beruht, aus Rücksicht auf das gleichmäßige Auf und Ab der gebundenen Rede willkürlich geändert wird, so daß bei dem an und für sich verwirrenden Gleichklang der vokalreichen polynesischen Wörter das Ohr fortwährend getäuscht wird. Ein besonders lebhaftes Lied, das die Tanzenden in große Aufregung versetzte und sie mit Feuereifer ihr Mienenspiel verdoppeln ließ, wurde mir vom Dolmetscher als ein Gesang auf das Taubenschießen erläutert, das ein Hauptvergnügen und eigentlich das einzige der bescheidenen samoanischen Jagd bildet.

Fana fana fana e
i le tailupe, fana fana e!
Ou te le fia fana i se lupe mûmû,
ou te faatali lava i se lupe olo tu.

So lautete das Lied, das mit Begeisterung immer wieder angestimmt und ohne Unterbrechung wiederholt wurde. „Schießen will ich auf den großen Taubenschwarm, ja schießen auf den Taubenschwarm. Aber ich will kein Rotköpfchen schießen, ich warte lieber auf den girrenden Täuberich." Erst später erfuhr ich, daß dies kleine Jagdstück ein Kriegslied war und mit den Rotköpfen die Krieger der Malietoaseite gemeint seien, die sich als Parteiabzeichen ein Stück feuerroten Tuches um den Kopf zu wickeln pflegen. Der girrende Täuberich aber ist der führende Häuptling, der sich nicht mit dem roten Kopftuch der gemeinen Krieger begnügt, sondern für den Kampf sich besonders herausputzt und in seinem Kampffieber nicht übel mit dem girrenden Täuberich verglichen wird. —

Die Zeitgeschichte spielt überhaupt eine große Rolle in den samoanischen Tänzen, und mitten unter altehrwürdigen Liedern, die schon die ersten Einwanderer gesungen haben mögen, wird plötzlich ein eben erst gedichtetes Spottlied auf den politischen Gegner oder oft genug auf den anwesenden Gast angestimmt, zu dessen Ehren die ganze Feier veranstaltet worden ist. Wenn auch dabei Sinn und Tragweite der Scherze und spottenden Wortspiele meist unverstanden bleibt, für den Fremden ist das graziöse Schauspiel der vollendeten Körper in ihren geschmeidigen Bewegungen Entschädigung genug. Bewundernswert ist die militärische Genauigkeit, womit die zwölf Tänzer dem Vorspiel der Vortänzerinnen folgen, wenigstens solange der Tanz noch im Rahmen des Sitzballetts bleibt.

Mit jedem neuen Liede scheint eine Steigerung in der Lebhaftigkeit des Tanzes und der schauspielerischen Handlung vor sich zu gehen. Der Gesang wird rascher, das Klappen der Hände auf den nackten Schenkeln kürzer und lauter, und die glänzende braune Haut der Tänzer trieft jetzt nicht von Kokosöl allein. Auf das Wort „I luga" haben sich die zwölf Tänzer erhoben, und mit einem Schlage verändert sich das ganze Bild. Die im äußersten Umkreise des Zuschauerkreises hockenden Kinder, denen man bis dahin nicht gewehrt hatte, werden mit einem langen Palmwedel von ihren Matten aufgescheucht, der ganze Platz im Hause wird frei auf der Tanzseite, und nur ein paar Jammergestalten von verhungerten räudigen Hunden, die nun einmal zu jedem samoanischen Haushalt gehören müssen, wird gestattet, ihre zu Eidechsendürre abgemagerten zottigen Leiber am flackernden Feuer der Zuckerblätter zu wärmen. Die Tänzer beginnen in ausgelassenster Laune und unter den ermunternden Liedern und Zurufen der Sänger gegen-

einander anzutanzen, fortwährend dabei die Hände zu
Hilfe nehmend, klatschend und schnalzend, und zu dem
Takte der wütend auf die Matten niederfallenden Stock=
schläge vollführen sie ein wildes Chassez-croisez, das
zum erstenmal eine Tanzfigur nach unseren Begriffen
einführt. Überhaupt scheint dieser Teil des aufrecht und
auch mit den Beinen getanzten Sivas nicht frei von
fremden Zutaten zu sein. Dem Zuschauer wird sofort
klar, daß jetzt der von den Missionaren so verfolgte
„poúla" beginnt; die recht deutlichen Anspielungen lassen
in der Gewagtheit von Wort und Gebärde keinen Zweifel
mehr darüber. Das Tanzen mit den Beinen scheint bei
den Mittelpolynesiern ursprünglich ganz unbekannt ge=
wesen zu sein, und kankanähnliche Anstrengungen, wie sie
die Kanaken von Hawaii in ihrem Hulahula zum besten
geben, sind auch heute noch auf Samoa unbekannt. Immer=
hin ist der geschlechtliche Charakter auch dieser Tänze un=
verkennbar, und wenn gar der ominöse Sang ertönt
„Aue le faa muli paipai", dann ist es für zimperliche
Gemüter die höchste Zeit, zu verschwinden. Die Zier=
lichkeit der Formen wird auch jetzt noch durchaus ge=
wahrt, und wer sich nicht durch unangebrachte Erinne=
rung an europäische Anstandsgesetze den unbefangenen
Sinn für die Beurteilung eines völlig natürlichen da=
seinsfrohen Völkchens hat beeinträchtigen lassen, wird
beim besten Willen nichts Anstößiges finden können, selbst
nicht in den ausgelassensten Aufführungen der „Nacht=
kurzweil".

Der aus manchen Reisebeschreibungen bekannt ge=
wordene schlüpfrige Charakter der alten Nationaltänze
auf Tahiti und Marquesas, die plumpe geschmacklose Art
des von Kalakaua und seinen amerikanischen Freunden
so beschützten Hulahulas hat glücklicherweise bei den Samo=
anern keine Nachahmung gefunden. Dagegen behaupten

ältere Ansiedler, daß erst kürzlich, als vor einigen Jahren einmal ein Zirkus aus den Vereinigten Staaten auf der Reise nach Australien in Apia kurzen Aufenthalt machte, eine ganze Zahl völlig neuer Figuren im Siva aufgetaucht sei, in deutlicher Anlehnung an das Ballett der Zirkusdamen. Auch in der Musik hat sich Fremdes eingenistet. Der Samoaner faßt fremde Weisen sehr rasch und sicher auf, und die Kapellen der Kriegsschiffe sind für die Verpflanzung mancher amerikanischen und deutschen Weise auf samoanischen Boden verantwortlich zu machen. Die englischen Schiffe haben meist nur Trommler und Pfeifer, Deutsche und Amerikaner aber lieben es, ihre eigene Kapelle an Bord auszubilden, und so hat man oft genug die Überraschung, heimische Klänge in fremder Vermummung zu finden. Yankeedoodle und „Talalapumia"*) kann man recht häufig von Samoanern singen hören. Den größten Spaß machte mir aber eines Tages eine samoanische Anpassung unseres alten Studentenliedes vom Krambambuli, die ich bei einem Siva auf einer der östlichen Inseln vorgesetzt bekam.

Von diesen geringen und seltenen Zutaten abgesehen, dürfte es kaum eine Lebensäußerung des samoanischen Volkes geben, die einen so völlig in die alte Zeit vor Ankunft der Europäer zurückversetzen könnte, wie ein guter Tanz — außerhalb Apias, das, wie nicht oft genug hervorgehoben werden kann, keinen Anspruch mehr auf unverfälschtes Samoanertum machen kann.

Es war spät in der Nacht, als wir nach Beendigung des Sivas die schwere Luft des Fale Tele von Matautu verließen. Die schwelenden Brennwedel im offenen flachen Herdfeuer, der Kokosduft der wilden Tänzer und der süße, starke Rauch der Bananenblattzigaretten, vermischt

---

*) Der englische Gassenhauer „Taratabumbiai".

mit dem mannigfachen Duft der Blumengewinde und der
Jlangilangblüten, hatten in ihrer Mischung eine sonder=
bare Schwüle geschaffen, die im Verein mit dem fremd=
artigen nächtlichen Schauspiel die Sinne ganz benommen
hatte. Erleichtert atmeten wir auf, als wir das Haus
der Plantagengesellschaft erreicht und nach dem Abschied
von unserem liebenswürdigen Wirt den Weg zum Strande
angetreten hatten. Eine köstliche Brise fächelte will=
kommene Kühlung, draußen auf der Reede winkten die
Lichter des Kriegsschiffes, und der ganze Sivasiva erschiene
wie ein Traum, wenn nicht ein Schwarm von Mädchen
und Kindern, unter ihnen auch die Taupóu mit ihren
Tänzern, uns das Geleit zu den Booten gegeben und eine
lebendige Erinnerung an die jüngst verflossene märchen=
hafte Wirklichkeit gebildet hätte.

Sechstes Kapitel.

An Bord von S. M. Schiff Falke nach Savaii. 3.

An der Nordwestspitze der Insel.

Segelmanöver an Bord. — Die Ultima Thule Samoas. — Geisterglauben der Eingeborenen. — Umherirrende Seelen als Störenfriede. — Fafā, der Eingang in die Unterwelt.

Als mich mit Sonnenaufgang die Ordonnanz des Kommandanten weckte, fand ich zu meinem Erstaunen, daß unser Kreuzer die Reise nicht fortgesetzt, sondern friedlich schaukelnd die Nacht auf der Reede von Matautu zugebracht hatte. Die Seekarten dieses Teiles der samoanischen Gewässer sind noch nicht zuverlässig genug, als daß sie einem Schiffsführer gestatteten, seine Fahrt so dicht unter Land fortzusetzen, wenn die Sonne nicht die verräterischen Riffe mittels der veränderten Färbung des Wassers entdecken hilft. Wie ein Schutzwall zieht sich die Korallenbank fast um die ganze Ausdehnung der samoanischen Inseln, nur kleinere Küstenstriche sind unmittelbar der heranrollenden Brandung ausgesetzt, dadurch aber nicht sicherer für ein ansegelndes Fahrzeug. Nur wenn die Sonne das flache Wasser bestrahlt, kann man vom erhöhten Standpunkt der Kommandobrücke oder der Marsen die genaue Lage und Ausdehnung der Korallenbauten bestimmen, und fortwährender Gebrauch des Lotes allein bewahrt vor Unglück. Die Schiffer der Südsee scheinen

allerdings besondere Begabung für derlei Schiffahrt zu
besitzen, ohne Gissung und Besteck, ohne Kompaß oder
Chronometer segeln sie fröhlich in den Tag hinein, bei
Tage nach der Sonne, bei Nacht nach den Sternen und erreichen meist ihr Ziel, wenn auch nicht immer auf dem
kürzesten Wege. Zwar ist es oft genug vorgekommen,
daß so ein braver Polynesier von Hawaii nach Samoa
wollte und statt dessen sich um zehn oder zwanzig Längen-
grade versah und auf Manahiki oder den Marquesas an-
kam, aber das sind ja auch recht schöne Inseln, und
es gibt überdies selbst europäische Dampferkapitäne auf
dem Großen Ozean, die auf dem Wege von Kalifornien
nach Japan ihren Halbwegshaltepunkt Honolulu nicht
fanden und ein bis mehrere Tage lang hilflos in der
Nähe der Hawaiischen Gruppe umherirrten. Von Kriegsschiffen wird dieser Teil Savaiis sehr selten besucht, da
sich keine sicheren Ankerplätze finden und nichts, was auf
den Namen Hafen Anspruch machen könnte. Bei der
häufig vorkommenden Umseglung der Insel halten sich
die Fahrzeuge größeren Tiefgangs stets in achtungs-
voller Entfernung.

Es sind etwa 70 Kilometer, die wir von Matautu bis
zur Westspitze der Insel zu segeln haben, die unser nächstes
Ziel ist, und da sich der Morgennebel, der über den
mächtigen Bergrücken hing, rasch hebt und eine frische
Brise einen schönen klaren Morgen verspricht, wird auf
Befehl des Kommandanten der Vormittag dem Segelexerzieren gewidmet werden. Das bringt ein ungewohntes
Leben ins Schiff. Der sonstige tägliche Dienst, der sich
mit unfehlbarer Regelmäßigkeit abwickelt und aus münd-
lichem Unterricht in dem bekannten Frage- und Antwort-
spiel der Unteroffiziere, aus leichtem Infanteriedienst oder
Geschützexerzieren, Turnen und andern rein militärischen
Übungen besteht, all dieser Tagesdienst vollzieht sich mit

einer merkwürdigen Ruhe, und wenn nicht gerade rein Schiff oder klar zum Gefecht geübt wird, würde kein Laie überhaupt auf den Gedanken kommen, daß auf einem deutschen Kriegsschiff fortwährend an der Ausbildung der Leute gearbeitet wird. In warmen Ländern gehen die Matrosen meist barfuß an Deck, und selbst wenn sie bei der Ausführung von Befehlen mit der bekannten „militärischen Geschwindigkeit" über die Planken dahinstürmen, hört man achtern fast nichts von dem ganzen Treiben des Dienstes als dann und wann die klare Kommandostimme des aufsichthabenden Offiziers und die schrillen Pfiffe der Maate, deren Schall der Wind bis in die geheiligte Abgeschiedenheit der Hütte tragen mag, die dem Kommandanten und den Offizieren vorbehalten bleibt. Anders beim Segelmanöver. Da hat der erste Offizier seinen Tag. Er ist für die Ausbildung der Mannschaft verantwortlich, und wenn er nach beendigter Kreuzfahrt S. M. Schiff mit langem Heimatswimpel in die stille Föhrde an der Ostsee einläuft, dann möchte er vorm besichtigenden Admiral gern gut abschneiden und zeigen, daß seine Leute auch draußen in den heißen Gewässern ihren Schneid nicht haben stumpf werden lassen und noch wissen, was von ihnen zu Hause erwartet wird. Und ganz leicht ist es nicht, unter den veränderten Verhältnissen draußen, wenn das Schiff lange Monate still liegt im fremden Hafen oder nur kleine Fahrten von wenigen Tagen unternimmt, die Mannszucht und die Gefechtstüchtigkeit der Leute immer auf der Höhe zu halten und dafür zu sorgen, daß auch nie ein Schatten jenes gemütlichen Sichgehenlassens aufkommt, das die große Gefahr alles Garnisonlebens ist. Beim Segelexerzieren bietet sich nun für ein lebhaftes Drillen besser als anderswo Gelegenheit, und wenn heute, wo auch die kleineren Kreuzer nur noch selten von den Segeln zur wirklichen

Fortbewegung Gebrauch machen, doch noch das Segel=
manöver einen festen Teil des regelmäßigen Dienstes
bildet, so hält man wohl vorzüglich aus Rücksicht auf
den erzieherischen Wert des Dienstes in der Takelage
daran fest. Für den Laien ist es ein ungemein fesseln=
des Schauspiel, die Matrosen in ihren weißen Anzügen
die Wanten aufentern und der gewaltigen Segel Stellung
und Umfang verändern zu sehen. Wer nicht selbst segelt
oder das Handhaben einer größern Jacht nicht gesehen
hat, kann sich keinen Begriff machen von dem Reiz, den
die Beobachtung des Segelns im großen Fahrzeug ge=
währt, wie alsbald, sobald die Rahen richtig gebraßt
sind und die Seegel voll stehen, die Bewegung des Schiffs=
körpers sich von Grund aus verändert, wie der Wind,
anstatt das unter Dampf gehende Schiff nur zum
Schlingern zu bringen, jetzt gemächlich mit steter Kraft
vorwärts treibt und den langen Rumpf in jene auf= und
abwärtsstampfende Bewegung zwingt, die dem See=
tüchtigen einen Schauer des Wohlbehagens durch die Ein=
geweide sendet, für die nicht eingewöhnte Landratte aller=
dings den Anfang unsagbaren Jammers zu bedeuten
pflegt. Es ist, als ob der Atem des Meeres sich dem
Fahrzeuge mitteile, es selbst belebe und seinem Willen
untertan mache.

Prächtig heben sich die großen, von der Sonne hell
bestrahlten Leinwandflächen der Segel gegen den blauen
Himmel ab, das ganze Bild atmet Leben und Schaffens=
kraft. Frisch und fröhlich werden da die unheimlichsten
Befehle in den lachenden Morgen hinausgetrompetet, Top=
nanten steif gemacht und Bramrahen klar zum Fieren
gehalten, und als ob diese rätselhaften Weisungen nicht
schon dunkel genug wären, übersetzt sie der Bootsmanns=
maat auch noch ins Musikalische und wiederholt jeden
Befehl durch einen langgezogenen Pfiff mit hübschem

Schnörkelwerk, und die Götter mögen wissen, wie ein gewöhnlicher Sterblicher all das Zeug auseinanderhalten kann. Die Leute scheinen sich aber wohl dabei zu fühlen, es ist eine Freude, sie so eifrig und gewandt bei der Arbeit zu sehen, und mit Bedauern sehen wir nach ein paar Stunden das Ende der Übung herankommen.

Unterdessen steuern wir gerade auf die äußerste Westspitze Savaiis zu, das trotz der rasch zum Zenit emporgestiegenen Sonne noch immer seinen Gipfel unter einer langgestreckten Wolkenbank verbirgt und eine mächtige Krönung seines allmählich ansteigenden Kegels ahnen läßt. Es ist die Ultima Thule Samoas, der wir uns nähern, Falealupo mit dem Fafâ, wohin die samoanische Sage den Eingang in die Unterwelt verlegt. Trotz Christentums und täglichen Missionarsunterrichts hält das Volk noch recht zähe an seinen alten Überlieferungen fest, und wer sich ihm unbefangen und unvoreingenommen nähern könnte, würde einer interessanten Ausbeute an Sagen und Märchen gewiß sein. Alle Verstorbenen, glaubt der Samoaner, halten sich hier am Ende der Insel, zugleich dem Ende ihrer kleinen Welt, über der Erde auf, bis ihre Seelen in Ruhe in die Unterwelt verschwinden können. Noch in diesem Kriege zwischen Mataafa und Tanu Masili konnte man selbst bei christlichen Kriegern, die sich äußerlich schon durch irgendwelche Abzeichen wie Rosenkranz oder dergleichen als aufgeklärte Anhänger der Religion der Weißen bekunden wollten, die überraschendsten Rückfälle in den Glauben der Väter erleben. Alle Samoaner sind von der Furcht beherrscht, die Geister der Toten könnten wieder erscheinen und sie ihrer Ruhe berauben. Es kommt also vor allem darauf an, sich der wirklichen Abreise der Seele nach dem Fafâ zu versichern. Bei Kriegern, die im Kampfe fallen, ist das besonders schwer, weil niemand

Zeit hat, sich im Getümmel des Gefechtes um derlei Dinge zu kümmern. Die Angehörigen eines Gefallenen aber werden möglichst sorgfältige Erkundigungen einziehen, an welcher Stelle ihr Toter sein Leben verloren hat, wenn sie nicht etwa den geköpften Leichnam noch am nämlichen Ort finden sollten. An der Unglücksstelle wird dann eine Matte aus Siapo ausgebreitet und die treuen Weiber des Hauses sitzen geduldig und harren, bis sich die Seele des Angehörigen auf der Matte zeigt, in Gestalt einer Ameise oder Eidechse. Kriecht ein solches Getier auf die Matte, so wird es sorgfältig gefangen und womöglich mit dem Leichnam begraben. Dann erst ist man sicher, daß die liebe Seele Ruhe hat, die Reise nach der Unterwelt antreten und die Nachtruhe ihrer zurückgebliebenen Angehörigen achten wird.

Früher war diese Westspitze Savaiis völlig unbewohnt, und es wäre ein Hohn auf die Götter gewesen, hätte ein Sterblicher sich in dieser grausigen Gegend anzusiedeln gewagt. Später kamen Siedler von Viti und Tonga, die wohl nichts von der Bedeutung der Stätte wissen mochten, und heute erheben sich hier in Falealupo und Falelima die volkreichsten Ortschaften der ganzen Insel. Ausgestorben ist indessen das Bewußtsein von der hehren Bedeutung dieser von der Brandung umtosten Spitze auch heute noch nicht, und die Furcht vor ruhelos irrenden Geistern läßt hier die Eingeborenen nachts ihre Hütten dicht abschließen, soweit man bei den losen Mattenvorhängen von einem Verschlusse reden kann. In diesem Lande gibt es keine Diebe, also auch keine Schlösser oder bissige Kettenhunde. Alle Hütten stehen Tag und Nacht offen und eben nur ganz außergewöhnliche Dinge, wie der etwaige Besuch von Geistern, können da ein Abweichen von der Regel veranlassen.

Auch ohne Unterwelt und heimatlose Seelen wäre

Falealupo ein recht bemerkenswerter Ort. Die Lage ist herrlich, und an landschaftlichem Reiz und wilder, unberührter Südseeromantik kann die schwarze Basaltküste mit ihren gewaltigen Strandblöcken und der donnernden Brandung nicht übertroffen werden. Die Kokospalmen stehen besonders dicht am Ufer, vom starken Passat alle leicht verbogen, in der feuchten Seeluft aber vorzüglich gedeihend. Die Fruchtbarkeit der Gegend wird allgemein gerühmt, der Tabak und die Avastaube von Falealupo genießen besonderen Ruf. Die starken Hölzer des savaiischen Waldes werden nach allen Teilen der Inseln verschifft oder hier an Ort und Stelle zum Kanu=Bau verwandt. Die Savaiier gelten überall als die besten Schiffbauer und die erfahrensten Seeleute unter den Samoanern, und ein Blick in den überraschendsten Reichtum ihrer Wälder wird einem das bald erklärlich erscheinen lassen.

Es wurde von unserer Landungsgesellschaft beschlossen, zu Fuß von der Nordwestspitze über Land nach Falelima zu wandern, wo sich ein berühmtes, wenn auch von Weißen selten genug besuchtes Dorf auf der Westküste hart am offenen Meer findet. Nach den Seekarten, die vorher an Bord eingesehen wurden, schien das nur eine Sache von wenigen Kilometern zu sein, und wohlgemut ging's in den dichten Busch hinein. Es ließ sich ungeahnt gut marschieren. Die Laubkronen des Waldes waren so dicht, daß auch nicht ein Sonnenstrahl seinen Weg hinunter auf den Boden fand; ein anscheinend uralter, mit Basaltblöcken belegter Fußpfad schlängelte sich durch das Dickicht aus tausenderlei üppig entwickelten Bäumen und wuchernden Schlingpflanzen, und eine maßlose Fülle von Apfelsinenbäumen ließ einem schon im voraus das Wasser im Munde zusammenlaufen im Gedanken an die köstliche Erfrischung durch die großen, saftigen Früchte. In der Tat war der ganze Weg buchstäblich mit Apfelsinen be=

streut, und an den Bäumen hing alles voll wie zur Erntezeit auf Sizilien. Es war wie ein Weg durch eine vergessene Pflanzung, durch einen verwunschenen Märchengarten. Indessen lange hielt auch die Poesie dieser mächtigen Pflanzenwelt nicht aus. Die wunderbare Gewalt des Werdens, die das stärkste Kennzeichen des Tropenwaldes ist, wirkt rasch beengend und ermüdend. Die feuchtwarme Luft erschlafft die Haut, in Kürze hat man keinen trockenen Faden mehr am Leib, und wie ein schwüler Alpdruck legte es sich auf einen, wie der Inkubus der Mutter Kybele, der Verkörperung wuchernder Fruchtbarkeit. Aus der einen Stunde, die man auf den Weg gerechnet hatte, sind schon deren zwei geworden; kein Mensch begegnet einem, von dem man sich den schlechten Trost holen könnte, es würden wohl noch zwei Stunden sein. Der Durst in der bald austrocknenden Kehle wird unerträglich; ich pflücke endlich eine prachtvolle Riesenapfelsine, tue einen herzhaften Biß und werfe das Giftzeug von mir. Es ist bitter wie Aloe. Wenn der Durst quält, die Füße auf dem harten Basalt rasch müde werden und wenn die dünne Tropenkleidung einem durchnäßt um die Glieder hängt, dann verliert auch der herrlichste Tropenwald all seinen Reiz; man ist froh, wenn man ein Plätzchen finden kann, das, schattig und doch nicht feucht, dem erschöpften Wanderer etwas zu verschnaufen gestattet, ehe er sich weiter auf den Weg begibt, ins Ungewisse hinein, dank den veralteten Seekarten, die schon für das Wasser nicht ausreichen, für Landwege aber ganz unbrauchbar sind.

* * *

Das Schweigen im Walde. — Kokosmilch. — Von den Ehrenjungfrauen. — Samoanische Kochkünste.

Die lautlose Stille des samoanischen Waldes hat etwas Unheimliches. Das Krächzen und schrille Schreien

tropischer Vögel, das Grunzen und Brüllen von Affen und
Raubtieren, das den Urwald der südlichen Festländer
erfüllt, fehlt hier ganz; denn es gibt außer stummen Ei=
dechsen und schweigsamen fliegenden Füchsen, die über=
dies erst mit der Dämmerung ihr Versteck verlassen, nichts,
was die überreiche Pflanzenwelt beleben könnte. Das
Girren der Holztaube, von der sich verschiedene Arten in
Samoa finden, ist das einzige Geräusch, das die seltsame
Stille unterbricht, leise nur und unaufbringlich wie aus
weiter Ferne der Schrei des Kuckucks. Wir haben uns
auf einen umgestürzten Baumstamm niedergelassen, den
der Sturm entwurzelt hat und der nun, über und über
mit Schlingpflanzen bedeckt, ein mächtiges Bollwerk quer
über den schmalen Saumpfad bildet. Die wenigen Stun=
den ungewohnten Marschierens haben uns so müde ge=
macht, daß wir am liebsten gleich einschliefen, wenn nicht
der Durst so quälte und die Sinne wachhielte. Ein
samoanischer Häuptling, der uns von Falealupo nach
der Westküste begleiten will, hat endlich eine Kokospalme
in der Nähe erspäht, und obwohl ihm eine noch ungeheilte
Speerwunde das Bein lahmt, erklimmt er mit verblüffen=
der Geschwindigkeit den Stamm, der seine 30 Meter
messen mag und glatt und kerzengerade in die Höhe steigt.
Auffälligerweise bedient sich der hohe Herr, der es nicht
verschmäht, für seine weißen Freunde diesen Dienst zu
verrichten, nicht des üblichen Baststrickes, den sonst die
Südseemenschen sich um die Füße schlingen, wenn sie
eine Palme erklettern wollen. Mit seinen gelenkigen
Füßen und beweglichen Zehen kann er fast die Hälfte
des starken Stammes umklammern, den er zugleich mit
gefalteten Händen umschließt, und rasch und ohne sicht=
liche Mühe steigt er die steile Höhe hinan. Mit dumpfem
Fall schlagen die schweren Nüsse, die er oben herunter=
bricht, unten auf und rollen uns zu Füßen. Zwar ist

keines der großen Messer zur Hand, womit der Samoaner in der Schlacht seinen Gegnern den Kopf abschneidet und in Friedenszeit die Kokosnüsse öffnet. Aber unser Häuptling weiß sich zu helfen, er bricht sich ein Stück Rohr von einem Bambusstrauch, reißt es der Länge nach auf, so daß sich an dem einen Ende eine schneidend scharfe Kante bildet, pflanzt diesen spitzen Stock mit dem stumpfen Ende in die Erde und beginnt mit großer Kraft die zähe, dichte Faserbekleidung der Nüsse an der Bambus=
spitze aufzureißen und abzutrennen, bis der nackte Kern erscheint. Wo die Keimblätter der Nuß sich zuletzt ge=
schlossen haben, ist die harte Schale am leichtesten ver=
wundbar, hier schlägt man Nuß auf Nuß aufeinander, bis sich ein kleiner Deckel von der Schale ablösen läßt. Der Trunk ist wirklich köstlich. Die sogenannte Kokos=
milch ist hell und klar wie Wasser, weich und süß im Geschmack wie ein zu Zuckerwasser verdünnter Fruchtsaft und von erfrischender Kühle, da die dicke Faserhülle den Kern mit Erfolg gegen die Strahlen der Sonne ge=
schützt hat. Der Samoaner hat kein anderes Getränk als dieses, das ihm die Natur fix und fertig bietet. Die Sitte, den Saft des Blütenkolbens durch Gärung zu einem berauschenden Getränk zu verwandeln, hat auf Samoa noch keinen Eingang gefunden, und die Ava, die aus der Wurzel des Pfefferstrauchs gewonnen wird, kann nicht als tagesübliches Getränk angesehen werden, da es nur bei besonderen Gelegenheiten gereicht und nie in größern Mengen getrunken wird.

Mit neubelebten Lebensgeistern wird der Marsch fort=
gesetzt, und nach ein paar weiteren heißen Stunden schlägt endlich der leise Donner ferner Brandung an unser Ohr. Wir wissen, die Westküste kann nicht mehr weit sein. Erst mit Einbruch der Dunkelheit aber erreichen wir unser Ziel, das wenigstens dreimal so weit von unserer Lan=

bungsstelle entfernt sein muß, wie die Karte vermuten ließ. Mit ungeheurem Wohlbehagen sinkt man auf die Matten des Fale Tele von Falelima nieder, in dem Häuptlinge und Dorfjungfrauen zusammenströmen, um den Ankömmlingen Willkomm zu bieten. Obwohl wir hungrig und durstig sind, müssen wir die einleitenden Förmlichkeiten des Empfangs geduldig über uns ergehen lassen. Reden werden gehalten und erwidert, ehe zur Bewirtung der ermatteten Gäste geschritten wird. Kein Bissen, kein Schluck darf genossen werden, ehe der übliche Austausch feststehender Höflichkeiten stattgefunden hat; nur gegen das Rauchen scheinen die strengen samoanischen Zeremonienmeister keinen Einspruch zu erheben. Nach dem langen mühevollen Marsch im schwülen Walde würden wir uns jetzt hier in dem geräumigen Ehrenhause dicht am Strande, wo der kühle Abendwind durch die rings offene Halle streicht, recht wohl und glücklich fühlen können, wenn der Anstand es nicht erheischte, daß wir unsere müden Knochen in die unbequeme Lage des Kreuz= schenkelsitzes bringen, eine auf die Dauer dem europäischen Neuling recht widrige und schließlich martervolle Art zu sitzen. Dem Samoaner gilt es nicht für guten Ton, die Beine lang von sich zu strecken, und der Weiße tut gut, soweit irgend angängig, sich im Verkehr mit den Eingeborenen, wenigstens in ihren Häusern, solchen und ähnlichen Anschauungen und Gebräuchen anzupassen. Die Eingeborenen, nicht nur Samoas, pflegen für solche Auf= merksamkeiten sehr empfänglich zu sein und das Eingehen auf ihre Eigentümlichkeiten dankbar anzuerkennen als ein Zeichen der Anerkennung ihrer gesellschaftlichen Gleich= berechtigung.

Während unser Dolmetscher in eifriger Übersetzungs= tätigkeit den Austausch internationaler Höflichkeiten be= sorgt, hat man die Ava bereitet, und während der kleine

aus der Kokosnuß geschnitzte Becher kreist, teilt man uns
mit, daß die Ehrenjungfrau des Dorfes, die Taupóu
von Falelima, sich darauf freue, die „himmelsgewölbe-
durchbrechenden Häuptlinge" in ihrem Hause bewirten zu
dürfen. Diese Einleitung zeigt uns sofort sehr deutlich,
daß hier auf Sawaii die alten Überlieferungen noch nicht
außer Mode geraten sind wie in Apia, daß hier die
hübsche Sitte der Taupóu als Vertreterin des Dorfes
fremden Gästen gegenüber noch im ganzen Umfange gewahrt wird. Das schönste Mädchen der Gemeinde, das
keinen Makel an Leib und Seele aufweisen darf und von
guter Abstammung sein muß — meist sogar Tochter des
obersten Häuptlings —, wird nach Beschluß der alten
Mütter des Dorfes mit der Würde der Taupóu, der
Ehrenjungfrau, bekleidet und dadurch mit der höchsten
Zier geschmückt, die einem samoanischen Mädchen zuteil
werden kann. Der „Rat der Alten" wacht hinfort über
das auserkorene Mädchen, das nur so lange ihr Amt
innehaben darf, als ihre Tugend keine Einbuße erlitten
hat. Der Samoaner ist sonst in Liebesangelegenheiten
durchaus nicht ängstlich, und wenn auch die wüste Sitten-
losigkeit anderer Südseevölker bei den in jeder Beziehung
bewundernswert maßvollen Bewohnern dieser Inseln
gänzlich unbekannt geblieben ist, so darf der Verkehr der
Geschlechter untereinander auch in Samoa nicht nach dem
christlichen Katechismus beurteilt werden. Die Taupóu
aber wird von allen geachtet und als unantastbar angesehen. Man verehrt und liebt sie wie eine Heilige,
besser gesagt vielleicht wie eine Schwester; denn ihr Beruf als Gastgeberin der Gemeinde bringt es mit sich, daß
sie lustig und ausgelassen sein muß, wenn es gilt, an-
gesehene Gäste zu unterhalten, und ihre Tanzpflichten
ließen sich nicht wohl mit der ernsten Würde einer Dorf-
heiligen vereinigen. Daß sie ganz besonderen Anteil an

der Ausbildung der Tänzer ihrer Heimat nimmt, konnten wir schon in Matautu sehen, dessen Sivasiva besonderen Ruhm im Lande genießt und zugleich den Namen der Tanzleiterin des Dorfes in ganz Savaii bekannt gemacht hat. Die Aufsicht der Alten über die Ehrendame ihres Dorfes geht soweit, daß sich das Mädchen nicht verheiraten darf ohne Zustimmung ihrer Wächterinnen, und selbstverständlich verliert sie mit der Hochzeit auch ihre Würde.

In Falelima hatten wir das seltene Schauspiel, zwei Taupóu nebeneinander wirken zu sehen. Das Dorf ist so groß, daß die Ehrenpflichten von einem Mädchen vielleicht nicht genügend wahrgenommen werden können. Wahrscheinlich geht diese Einrichtung der Zweiteilung außerdem noch auf die Ansiedlung verschiedener Stämme zurück, von der allerdings die heutige Bevölkerung nichts mehr weiß. Pflichtschuldigst begaben wir uns nach Erledigung aller notwendigen Reden in das Haus der ersten Dorfjungfrau, die zur Bewirtung ihrer Gäste ein eigenes Fale Tele zur Verfügung zu haben schien. Auch hier wurden die Förmlichkeiten wieder mit Ava eröffnet, der Dolmetscher mußte dieselben höflichen Worte der Begrüßung und des Dankes ins Samoanische übersetzen, die uns jetzt schon ganz glatt von den Lippen flossen, und wiederum mußten wir im Kreise auf den Matten sitzen und geduldig harren, bis das „Aiga", das Festmahl, aufgetragen war. So ein samoanisches Essen ist keine Kleinigkeit, seine Vorbereitung dauert viele Stunden und auch die Vertilgung ist nicht so bald abgemacht. Obwohl man hierzulande nur bei außergewöhnlichen Gelegenheiten Fleisch ißt, und erstaunlicherweise die Überfülle herrlicher Früchte von den Eingeborenen bei ihren Mahlzeiten gar nicht gebührend gewürdigt wird, ist doch die Länge und Reichhaltigkeit des samoanischen Küchenzettels ganz verblüffend.

Die Hauptnahrung bilden die dicken, mehlhaltigen Knollenfrüchte der Talostaude, die man in der Nähe jeder Hütte angepflanzt sieht. Das ist die einzige Nährpflanze, die den Eingeborenen nicht von selber in den Mund wächst; sie muß sorgfältig angebaut und regelmäßig bewässert werden. Viel bequemer haben sie es mit der Brotfrucht, die ganz ohne ihr Zutun wächst und ihnen die schönsten, nahrhaftesten Früchte in den Schoß wirft. Um jedes Haus sieht man die schönen Bäume mit ihren breiten, gezackten Blättern stehen, drei bis fünf Bäume sind völlig ausreichend, den Bedarf einer Familie zu decken. Mehr noch als Talo und Brotfrucht aber tritt die Kokosnuß in die Erscheinung; sie liefert nicht nur mit ihrer Milch das Tafelgetränk jedes Samoaners, sie gibt auch mit ihrem Fleisch eine Fülle der sonderbarsten Gerichte her, von dicken, breiartigen Nährspeisen bis zu feinen Leckerbissen, die mit viel Zeit und Sorgfalt von den Männern des Hauses hergestellt werden. Alles wird noch in der altertümlichsten Weise gekocht, oder richtiger gebacken zwischen heißen Steinen, die auf einer Unterlage von gebranntem Korallenkalk zu einem Haufen aufgeschichtet werden und die über ihnen erzeugte Hitze vorzüglich halten. Alle Speisen, Brotfrucht, Talo, die verschiedenen zusammengesetzten Gerichte und schließlich auch alles Fleisch wird zwischen diesen Kieseln gebacken und dann in Blätter eingewickelt, so daß die verdampfende Feuchtigkeit sich wieder der Speise mitteilt und ihr eine Zartheit und einen Duft verleiht, die bei unserem Kochverfahren nur von großen Künstlern erreicht werden können. Der Reichtum des Großen Ozeans an Fischen, Krustentieren, Muscheln und Weichtieren ist unerschöpflich, und für den Samoaner scheint so ziemlich alles, was das Meer hervorbringt, eßbar zu sein. Kleinere Fische, Krebse, Krabben, Mollusken aller Art ißt er mit größtem Wohlbehagen roh; größere Fische und Flußkrebse werden leicht zwischen den Steinen gedämpft und mit etwas Seewasser als einziger Würze angemacht. Überhaupt spielt das Seewasser in der samoanischen Küche eine große Rolle, selbst mit dem Fleisch der Kokosnuß wird es verarbeitet zur Verbesserung des an und für sich etwas weichlichen Geschmackes des ölhaltigen Fruchtkernes. Salz gibt es auf den Inseln nicht, und so scheint der unmittelbare Gebrauch des Salzwassers diesem Mangel abhelfen zu sollen.

Außer den zahlreichen Gerichten, die Meer und Pflanzung täglich für den Tisch des Samoaners liefern, fanden wir zu unseren besonderen Ehren noch festtägliche Veranstaltungen getroffen, Tauben wurden herbeigebracht und ein Schwein zur Feier des seltenen Besuches der befreundeten deutschen Gäste geschlachtet. Das geschieht nur bei wirklichen großen Gelegenheiten, und selbst ehrgeizige Leute dürfen ganz zufrieden sein, wenn sie es in Samoa bei den Eingeborenen bis zum Range der Schweinewürdigkeit bringen. Darüber hinaus gibt es nur noch zwei Ehrungen im Lande, das Taalolo oder die Darbringung von Geschenken durch den ganzen Stamm, und das Faaúu, die Verleihung eines der großen Titel an einen hervorragenden Häuptling. Einige wenige Europäer, die durch jahrelangen Aufenthalt unter den Eingeborenen und meist durch Verschwägerung mit den leitenden Familien des Landes großen Einfluß gewonnen hatten, konnten sich sogar in der Ruhmessonne eines solchen Häuptlingstitels groß fühlen. Im allgemeinen aber hört für den Weißen das Erreichbare beim gebratenen Spanferkel auf, und auch das ist eine Ehre, die ihre Last mit sich bringt. Ein samoanisches Festessen über sich ergehen zu lassen, ist eine Leistung, die allein schon Unsterblichkeit sichern sollte, denn die Fülle der Gerichte, die zu vertilgen dem Gast zugemutet werden, stellt selbst das Andenken des seligen Lukullus in den Schatten. Mit Recht brüsten aber darf sich jeder, der zwei solcher Mahlzeiten à la samoanne siegreich überwindet, wie wir das zu unserem Entsetzen, dank der Anwesenheit zweier Ehrenjungfrauen, unternehmen mußten und zur Ehre der weißen Rasse nach heldenhaften Anstrengungen auch wirklich fertig brachten.

* * *

Die Kunst, mit den Fingern zu essen. — Samoanische „Rauchrollen". — Wetteſſen als Anstandspflicht bei eifersüchtigen Ehrenjungfrauen. — Marterwerkzeuge für die Nacht.

Die im Verkehr mit dem Fremden hervorstechendste Eigenschaft des Samoaners ist seine ehrlich gemeinte Gastfreundschaft, die jedem Fremden ohne Ansehen der Landeszugehörigkeit oder des Bekenntnisses geboten wird. Bekommt schon der unbekannte Fremdling, der nur aus Mangel an Landsleuten sich im samoanischen Dorf um Obdach und Nahrung an die Eingeborenen wenden muß, den günstigsten Eindruck von dem liebenswürdigen Entgegenkommen, das ihm im großen Fale Tele, dem Haus der Gäste, gezeigt wird, so kann sich der befreundete Weiße, der auf Grund persönlicher Bekanntschaft oder guter Empfehlungen mehr als alter Bekannter oder gar als Ehrengast aufgenommen wird, nicht genug wundern über die Herzlichkeit, mit der sich jedermann angelegen sein läßt, ihm Angenehmes zu erzeigen, über den Eifer, womit sich das ganze Dorf seinem Wohlbefinden zu widmen scheint. Beim Essen wird in dieser Fürsorge für den Gast fast zuviel getan. Die Dorfehrenjungfrau, die schon bei der Bereitung der Ava die erste Rolle gespielt hat, setzt sich mit uns zu Tisch, das heißt sie hockt neben uns vor den zahlreichen Gerichten, die man auf großen Bananenblättern und geflochtenen Tellern aufgetragen hat, und beginnt uns zu füttern, als ob wir kleine Kinder wären, die noch nicht ohne die Hilfe der Mutter essen können. Sie sucht die besten Stücke des weichgekochten Talo für uns heraus, bricht aus dem heißen Kern der Brotfrucht die schönsten und bestgebackenen Brocken und zerlegt mit ihren Fingern die saftigsten Stücke des Spanferkels, das der Wirt mit seinem großen Kampfmesser kunstgerecht zerteilt, und all diese Lecker= bissen steckt sie uns höchst eigenhändig in den Mund. Wer nie mit den Fingern gegessen hat, wird erstaunt sein, wie ungeschickt sich ein gebildeter Mitteleuropäer dabei anstellen kann, wie schwierig es ist, bei solch natur= wüchsigem Eßverfahren überhaupt einigermaßen mit An= stand satt zu werden. Da kommt denn schließlich die Hilfe von zarter Hand gar nicht ungelegen, und da auch die freundlichen Gastgeber ihre helle Freude haben an den verzweifelten Versuchen der Papalagi, kunstgerecht nach Landessitte ihre Finger zu gebrauchen, so kommt bald Leben in die anfangs etwas feierlich gestimmte Tisch= gesellschaft, und das alte französische Sprichwort vom Wachsen der Eßlust während der Mahlzeit scheint auch hier, vierzehn Grad südlich vom Äquator, seine Gültigkeit zu haben. Das Anbieten neuer Speisen und das Nötigen zum Zulangen hört nicht auf, unser dolmetschender Häupt= ling versichert, es wäre eine Beleidigung für den Wirt, seine Gaben zu verschmähen, und stachelt damit unser Ehr= gefühl zur größten Anstrengung. Die unzureichend ge= salzenen, stark mehlhaltigen Gerichte beschwichtigen auch den lebhaftesten Hunger sehr gründlich, erleichtert atmet man auf, als zum Zeichen der Beendigung der Tafel Waschwasser für die Hände in ausgehöhlten Kokosnüssen gebracht wird, die überall auf den Inseln die mangelnden Tongefäße ersetzen. Der reife Fruchtkern der Nuß wird durch Seewasser, das durch die kleinen Keimlöcher ein= gegossen wird, allmählich zersetzt und zu flüssiger Masse aufgelöst, bis schließlich die ganze Höhlung der harten Schale frei ist und als Wasserbehälter benutzt werden kann. Ein Pfropfen aus Pandangblättern dient als Verschluß. In jeder Hütte sieht man einige dieser dauerhaften Kugelbehälter an den Dachpfosten hängen, meistens zu zweien zusammengekoppelt, ein deutliches Erinnerungszeichen daran, daß dies Naturvolk der Samoaner noch nicht den leisesten Anfang zu Versuchen in der Töpferei gemacht hat.

Wie bei uns zu Hause reicht man nach Tisch hier Tabak. Zigarren gibt es zwar nicht, und die Zigaretten sind auch von den unsrigen recht verschieden. Unterm Dach, dessen großer Hohlraum die Aufbewahrungsstätte für alle Schätze des Hauses ist, wie das Scheunendach des deutschen Bauern, hängen, an langen Fäden aufgereiht, die breiten Blätter der Tabakstaude, die hier auf Savaii mit besonderem Erfolg gezogen wird. Man läßt die Blätter nur ganz langsam, nicht in der Sonne, trocknen, und wenn man sich eine Zigarette drehen will, trocknet man das noch halbfeuchte Blatt rasch an einem Stück glimmender Kokosfaser, die zum Anzünden der Zigaretten stets in der Feuerstelle zwischen den Mittelpfosten bereit liegt. Das frisch gedörrte Blatt wird dann zerbröckelt und zu einer dünnen Rolle zusammengeknetet mit einem getrockneten Streifen Bananenblattes umwickelt — und fertig ist die Zigarette, die der Samoaner utufaga tapâa (kleine Tabakladung) oder einfach sului (Blattrolle) nennt, im Gegensatz zur sitaleti, einem angepaßten Fremdwort, das ausschließlich die Papierzigarette der Weißen bezeichnet. Der samoanische Tabak, vor wenigen Jahrzehnten von französischen Missionaren eingeführt, hat sich auf dem heißen vulkanischen Boden sehr gut zu besonderer Kraft entwickelt, ist im Geschmack so rein und voll wie die berühmten westindischen Ausfuhrerzeugnisse, aber so nikotinhaltig, daß nur ganz ausgepichte Raucher ihn auf die Dauer vertragen können. Die Eingeborenen rauchen selten eine ihrer „Blattrollen" in einem Zuge zu Ende. Sie stecken sich das angerauchte Stück mit Vorliebe hinters Ohr, wo meist schon eine feuerrote Hibicusblüte zu prangen pflegt, und je nach Bedarf langen sie den geliebten Glimmstengel zum weiteren Gebrauch hervor. Auch Frauen und Mädchen sieht man stets mit ihrem Rauchzeug hinterm Ohr ausgerüstet.

Den eigentlichen Beschluß der Darbietungen, mit denen uns die erste Taupóu von Falelima bewirtete, bildete wiederum ein Sivasiva, der gegen den in Matautu gesehenen Tanz allerdings bedeutend abfiel. Die Tänzer waren längst nicht so gut eingeübt und suchten ihre mangelnde Sicherheit in den einzelnen Teilen der Vorführung durch freie Erfindungen zu verdecken, die zwar recht ausgelassen und augenscheinlich sehr nach dem Geschmack der eingeborenen Zuschauer waren, uns aber wenig samoanisch und ansprechend vorkamen. Unter der Einwirkung des starken „Tapáa" und der sehr gefälligen Gesänge, die den Tanz begleiteten, fingen wir gerade an, uns von den Anstrengungen des Festmahls zu erholen, als eine Gesandtschaft der zweiten Ehrendame des Dorfes erschien, um uns mit vielen schönen Worten in das Haus der Nebenbuhlerin unserer augenblicklichen Wirtin einzuladen. Es erschien uns recht rücksichtslos und undankbar gegen unsere Gastgeberin, dieser Aufforderung Folge zu leisten und noch am selben Abend die Gastfreundschaft eines anderen Hauses anzunehmen. Unser Führer und Ratgeber aber war wieder mit einem Vortrag über samoanische Anschauungen zur Hand und meinte, wir würden die zweite Taupóu und ihre Hälfte des Dorfes tödlich beleidigen, wenn wir ihre Einladung ausschlügen. So blieb denn nichts anderes übrig, als schweren Herzens, trüber Ahnungen voll, den Weg zum andern Fale Tele anzutreten.

Es war längst dunkel geworden, an eine Rückkehr an Bord war nicht mehr zu denken. Die Falke hatte, als wir den Weg über Land von Falealupo nach der Westküste begannen, sich ebenfalls in Bewegung gesetzt und war langsam um die äußerste Spitze der Insel herumgedampft und im Laufe des Abends, bald nach Sonnenuntergang, in Sehweite auf der Höhe von Falelima erschienen. Ein Kriegsschiffsboot durch die Brandung an die Küste zu schicken, war nicht ratsam und die Eingeborenen getrauten sich trotz ihrer Kenntnis des Wassers nicht, in der rasch hereingebrochenen Dunkelheit den Weg durch den tobenden Gischt und die drohenden Riffblöcke zu suchen. Sobald die Sonne und damit die allein zuverlässigen Merkzeichen, die Verfärbungen des Wassers, fehlen, wird auch der samoanische Küstenbewohner vorsichtig. So mußte denn der Navigationsoffizier, der glücklicherweise von der Gesellschaft war und sich auf die Künste verstand, in langen Winkspruchübungen mit den Armen die Botschaft hinübersenden, daß S. M. Schiff die Herren Abenteurer am nächsten Morgen an dieser Küste erwarten und seine Kreuzfahrt so lange unterbrechen möchte.

Die Nebenbuhlerin unserer ersten Wirtin hatte sich alle erdenkliche Mühe gegeben, die bisherigen Veranstaltungen in den Schatten zu stellen, und da auch die größten Genüsse der Tafel in Samoa sich doch immer auf demselben Boden von Pflanzen- und Fischkost bewegen und keine Gelegenheit zu besonders kostspieligen Schmausereien bieten, so blieb nichts anderes übrig, als durch die Masse der Speisen und die Art ihrer Darbringung zu siegen. Wir konnten daher zu unserem Erstaunen einen echt europäischen Tisch gedeckt sehen, mit weißem

Tischtuch, Messern und Gabeln, Tellern und Salzfaß, lauter unerhörten Dingen, deren Besitzes sich nicht einmal der König rühmen kann. Selbst Stühle waren zur Stelle geschafft und eine europäische Lampe brannte auf dem Tisch. Der Samoaner hat überhaupt keine Möbel in seiner Hütte stehen, er selbst bringt den ganzen Tag sitzend und liegend auf den Matten zu, und seine sieben Sachen hängen vom Dach herunter. Auch seinen größten Schatz, die von Geschlecht zu Geschlecht vererbten alten Matten, bewahrt er so, in Bündel zusammengeschnürt, auf, ohne an Verschluß in feuer- und biebessicheren Kisten und Kasten zu denken. Nur in den von den Weißen etwas gründlicher beleckten Ortschaften haben sich sonderbarerweise die Seemannskisten der Matrosen ziemlich eingebürgert, die zuerst 1889 bei dem großen Orkan durch den Untergang der deutschen und amerikanischen Kriegsschiffe den Eingeborenen in größerer Zahl bekannt wurden. Seitdem haben auf Samoa die aus Kanton, meist über Australien oder Hawaii, eingewanderten Chinesen eine förmliche Industrie aus der Herstellung solcher Kisten gemacht. Wo die brave Taupóu all die andern Herrlichkeiten aufgetrieben haben mochte, konnten wir nicht in Erfahrung bringen. Sie mußte sämtliche Kirchen der Nachbarschaft und die Häuser der Missionare geplündert haben, um den Fremden einen solchen Aufwand an europäischem Besitz und ihren Landsleuten den Beweis so ungewöhnlicher Hilfsmittel bieten zu können. Es schien ihre Freude und ihren Stolz wenig zu dämpfen, daß die Stühle meist nur drei Beine hatten, Messer und Gabel verrostet waren, als ob sie aus einem Schiffbruch als Strandsegen gerettet wären, und das Salz, durch Hitze und Feuchtigkeit zu greulichen Klumpen geballt, in einer alten henkellosen Tasse lag. Ihr schien der Sieg über die Gegnerin vollständig, und ihre Eitelkeit konnte prahlen gehen. Ich sah einmal bei einem indischen Fürsten in der abgelegensten Gegend der bengalischen Dschungeln ein prächtiges Empfangszimmer voll kostbarer persischer Teppiche, wertvoller Waffen und Fayencen, und mitten in diesem morgenländischen Prunk als Hauptschaustück einen ganz gewöhnlichen europäischen Marmorwaschtisch mit allem Zubehör. Der unglückliche Radschah mochte Tausende für dieses seltsame Stück gezahlt haben, das allein schon deswegen merkwürdig und selten war, weil es die weite Reise mit allen ihren Fährnissen glücklich und unbeschädigt überstanden hatte. Ähnlich hier unsere samoanische Taupóu. Sie hatte gar kein Gefühl dafür, wieviel würdevoller schlichtes Samoanertum gewesen wäre, als dieser unglückliche Versuch, Europäern mit europäischen Dingen Eindruck machen zu wollen. Schlimmer noch als Anblick und Gebrauch des alten, vernachlässigten Eßgerätes war die Notwendigkeit, wiederum die Gefühle der Gastgeberin nicht zu verletzen und von allen Gerichten herzhaft zu essen. Nur die Mahnungen unseres Dolmetschers und die ununterbrochenen lächelnden Anpreisungen der Taupóu und ihrer Genossinnen, die wie sie der Ehre teilhaftig wurden, die Durchbrecher des Himmelsgewölbes beim Essen bedienen zu dürfen, nur diese steten Einwirkungen vermochten uns in unsern verzweifelten Anstrengungen zu stärken und halfen uns, auch diese Probe unermüdlicher Männerkraft siegreich abzulegen.

Tabak und Tanz bildeten wiederum den Schluß und die Erlösung, und dann kam die Nacht, von der schon ein gut Teil verstrichen war. Und sie kam mit allen ihren Schrecken. Nicht immer ist ein gutes Gewissen ausreichend als sanftes Ruhekissen. Wir konnten uns sicherlich keine Vorwürfe machen; wir hatten uns geradezu aufgeopfert in unserem Bestreben, uns dankbar für die erwiesene Gastfreundschaft zu zeigen. Ein samoanischer

„Ali" aber, jene hinterlistige Bambusrolle, auf der man hierzulande sein müdes Haupt des Abends zu betten pflegt, kann nur solchen glücklichen Sterblichen eine Erleichterung beim Schlafen sein, die gleich den Samoanern wie fürs Essen so auch fürs Schlafen außergewöhnliche Fähigkeiten besitzen. Für alle andern ist es ein Marterwerkzeug, das einen am nächsten Morgen mit Genickstarre aufwachen läßt, mit Verzweiflung im Herzen und dem Schwur auf den Lippen, nie wieder seinen armen Schädel diesem folterkammerwürdigen Apparat anzuvertrauen. Dazu Mosfitos und anderes Geschmeiß, das uns Gesicht und Hände völlig zerbiß und zerstach. In aller Frühe, sobald die erste Morgenbrise ihren kalten Windschauer übers Wasser sandte, waren wir wieder auf den Beinen — ich für meine Person, ohne auch nur eine Minute geschlafen zu haben — und konnten mit ansehen, wie die jungen Männer des Dorfes noch vor Sonnenaufgang zum Dienst auf dem Wasser herbeigerufen wurden. Ein Ausrufer, mit einer riesigen Muschel bewaffnet, ging um das weitgestreckte Dorf herum und entlockte seinem Blashorn schreckliche Töne, die wie der Schlachtruf des Elefanten klangen und auch den ärgsten Siebenschläfer aufscheuchen mußten. Alles mußte am Strande antreten, denn es galt, die deutschen Häuptlinge aufs Kriegsschiff zurückzubringen, und das konnte bei der herrschenden Brandung nicht im Kanu, sondern nur im großen Kriegsboot des Stammes bewerkstelligt werden, und da mußte alles Hand anlegen und mithelfen, das gewaltige Fahrzeug klar zu machen und zu Wasser zu bringen.

Das Taumualua, das Kampfschiff von Falelima, war ein schlank gebautes Ruderboot für achtzehn Riemen. Zu unserer Überraschung war es in deutschen Farben schwarz-weiß-rot gestrichen, jedenfalls noch ein Andenken an die Zeiten des alten Tamasese, der die deutschen Farben

zu den seinigen gemacht hatte. Mit bewundernswerter Geschicklichkeit wurde das Ungetüm durch die Strand=
felsen und die donnernde Riffbrandung hindurch in die offene See geschoben, und dann hieß es draußen, jen=
seits der Korallenbank, fleißig Ausschau halten nach dem Kreuzer, der uns wieder aufnehmen und nach Apia zurück=
bringen sollte. Lange bevor wir Weißen die schwachen Rauchwolken unseres Schiffes an der Kimm aufsteigen
sahen, hatten die Samoaner schon das heraufkommende Manuao (man of war) mit ihren Falkenaugen erspäht,
die noch keine Schulerziehung und noch kein Augenpulver= buchdruck verderbt hat. Mit Jubel wurden die Aus=
flügler wieder an Bord begrüßt, und ohne weitere Unter= brechungen und Abenteuer ging die Fahrt um die Süd=
küste von „Savage Savaii" herum nach Upolu zurück.

Siebentes Kapitel.

Die deutsche Schule in Apia.

Junggesellennöte in der Südsee. — Lob der Mischehen. — Samoanische Mütter. — Die Schule als Erhalterin des Volkstums und Befreierin von Priesterherrschaft. — Geschäftskniffe in Missionsschulen.

So mancher Weiße, der sich durch den Reiz des Südseelebens hat bestimmen lassen, sein Heim ganz hier draußen aufzuschlagen, mußte diesen entscheidenden Schritt bitter bereuen, wenn er gewahr wurde, daß ununterbrochener Aufenthalt in diesen abgelegenen Gegenden gleichbedeutend ist mit völliger Vereinsamung, Loslösung von der Heimat und schließlich gar mit dem politischen und tatsächlichen Verlust der Nationalität, wenn auch nicht unbedingt für ihn, so doch auf alle Fälle für seine Kinder. Den wenigsten Europäern hier draußen ist es vergönnt, eine Landsmännin oder überhaupt eine Weiße als Frau heimzuführen. Die Unbequemlichkeiten der langen Seereise, die Unsicherheit der politischen Verhältnisse und die für hier allerdings völlig unbegründete Furcht vor dem Tropenklima wirken doch recht abschreckend auf die heiratslustigen jungen Damen zu Hause, und wenn auch leichten Herzens dem hoffenden Bräutigam gelobt wird: mit dir gehe ich bis ans Ende der Welt, so scheint die Südsee für die Geographie der meisten Mädchen zu Hause doch schon jenseits jener Bretter zu liegen, mit denen die

Welt ihrer Vorstellungen am Ende vernagelt sein soll. Wem Gelegenheit und Mittel fehlen, sich bei gegebener Zeit für schweres Geld eine Rückfahrkarte für den Dampfer zu erstehen und sich in der alten Heimat auf die Brautschau zu begeben, der wird sich schon unter den braunhäutigen Schönen des Landes nach einer Gefährtin umsehen müssen, wenn er nicht als Hagestolz das Ende seiner Tage erwarten will. Und für die meisten Ansiedler auf den Südsee-Inseln ist in der Tat die Mischehe die Lösung der großen Frage geworden. Auch hier in Samoa. Zurzeit gibt es nicht ein Dutzend deutscher Frauen und Mädchen in Apia, und auch wohl früher hat zu keiner Zeit die echte deutsche Landsmännin in der deutschen Kolonie eine größere Rolle gespielt. An Mischlingen, Töchtern deutscher Väter und samoanischer Mütter, ist kein Mangel, und auch die Zahl der Kinder ist nicht unbedeutend, so daß das kommende Geschlecht der reinen Deutschen und der deutschen Mischlinge zur Not wird heiraten können, ohne außer Landes zu gehen. Für die älteren Bewohner war aber seinerzeit in den meisten Fällen keine andere Wahl: entweder eine große Reise zur Brautwerbung zu unternehmen oder eine Eingeborene zu freien. Und das letztere empfahl sich oft aus verschiedenen Gründen.

Für den Weißen, der hier Handelsgeschäfte im großen Stil oder im bescheidenen Maßstabe betreiben will, für jeden schließlich, der sich in Samoa durch eigene Berufsarbeit ernähren muß, ist eine gute Kenntnis der Landessprache ein wichtiges Erfordernis, dessen Erfüllung ein gewichtiges Wort bei dem Maße des erreichten Erfolges mitzusprechen hat. Nur sehr wenige Samoaner verstehen Englisch, und die Zahl derjenigen, die ein wenig Deutsch radebrechen können, ist vorderhand noch sehr bescheiden. Eine wirklich brauchbare Kenntnis des Samoanischen läßt sich andererseits nicht im Handumdrehen erwerben. Die Sprache, so gefällig ihr Klang und so durchsichtig ihr Bau zu sein scheint, ist von einer derartigen Einfachheit in allem, was man Satzbau und Formenlehre nennen würde, wenn es sich mit andern Sprachen vergleichen ließe, daß es sehr schwierig wird, sich dieses luftigen Gebildes von zahlreichen Vokalen und Dopellautern und wenigen Konsonanten zu bedienen. Die meisten Europäer sprechen hier ein Samoanisch, das grammatisch auf keiner höheren Stufe steht als das vielgeschmähte Pidschin-Englisch und wahrscheinlich den Eingeborenen ebenso drollig und töricht vorkommt wie uns die klassische Mischsprache der schwarzen Jungen. Nur die in Mischehe lebenden Weißen machen fast stets eine Ausnahme, sie zeichnen sich durch wirklich sicheren Gebrauch der Sprache und durch den Besitz eines großen Wortschatzes aus. Nicht nur als Sprachlehrerin aber leistet die eingeborene Frau ihrem Manne gute Dienste, sie ist auch die natürliche Vermittlerin zwischen ihm und der Bevölkerung; seine Kenntnisse über alles Samoanische werden sich durch den Umgang mit ihr in einer Weise erweitern und vertiefen, wie sie dem Außenstehenden nur nach jahrelangen Beobachtungen und unermüdlichem Forschen zuteil werden. Ein Volk, das keine geschriebene Literatur und noch weniger Äußerungsmittel besitzt, wie sie die Presse für heutige Kulturvölker darstellt, kann von Fremden nur nach unverhältnismäßigem Aufwand von Geduld und Mühe verstanden werden, und auch dann nur so unvollständig, daß Irrtümer und vor allem die Verletzung geheiligter Vorurteile auf lange Zeit bei ihm an der Tagesordnung sein werden. Auch hier kann nur der Umgang in der Familie die erfolgreiche Schule sein. Was aber vor allen anderen praktischen Gründen die Mischehen gefördert hat, ist die Erfahrung, daß die Samoanerinnen treue Hausfrauen und vorzügliche Mütter sind. Die Gleichgültigkeit, die auf andern Inselgruppen der Südsee von den Frauen ihren Kindern gegenüber zur Schau getragen wird, ist hier ganz unbekannt, man kann sich vielmehr keine bessere, sorgendere Mutter denken als die Samoanerin. Tag für Tag kann ich hier von meinem Zimmer aus beobachten, mit welch rührender Sorgfalt und Ausdauer eine junge Frau in benachbarter Hütte ihr Kindlein wartet. Täglich zahlreiche und gründliche Waschungen, Sonnenbäder morgens früh und nachmittags, wenn die schräg fallenden Strahlen dem unbekleideten kleinen Menschenkinde keinen Schaden tun können, und während der heißen Mittagszeit sorgfältig bewachter Schlaf im Schatten des Zuckerrohrdaches, während die treue Mutter unermüdlich die lästigen Fliegen und die summenden Moskitos mit dem „Fue" verscheucht, jenem Kokosfaserbündel, das im samoanischen Haushalt das unentbehrlichste Ausrüstungsstück bildet. Die Anhänglichkeit der Kinder an die Mutter ist denn auch sehr groß, und auch die Sprößlinge der Mischverbindungen zeigen die schönste Zuneigung zu ihrer braunen Mutter.

Und damit kommen wir auf den Punkt, der nach etwas umständlicher Einleitung verständlich machen wird, warum die deutsche Schule in Apia solch besondere Beachtung verdient, und ebenso wie die großen Pflanzungen des Hamburger Hauses als bedeutsame Kulturleistung der Deutschen Samoas gepriesen werden darf.

Die Kinder der Mischehen nehmen viel mehr von der Mutter an als vom Vater, sie werden also mehr als zur Hälfte Samoaner sein. Diese in den ersten Lebensjahren selbstverständliche Entwicklung nimmt späterhin in dem Maße zu, daß das Deutschtum in dem heranwachsenden Kinde überhaupt Gefahr läuft, unterdrückt zu werden und unfehlbar schon im ersten Gliede der Nachkommenschaft verlöschen würde, wenn nicht hier die Schule mit ihrer volkstumerhaltenden Kraft einsetzte. Die Kinder der Weißen wachsen hier in Apia — und außerhalb der Hauptstadt ist das bei den wenigen draußen lebenden Familien noch viel mehr der Fall — ausschließlich in der Gesellschaft der Eingeborenen auf. Sie tummeln sich mit gleichaltrigen Gespielen den ganzen Tag im Freien, spielen auf Plätzen und Straßenecken Marmel mit einem Feuereifer, der der Spielwut unserer Kinder durchaus nicht nachsteht, und bringen stundenlang im Wasser zu, in der See wie im Fluß schwimmend und platschend wie eine Herde übermütiger Tümmler. Untereinander, mit den Gespielen und mit der Mutter und deren Verwandten sprechen sie nur samoanisch, allein mit dem Vater wird die Unterhaltung deutsch geführt oder wenigstens der Versuch dazu gemacht, und oft genug bleibt es für immer bei diesem Versuch, da die Kinder sehr viel schneller und leichter die Landessprache lernen als das Deutsche mit seinen entwickelten Formen und seinem verzwickten Satzbau. Man braucht nur einmal durch die Straßen Apias zu gehen, um sich davon zu überzeugen, daß selbst rein deutsche Kinder, deren Eltern beide deutsch, sich lieber auf samoanisch verständigen, das ihnen die Mutter und das Kindermädchen beigebracht, als ihre Künste an den dornigen Schönheiten des Deutschen versuchen, das ihnen trotz des Vaters Bemühungen fremd bleibt. Da tut also Erziehung durch deutsche Lehrer bitter not, und nicht hoch genug kann man es der kleinen deutschen Gemeinde Samoas anrechnen, daß sie in der rechtzeitigen Erkenntnis der großen Gefahr, worin das Deutschtum schwebt, sich einen Lehrer aus der Heimat kommen ließ, der das kommende Geschlecht von Deutsch-Samoanern vor weiterer Entdeutschung bewahren soll. Weder Engländer noch Amerikaner haben sich bisher zu

solcher Betätigung ihres Volkstums aufgerafft, obwohl
sie mit Vorliebe auf die größere Zahl von Staats=
angehörigen und Schutzbefohlenen hinweisen, die auf ihren
Konsulatskanzleien eingetragen sind. Die Engländer
rühmen sich, die führenden Siedler zu sein, weil in den
Listen auf Ihrer britannischen Majestät Konsulat gegen
fünfhundert britische Untertanen verzeichnet sind, und doch
haben sie's bisher noch zu keiner Schule gebracht, was
allerdings verzeihlicher erscheint, wenn man erfährt, daß
unter diesen „500 Briten" mehr als 300 Mischlinge,
ein Dutzend Vitileute, Chinesen aus Kanton, die sich
in Hongkong als britische Untertanen haben einschreiben
lassen, Papua aus den melanesischen Inselgruppen und
alle möglichen „coloured gentlemen" mitgezählt sind.
Die Amerikaner, die sich sogar in ihren amtlichen Be=
richten der Zahl nach als den Deutschen überlegen hin=
stellen, haben in Wirklichkeit nur fünf echt weiße Bürger
der Vereinigten Staaten aufzuweisen, und ihre ziffern=
mäßige Stärke danken sie nur ihrem Kinderreichtum,
denn nicht weniger als 119 Sprößlinge aus amerikanisch=
samoanischen Mischehen sind in der Matrikel verzeichnet.
Auch sie haben keine eigene Schule, und wenn man von
dem Privatunterricht absieht, den eine ältere unver=
heiratete Neuseeländerin einigen wenigen Kindern für
zwanzig Mark monatlich erteilt, bestand für diese zahl=
reichen Nachkommen der Englisch sprechenden Einwohner
keine weltliche Schule, bis die Deutschen ihre Anstalt
in Matafele eröffneten.

Die Missionen der verschiedenen Bekenntnisse haben
allerdings von Anfang an Schulen unterhalten, die nicht
nur von den sogenannten armen Heidenkindern, sondern
in Ermangelung anderer Erziehungsanstalten auch von
den Weißen und Mischlingen besucht wurden. Der Unter=
richt in diesen Anstalten beschränkt sich aber fast gänzlich

auf biblische Geschichte und etwas Rechnen, so daß Leute mit weniger stark ausgeprägten kirchlichen Neigungen nicht gern ohne zwingende Not ihre Kinder Lehrmeistern in die Hände geben, in deren Lehrplan weniger das Durcharbeiten dieses kleinen Programms steht als die Einimpfung religiöser und politischer Vorurteile, deren Saat das bißchen Erziehung, das man bei gutem Willen als Wirkung ihres Fachunterrichts ansehen könnte, so vollständig überwuchert, daß man nicht ganz mit Unrecht die Missionstätigkeit als unfruchtbare Rückwärtserei bezeichnet hat. Ein weiterer Grund des Mißtrauens gegen die Schulbestrebungen der frommen Geistlichkeit auf Samoa ergab sich aus dem verdächtigen Sammeleifer, den die Missionslehrer bei allen möglichen Gelegenheiten entwickeln. Für Zuspätkommen, für völliges Ausbleiben müssen die kleinen samoanischen Schüler jedesmal eine Mark Strafe bezahlen, und doch ist für ein harmloses Naturkind, das bisher keinerlei Zwang gekannt hat, nichts grausamer, als es für unfaßbare Vergehen mit Geldstrafen zu belegen, deren Sühnung es unmittelbar zur Bettelei führen muß. Der Samoaner braucht zu seinem Lebensunterhalt kein bares Geld, und für Kinder ist es recht schwer, sich mit ehrlicher Arbeit kleine Münze zu verschaffen. Soll nun ein Schüler der Missionsanstalten plötzlich ein oder zwei Mark Strafe mit in die Schule bringen, so bleibt ihm nichts anderes übrig, als zu betteln und die weißen Städter oder besser noch an Dampfertagen die gelandeten Fremden zu belästigen, bis sich schließlich eine mitleidige Seele des rührend bittenden Kindes erbarmt und ihm für eine Blume oder einen kleinen Blattfächer den dreist geforderten Schilling in die Hand gibt. Man könnte einwenden, das Kind kann ja Kokosnüsse herunterschlagen, Kopra schneiden und aus dem Erlös sein Strafgeld bestreiten. Nun, es gehören etwa zwanzig bis dreißig gute Nüsse dazu, um für eine Mark Kopra zu erhalten — von der Arbeit des Schneidens und Trocknens gar nicht zu reden. Für die meisten Missionsgesellschaften, die aus England ihre Sendboten für die Südsee beziehen, ist aber Kirche und Schule nichts als ein kaufmännisches Geschäft, das dem Grundsatz huldigt: für geringe Ware möglichst große, unmittelbare Bezahlung.

Diesem Gebaren der kirchlichen Schulen gegenüber war die Eröffnung der deutschen Anstalt eine befreiende Tat: sie bot zum erstenmal den Kindern jeder Abstammung und jedes Bekenntnisses Gelegenheit, in den Anfangsgründen unterrichtet zu werden ohne die Notwendigkeit, sich kirchlich zu Sklaven und wirtschaftlich zu Opfern dreister Ausbeutung machen zu lassen. Die einzige Bedingung für den Eintritt in dieses neue Lernparadies war die Teilnahme am deutschen Unterricht, und mit welchem Eifer und welch vielversprechenden Erfolgen sich auch englische, amerikanische, dänische Kinder ebenso wie die Sprößlinge der verschiedensten Mischehen dieser Bedingung unterziehen, sollte ich in belehrender und unterhaltender Weise bei meinem Besuch der deutschen Schule in Matafele aus eigener Anschauung kennen lernen.

* * *

Sprachfertigkeit der Eingeborenen. — Etwas von den Schönheiten und Schwierigkeiten des Samoanischen. — Buntgemischte Schülerschar. — Deutscher Probeaufsatz einer kleinen Samoanerin.

Der lutherische Geistliche, den der Schulvorstand der deutschen Gemeinde in Apia als Pfarrer und Lehrer bestellt hatte, war vor kurzem durch die schwankende Gesundheit seiner Familie und seiner selbst zur Rückkehr nach Deutschland gezwungen worden, und seine Stelle füllte jetzt sein bisheriger Hilfslehrer aus, Herr Damm,

ein Rheinländer, der mit frischen Kräften sich seiner reiz=
vollen, wenn auch schwierigen Aufgabe widmen konnte.
Mit großem Vergnügen machte ich von seiner Erlaubnis
Gebrauch, mir einmal seine Anstalt im Betriebe anzu=
sehen und mir selbst ein Urteil darüber zu bilden, ob
die Erziehung einer buntgemischten Schülerschar, vom
dunkeln Braun bis zum völligen Weiß in allen Farben
schillernd, in gemeinsamer deutscher Schule ein aussichts=
reiches Unternehmen sei. Kaum hielt ich an einem frühen
Morgen mit meinem Pferd mitten im deutschesten Teil
Apias vor schlichtem Holzgebäude, das sich schon durch
die Inschrift „Deutsche Schule" auch dem Ausländer als
ein deutschnationales Haus bemerkbar macht, als auch
schon ein kleiner Zögling herausgesprungen kam, mir
Pferd und Gerte abnahm, die Sattelgurten sachverständig
lockerte und das Tier zum Weiden an eine Kokospalme
band. Der Lehrer erschien an der Schwelle und geleitete
mich ins Schulzimmer, wo sofort die Klasse sich erhob mit
einer Geschwindigkeit und Strammheit, als ob in einer
preußischen Schule der gestrenge Herr Kreisschulinspektor
zur Prüfung gekommen wäre. Ich mußte daran denken,
was mir mein kleiner Laufbursche von der deutschen Schule
erzählt hatte. Er war bei den Engländern und Franzosen
in die Lehre gegangen und gab auf meine Frage, warum
er nicht lieber die große Schule der Deutschen besucht
habe, als Grund an: „Ach, Herr, da müssen die armen
Kinder den ganzen Tag wie die Soldaten sitzen und im
Takt z, sch, tz, ch machen." Wie es der Lehrer fertig=
bringen kann, den Samoanern, die bisher nichts als
ihre weiche polynesische Mundart gesprochen, die harten
Laute des Deutschen beizubringen, war mir allerdings
bis dahin ein Rätsel, und mehr noch, wie die Schüler
die schrecklichen Zusammenstellungen von Buchstaben und
Häufungen von Konsonanten, an denen unsere schöne

Sprache so reich ist, im Gedächtnis auseinanderhalten und mit ihren Sprachwerkzeugen nachbilden konnten. Oft genug hatte ich zu meiner Verwunderung Eingeborene deutsche Namen und Wörter ganz richtig aussprechen hören, ja einige wenige Samoaner waren mir begegnet, die ganz glatt und ohne jeglichen fremden Akzent ganze zusammenhängende deutsche Sätze hervorbringen konnten. Ein Häuptling aus Atua, der mit dem verstorbenen König Malietoa Laupepa in die Verbannung gegangen war und dabei auch einige Zeit in Deutschland, vor allem aber an Bord deutscher Kriegsschiffe zugebracht hatte, sprach sogar recht gut Deutsch, und ein englisch-samoanischer Mischling, der an Bord des Kreuzers Bussard zur Abholung Mataafas aus Jaluit die Fahrt nach den Marshall-Inseln mitgemacht hatte, um dem Kommandanten als Dolmetscher zu dienen, hatte in den wenigen Monaten dieser Kreuzfahrt sich im Verkehr mit den Unteroffizieren und Mannschaften das Deutsche in ganz verblüffendem Maße angeeignet.

Diese sprachlichen Leistungen der Samoaner sind um so erstaunlicher, als sich kein größerer Unterschied zwischen zwei Sprachen denken läßt als zwischen einer alten indogermanischen Sprache mit ihren ausgebildeten Gesetzen und reichen Formveränderungen und einer ganz im Anfang der Entwicklung stehenden polynesischen Mundart, die mit den geringsten lautlichen Hilfsmitteln und anscheinend ohne jeden Versuch grammatischer Einzwängung ein für den begrenzten Anschauungskreis der Südseemenschen doch ausreichendes und jedenfalls sehr ausdrucksfähiges Verständigungsmittel bildet. Mehr als fünf Vokale und acht Konsonanten hat der Samoaner nicht zu seiner Verfügung, und da es an den bescheidensten Anfängen zur Beugung der Hauptwörter, zur Abwandlung der Zeitwörter und zur Satzbildung fehlt, so wird man sich die Verwirrung vorstellen, in die den Südseemenschen der Anblick unserer festgefügten Sprachgesetze mit ihren zahllosen Regeln und ebenso vielen Ausnahmen versetzt. Zwar weist das Samoanische ebenfalls ein paar sehr bemerkenswerte Eigentümlichkeiten auf, die es über den Standpunkt einer rohen Naturvölkersprache hinausheben, die schwer zu erlernenden Fälle zum Beispiel, in denen die eine oder andere Silbe des Wortes, die erste oder mittlere, verdoppelt werden muß, um die Mehrzahl auszudrücken, für die es sonst ebensowenig wie für die drei Geschlechter irgendwelche eigene Kennzeichen gibt. Vor allem aber die auffällige Erscheinung der Häuptlingssprache, das heißt eines besonders für die Anrede an edle Geschlechter bestimmten Wortschatzes, dessen sich die gewöhnlichen Sterblichen untereinander nicht bedienen dürfen. Für den Fremden ist es natürlich außerordentlich schwer, sich mit diesen Sonderbarkeiten der samoanischen Sprache vertraut zu machen, zumal es noch immer an einer gründlichen Darstellung der Sprache von einem Sachverständigen fehlt. Der Durchschnittseuropäer, der nicht ein besonderes philologisches Steckenpferd reitet, wird froh sein, wenn er nach Erlernung eines genügenden Wortvorrates sich für den täglichen Bedarf verständlich machen kann, ohne sich allzu häufigen Mißverständnissen auszusetzen. Das ist eine der hinterlistigsten Eigenschaften der Sprache, daß die geringste Verlegung der Betonung, die Verlängerung oder Verkürzung eines Lautes, die Verstellung zweier Buchstaben den Sinn von Grund aus verändert; infolgedessen hat der Anfänger das Pech, durch den leisesten lapsus linguae die bedenklichsten Mißverständnisse und Zweideutigkeiten zu verschulden, was übrigens von den Eingeborenen immer mit großer Gutmütigkeit und Unbefangenheit aufgenommen wird. Nur um einen Begriff von dem Vokalreichtum der samoanischen

Sprache zu geben, setze ich einen Satz hierher, den ich aus den täglich notwendigen Redensarten beliebig heraus=greife. „Rudere erst langsam an, bis wir übers Riff hin=aus sind, dann setz' die Segel, der Wind ist günstig" heißt: „Ja âloálo lemu, seia tea i tua aau ona fai le ia, ua lelei le matagi." Es läßt sich denken, wie wohl=lautend eine solche Häufung von Vokalen, alle rein und voll, etwa wie im Italienischen ausgesprochen, eine Sprache machen muß, die als Gerippe für diese vollen Laute nur die einfachen Konsonanten f, l, m, n, p, t, v, und einen Nasenlaut, gewöhnlich durch g dargestellt (Pago Pago, sprich: Pangopángo) benutzt, und zwar stets jeden Konsonanten im Innern des Wortes von wenigstens zwei Selbstlauten eingefaßt. Diesem Grundgesetz ihrer Laut=lehre gemäß haben denn auch die Samoaner die zahl=reichen Fremdwörter, die sie seit ihrer Berührung mit den Weißen in ihr Wörterbuch aufgenommen haben, poly=nesischen Wohllautsregeln angepaßt und so aus steamer „Sitima", aus chalk (Kreide) „Siora" und aus Ger=many „Siamáni" gemacht. Selbst bei Eingeborenen, die schon genauere Bekanntschaft mit dem Deutschen oder Englischen gemacht haben, verwandeln sich solche Lehn=worte zu vokalreichen Lautgebilden schöner polynesischer Klangfarbe. So wird Dollar zu Tala, Schilling zu Seleni, Bier zu Pia, Konsul zu Konesula, Zigarette zu Sitaleti.

Zungen, die nur an so weiche, melodische Laute ge=wöhnt sind, wie sie diese wenigen Proben aus dem Samoa=nischen erkennen lassen, werden sicherlich lange Zeit brauchen, bis sie solche Ungeheuerlichkeiten wie „neues Steuererhebungsgesetz" aussprechen lernen oder sich daran gewöhnen, das „Manuao" (man of war) „Kriegsschiff" zu nennen. Ich war also ganz darauf gefaßt, in der deutschen Schule des Herrn Damm den Taktstock schwingen zu sehen zu den rhythmischen Zungenübungen, die mir mein Junge so ergötzlich geschildert hatte. Von alledem war nichts zu sehen. Statt zungenbrecherischer Übungen in z, sch, ch konnte ich das Aufsagen deutscher Erzählungen mit anhören, die an der Hand von großen Wandbildern, wie sie zu Hause beim Anschauungsunterricht für die ganz Kleinen gebraucht werden, vom Fuchs und den Trauben, von Möpschen und Spitzchen und anderen altvertrauten Vorschulbekanntschaften von einzelnen oder von der Klasse gemeinsam vorgetragen wurden. Überrascht war ich, daß auch bei erstmaligen Erklärungen gar kein Samoanisch vom Lehrer angewandt wurde, das allem Anschein nach für alle Zöglinge der Schule mit ein oder zwei Ausnahmen die Muttersprache sein mußte. Die Zusammensetzung der Klasse war bunt genug. Eigentlich waren es vier Klassen, nur der Einfachheit halber und bei dem Mangel an weiterem Lehrpersonal hatte man eine Vereinigung aller Schüler zu gleichzeitigem Unterricht vornehmen müssen.

Zurzeit wird die deutsche Schule von 60 Knaben und Mädchen besucht, von denen nur 6 rein deutsche Kinder sind, 17 dagegen deutsch-samoanische Mischlinge, 5 deutsch-samoanisches Viertelblut und drei deutsch-jüdisch. Unter den übrigen, die meist englisch-amerikanischen Mischehen entstammen, ist eine Anzahl von Kindern, deren samoanische Abstammung bis ins zweite und dritte Glied zurückreicht, so daß sie nach Gesichtsbildung und Hautfarbe fast ganz weiß sind und in der Gemeinde ganz zu den Weißen gerechnet werden. Die Skandinavier sind mit 6 Mischlingskindern vertreten, die in jeder Beziehung den Deutsch-Samoanern gleichen. Besonders aufgeweckt unter den unverfälschten farbigen Zöglingen ist der Sohn eines amerikanischen Negers und einer Samoanerin, der rascher als alle andern das Deutsche gelernt hat, sowie der kleine Suahelijunge, den sich der Präsident Dr. Solf aus Deutsch-Ostafrika mitgebracht. Mädchen und Knaben werden gemeinsam unterrichtet, wie in der Kirche getrennt sitzend; nur an den Handarbeitsstunden, die an Stelle der früheren Frau Pastor jetzt Frau Grunow, die junge Frau des deutschen Vizekonsuls, freundlicherweise übernommen hat, nehmen natürlich die Knaben keinen Anteil. Von den 25 Unterrichtsstunden, die wöchentlich gegeben werden, entfallen 8 oder 10 aufs Deutsche, 2 bis 5 aufs Rechnen, die übrigen auf Geschichte, Erdkunde, Singen, Schreiben, Zeichnen, Turnen und Spielen. Am erstaunlichsten schienen mir die Leistungen im Rechnen zu sein, wofür alle Samoaner eine besondere Befähigung besitzen. Aufgaben im Kopf auszurechnen mit zweistelligen Zahlen, die einem Schüler einer deutschen Vorschule Grauen einflößen würden, schien den braunen und halbbraunen kleinen Menschenkindern eine Kleinigkeit zu sein. Über Mangel an Auffassung wird sich kein Lehrer samoanischer Kinder beklagen können, und auch der Eifer, womit alle bei der Sache waren und sich durch Armschwenken und Fingerheben zum „Drankommen" meldeten, war belustigend anzusehen. Eigentlich mußten die Geschichten vom Fuchs und den Trauben, vom Möpschen und Spitzchen und alle diese Dinge, die auf den deutschen Anschauungsbildern zu sehen waren, den auf Upolu geborenen Kindern recht fremdartig vorkommen, denn hier gibt es weder Füchse noch Weintrauben, und auch die unglücklichen namenlosen Straßenhunde, die jedes samoanische Dorf bevölkern, können den Kindern keinen Begriff davon geben, wie ein Mops oder Spitz aussieht. Diesem Mangel sucht Herr Damm nach Möglichkeit abzuhelfen, und dem Anschauungsunterricht legt er daher lieber Dinge aus dem Gesichtskreis der Eingeborenen zugrunde, die Kokospalme, die Brotfrucht, die Koralle.

Auch in der Erdkunde erzählt er den Kindern nicht von den Nebenflüssen des Rheins und der Donau, sondern, von dem Schulhaus in Matafele ausgehend, wandert er mit ihnen durch Apia, allmählich über ganz Upolu und schließlich von den übrigen Inseln der Gruppe und der Südsee nach Australien und Amerika, den für Samoa einstweilen noch maßgebendsten Ländergebieten. Ebenso tauchen in den Geschichtsstunden weder die alten Griechen und Römer, noch die alten Germanen des Tacitus auf, sondern es werden einzelne wenige zeitlich und örtlich naheliegende Abschnitte in der Missionsgeschichte und Handelsentwicklung ausgesucht.

Wieviel neuzeitliche Erziehungsgrundsätze und liebende Ausdauer schließlich erreichen können bei Schülern, deren Lust zur Sache und Begabung zwar die höchsten Erwartungen des Lehrers übertreffen, bei denen aber Sprache, Herkunft und Familienleben die Ausbildung in deutschen Schulfächern unendlich erschweren, das konnte ich bei Durchsicht einiger Aufsätze erkennen, die in der Schule aus freier Hand angefertigt waren und ein gemeinsames Erlebnis zum Gegenstande hatten, nach Art unserer Schulferien=Arbeiten. „Ein Tag aus meinen Ferien." Der Kommandant des Kreuzers „Cormoran", Korvettenkapitän Emsmann, hatte die ganze Schule zu sich an Bord geladen und damit den Kindern einen Feier=tag geschenkt, wie sie ihn wohl noch nicht erlebt hatten. Eine der kleinen Mischlingsschülerinnen beschrieb diesen großen Tag folgendermaßen:

„Am Dienstag waren wir auf den Cormoran. Und die Musik habe wir geholt *(hat uns abgeholt)*. Drei Böden waren voll von Schulkinder. Da stieg der Kapitän hierauf ins Turm *(auf die Kommandobrücke)* und warf Bonbons herab. Als wir nach Boote kam, kam Frau Grunow und Herr Kapitän, haben wir *(uns)* die

Schnee und das Eis gezeigt *(beides natürlich auch den weißen Kindern, die auf Upolu aufgewachsen sind, völlig unbekannte und unbegreifliche Dinge)*. Ich liebe den Kapitän sehr das er uns alles gezeicht hat. Zuerst haben wir Polonaise gespielt. Herr Schuha *(Oberleutnant Schur von S. M. S. Cormoran, der kleinste Herr der Offiziersmesse)* ist ein kleines Knabe und hat ein Bart. Und wir habe gespielt und wenn wir Spiel Gänsedieb, Herr Schuha ist ein Dieb. Wir habe viele Lied gesungen und der Kapitän freude sich sehr. Und Herr Kapitän ist ein alter Mann deshalb liebe ich ihn sehr weil er hat ein weiß gepflegtes Bart."

Für ein braunhäutiges, barfüßiges Samoamädel, das erst seit wenigen Monaten sich mit Europens Höflich= keit übertünchen läßt, wirklich nicht übel. Die ältern Schüler hatten sehr viel mehr grammatische Sicherheit gezeigt, besonders aber auch sehr bemerkenswerte Er= klärungen vom Eis in der schönen australischen Eis= maschine gegeben, die sich Kapitän Emsmann neuerdings aus Sydney mitgebracht hat. Mitten in einige Gesangs= stücke, die mehrstimmig und wirklich vorzüglich von der jungen Schar zum Schluß vorgetragen wurden, ertönte das Mittagssignal herüber von der Koprawerft der deut= schen Firma, das auch für die Schule Schluß bedeutet und zum Ergötzen aller Vorübergehenden dem Vormann der schwarzen Arbeiter den schönen Lockruf entlockt: „Ten fellow one two fellow kilock *(12 Uhr)* all boy come kaikai *(essen)* a rice, ten fellow one two fellow kilock!"

Achtes Kapitel.
In Saluafata, der deutschen Kohlenstation.

Kohlenstationen teils ohne Kohle, teils ohne Station. — Schlechtes politisches Gedächtnis der Samoaner. — Annehmlichkeiten Saluafatas. — Etwas vom Kraken und andern leibhaftigen Seeungeheuern. — Mann über Bord.

Wenn im Winter der Nordostpassat unregelmäßig wird und anfängt in heftigen Böen über die Inseln hin zu blasen, pflegt es den Schiffen im Apiaer Hafen nicht mehr ganz geheuer zumute zu sein. Dieser sogenannte Hafen zeichnet sich vor allem dadurch aus, daß er gegen die während der Hälfte des Jahres vorherrschenden Winde keinen Schutz gewährt und die vor Apia zu Anker liegenden Schiffe unbarmherzig der starken Dünung aussetzt, die von draußen über das Riff in die flache Bucht einbringt und drinnen einen höchst ungemütlichen Zustand der Unruhe und der Rastlosigkeit des Wassers schafft, den der deutsche Seemann mit dem englischen Wort „swell" zu bezeichnen pflegt. Die englischen Schiffe, die während der schlechten Jahreszeit hier zu bleiben haben, pflegen die Gastfreundschaft der Amerikaner in Anspruch zu nehmen, die bekanntlich in Pago=Pago auf Tutuila den einzigen wirklich guten Hafen Samoas besitzen, und den deutschen Kreuzern bleibt nichts anderes übrig, als bei aufkommendem schlechten Wetter entweder draußen zu kreuzen oder nach Saluafata zu gehen, unserer berühmten Kohlenstation in Atua, dem östlichen Bezirk Upolus. Mit

Vergnügen ergriff ich die erste Gelegenheit, diesen interessanten Punkt kennen zu lernen, und nahm die liebenswürdige Einladung des Korvettenkapitäns Schönfelder, an Bord des Falken eine mehrtägige Fahrt nach Saluafata mitzumachen, mit großem Dank an.

Schon vor zwanzig Jahren hatte sich das Deutsche Reich in seinem Freundschaftsvertrag mit dem König Malietoa Laupepa das Recht gesichert, in der einzigen Bucht, die auf Upolu etwa den Namen eines Hafens verdienen könnte, eine Kohlenstation zu errichten, und von dieser verbrieften Erlaubnis wenigstens in gewisser Weise auch Gebrauch gemacht, während Großbritannien, dem gleichzeitig gleiche Rechte für irgendeinen andern Hafen zugestanden wurden, sich nie über eine Station schlüssig werden konnte, da eben außer Pago=Pago und Saluafata alles gleich unbrauchbar war. Unsere deutschen Stationskreuzer haben aber mit Vorliebe sich des deutschen Hafens bedient und dort oft monatelang im Quartier gelegen, nur für die Dampferpost alle vier Wochen nach der Hauptstadt zurückkehrend, um den Zusammenhang mit der Außenwelt nicht ganz zu verlieren. Und in dieser Weise empfiehlt sich unsere kleine Station ganz besonders als Zufluchtsstätte gegen schlechtes Wetter und als Einsiedelei, wenn man des Lebens am Strande der Beachcomber in Apia überdrüssig geworden ist. Als Hafen hat zwar Saluafata nicht viel zu bedeuten. Es ist eine einsame, kleine Bucht an der Nordküste Atuas, von der Hauptstadt allerdings nur etwa 17 Kilometer entfernt, also in bringenden Fällen bequem in einer Stunde zu erreichen. Die auf allen Seiten von Höhenzügen eingeschlossene Wasserfläche beträgt wohl nicht mehr als höchstens 2 Quadratkilometer, und davon ist vielleicht nur der zwanzigste Teil brauchbarer Ankergrund für tiefgehende Schiffe. Im Halbkreise legt sich eine

Korallenbank um die Einfahrt, nur nach der Mitte zu eine schmale Fahrrinne lassend von zwei Kabellängen, also noch nicht 400 Metern. Die Ansegelung ist infolgedessen durchaus nicht einfach. Von weitem bietet allerdings der Fao, ein über 1000 Meter hoher Vulkankegel, der sich im westlichen Hinterlande erhebt, eine gute Leitmarke; beim Näherkommen muß aber sehr vorsichtig gesteuert werden, genau nach der Richtung, die eine am Lande sich scharf gegen den dunkelgrünen Laubwald abhebende weiße Bake angibt. Diese Bake, eines der gewöhnlichen Seezeichen, aus Holz schlecht und recht von Seeleuten gezimmert, ist eigentlich das einzige äußere Kennzeichen dafür, daß sich hier in dieser Bucht eine kaiserlich deutsche Kohlenstation befindet. Sonst ist weder von Kohle noch Station etwas zu bemerken. In Vavau auf der benachbarten Tongagruppe, wo das Reich ebenfalls infolge des 1876 mit dem verstorbenen König Georg geschlossenen Vertrages eine Kohlenstation erwarb, lagert wenigstens noch heute deutsche Kohle in einem großen, jetzt freilich grün bewachsenen Haufen. Aber es fehlt die „Station". Seit 18 Jahren ist kein deutscher Konsul mehr von Reichs wegen dort gewesen, außer dem dort ansässigen Wahlkonsul, der die Interessen der dort sehr erfolgreichen deutschen Kaufleute vertritt, und deutsche Kriegsschiffe gehören leider zu den seltensten Gästen im Hafen. Zu Ehren von Saluafata muß gesagt werden, daß, wenn es hier auch an Kohle fehlt und auch keinerlei Bauten, Flaggenstangen oder dergleichen den Anspruch des Deutschen Reiches bekunden, es sich doch innerlich ganz deutsch fühlt. Nirgends wird dem deutschen Stationskreuzer ein so herzlicher Willkomm geboten von den hier in dicht aneinanderliegenden reichen Dörfern wohnenden Eingeborenen wie in Saluafata, nirgends fühlen sich Offiziere und Mannschaften am Lande so wohl, wie hier in diesem stillen Winkel, von dem jeder Deutsche wie Graf Eberhart im Barte rühmen kann, daß „in Wäldern, noch so groß, er sein Haupt kann kühnlich legen jedem Untertan in Schoß". Zur Rechten und zur Linken wird die Bucht von zweien der bedeutendsten Dörfer Upolus eingefaßt, von Lufilufi und Solosolo, und zwischen ihnen reiht sich längs dem halbkreisförmigen Strande Dorf an Dorf, Salelesi, Eva, Jusi und das eigentliche Salua= fata an der Ostküste der Bucht. Solosolo ist stets ein sehr einflußreiches Dorf gewesen, und Lufilufi gar ist der Hauptort von ganz Atua, dessen großer Sprecher die aus= schlaggebende Stimme bei der Verleihung des wichtigen Königstitels Tui Atua besitzt.

Vor elf Jahren, kurz ehe Adler und Eber in dem furchtbaren Orkan zugrunde gingen und die Olga sich auf den Strand bei Matautu retten mußte, kämpften die Deutschen für Malietoa gegen Mataafa, nachdem sie ein Jahr zuvor gegen Malietoa für den älteren Tama= sese gefochten hatten. 1893 schickten sie Mataafa in die Verbannung, und im Jahre darauf zogen sie gegen den Sohn ihres früheren Günstlings, den jüngeren Tamasese, zu Felde, und heute wiederum stehen die sämtlichen An= gehörigen des Deutschen Reichs hier draußen, ganz auf der Seite Mataafas. Und obwohl Saluafata infolge seiner Lage jedesmal arg in Mitleidenschaft gezogen wurde, wenn die Hamburger Firma oder ein neuer Konsul einen neuen Kurs in der samoanischen Politik des Reiches an= zubahnen suchte, und wenn auch noch im Jahre 1894 der Falke, damals unter dem Befehl des Grafen Moltke, und Bussard unter Kapitän Scheder Saluafata mit Gra= naten bewarfen, so ist heute doch alles eitel Friede und Freundschaft, und bei dem glücklichen Mangel politischen Gedächtnisses — einer der bemerkenswertesten Eigen= schaften der Samoaner — macht sich die angeborene

Liebenswürdigkeit des Volkes gerade hier besonders angenehm geltend. In jedem Falle, wie auch immer sich die Zukunft der Inseln gestalten möge, wird dieser schöne Fleck Erde für die Deutschen Samoas ein Lieblingsaufenthalt bleiben.

Landschaftlich gehört Saluafata zu den meist begünstigten Punkten des an Naturschönheiten so reichen Upolus. Die Westhälfte der Insel ist flacher und weniger reizvoll, wenn auch landwirtschaftlich wahrscheinlich wertvoller, weil zum Großbetriebe, des ausgedehnten Flachgeländes wegen, geeigneter. Unmittelbar östlich von Apia aber fängt das Land an, sich in mehreren Reihen vulkanischer Ausbruchsketten zu erheben, deren höchste Kegel den bekanntesten Spitzen unserer deutschen Mittelgebirge gleichkommen. Erreicht schon der Vaea hinter Apia mit seinen 737 Metern den Mittelkamm des Thüringer Waldes, so erheben sich Tofua, Lanutóo, Fao, Olomaga zu Höhen von 800 und 1000 Metern und mehr, so daß von der See aus der Blick auf die Küste außerordentlich malerisch ist. In vielen Fällen sitzen diese Kegel dem mittleren Kamm, der das orographische Rückgrat der Insel bildet, steil auf mit einem Böschungswinkel von 40 bis 50 Grad, und nur die überall gleichmäßig dichte grüne Pflanzendecke macht im Verein mit den prächtigen Luftfärbungen das Bild so zahm, das in unsern Breiten mehr den Charakter des Rauhen, Gewaltigen haben würde. Dicht unter Land liegt in der Osthälfte der kleinen Bucht eine Klippeninsel, nach dem alten Kanonenboot „Albatros" benannt, das nach langer Tätigkeit in der Südsee nun daheim ein friedliches Dasein als Vermessungsschiff der Nordseestation führt. Die Eingeborenen nennen die Insel „O le núu o le fée", die Insel des Kraken, jenes meist für sagenhaft angesehenen Seeungeheuers, das gelegentlich in wilden Seeromanen eine Rolle spielt oder sich auch im Gefolge der lieben alten Seeschlange in die Spalten der Tagesblätter wagt. Indessen Schiffer, die eine große Erfahrung in einsamen Meeren, besonders dem Großen Ozean und den äußersten südlichen oder nördlichen Teilen des Atlantischen Weltmeeres gesammelt haben, geben ohne Bedenken zu, daß es in der Tat solche Fabeltiere wie die Kraken gibt, wenn auch anscheinend nur in sehr tiefem Wasser, und daher nur unter besonders günstigen Verhältnissen sichtbar. Die jüngste Größe unter den Seeschriftstellern, der Engländer Frank T. Bullen, der fünfzehn Jahre lang auf Walfischjägern alle Meere der Welt befahren hat, erzählt in seinem ungemein fesselnden Buch „The Cruise of the Cachalot" von einem furchtbaren Zweikampf, den er von seinem Segelschiff aus in einer stillen Mondnacht zwischen einem Narwal und einem gewaltigen Kraken (cuttlefish) beobachten konnte, ein lautloses Ringen zweier in ihrer Größe und Kraft ganz übernatürlich erscheinender Ungeheuer. Der Zoologe der Tiefsee wird bestätigen können, daß gewisse Arten von Pulpen, z. B. aus der Gattung Architeutis, ganz ungeheure Maße erreichen, daß Fangarme in einer Länge von 10 bis 15 Metern bei diesen unheimlichen Geschöpfen keine Seltenheit sind, und daß solche Untiere, denen außer erstaunlicher Entwicklung ihrer Muskeln noch ein stattliches Gewicht von reichlich zwanzig Zentnern zu Hilfe kommt, sehr wohl imstande sind, Boote zum Kentern zu bringen und Menschen in das nasse Wellengrab hinabzuziehen. Hier in Samoa ist die kleinere Art der Tintenfische sehr häufig, geheimnisvolle Teile davon sind dem Verehrer einheimischer Küche als „tae fée" bekannt, ein glitschriges Gericht, das nur der, ohne mit den Augen zu zucken, wird hinabschlürfen können, der in Santa Lucia eine Vorschule in Frutta di mare durchgemacht hat. Aber auch die größeren und größten Arten sind in Samoa bekannt oder müssen wenigstens früher hier vorgekommen sein, da die alten Heldensagen und örtlichen Überlieferungen des Volkes voll von Geschichten über die Kraken sind. Die malerische kleine Albatros-Insel, unzugänglich, steil und bis zur Spitze des Felsens mit Kokospalmen bewachsen, war ohne Zweifel ein Hort dieses göttlich verehrten Meerungeheuers. Im Hinterlande der großen deutschen Pflanzung Vailele, angeblich nur wenige Kilometer hinter dem Dorf Magiagi, steht noch heute ein aus schweren Steinblöcken errichteter Bau, mit einer Opferplatte und säulenähnlicher Dachstützung, ein Tempel, dem Kraken geweiht, von den Samoanern „Fale o le fée", das Haus des Kraken, oder auch „Fale pou máa", das Haus mit den steinernen Säulen genannt. Von den zurzeit in Apia und Vailele ansässigen Weißen scheint, soweit ich in Erfahrung habe bringen können, niemand die interessante Trümmerstätte aufgesucht zu haben. Sie ist sehr schwer zugänglich, hoch oben im Gebirge, im pfadlosen Urwald gelegen und nicht zu erreichen, ohne daß man sich Nahrung und Unterkommen für die Nacht oben hinaufschaffen läßt, und für so schwierige Unternehmungen sind die eingeborenen Führer nicht leicht zu haben.

Viel von den alten Überlieferungen, die sich an die Dörfer der Bucht von Saluafata knüpfen, konnte ich von dem dortigen Vertreter der Deutschen Handels- und Plantagengesellschaft hören, der in Eva eine Handelsniederlassung besitzt und schon seit neun Jahren im Lande lebt. Obwohl Herr Gosche, ein Altonaer, der seinen guten Humor von der Waterkant auch hier an der Südseeküste recht lebendig erhalten hat, zur Zeit meiner Ankunft gerade mitten in einem großen Kopraaufkauf steckte, nahm er sich meiner doch mit großer Liebenswürdigkeit

an und machte für die Station und Umgegend den sach=
verständigen Führer. Da der Falke draußen auf hoher
See Schießübungen mit seinen Revolverkanonen und den
10,5 cm=Schnellfeuergeschützen zu veranstalten hatte, zog
ich es vor, dem Lärm und Trubel an Bord — es sollte
auch die Nächte hindurch gefeuert werden — zu entgehen
und außerdem Kommandanten und Offizieren die wäh=
rend eines solchen Manövers nur störende Anwesenheit
eines „Badegastes" zu ersparen, und blieb ein paar Tage
am Lande. Erst nach siegreicher Beendigung des großen
Artilleriefeuers bezog ich mein Quartier in der Kajüte
des Kapitäns Schönfelder wieder und genoß den Frieden
der schönen Bucht von Saluafata inmitten aller Bequem=
lichkeiten, die mir die Gastfreundschaft des Kreuzers ge=
währte. So saß ich eines Abends nach dem Essen mit dem
Kommandanten auf der Hütte, bei kühlem Trunk und
Tabak plaudernd und Reiseerinnerungen austauschend,
als plötzlich der Ruf „Mann über Bord!" ertönte und
alles wie von der Tarantel gestochen aufspringen machte.
Ich hatte diesen verhängnisvollen Ruf schon manches
Mal bei Manövern gehört und mich selbst dabei nicht
einer gewissen Erregung erwehren können. Jetzt aber
war ein wirkliches Unglück geschehen: Herr Gosche, der
Vertreter der Hamburger Firma, hatte an Bord noch
spät abends seinen Besuch gemacht und war in der
kleinen Dingi, nur von einem Matrosen begleitet, an Land
zurückgesegelt. Unterdessen hatte sich ein häßlicher böiger
Wind aufgemacht, der hinter den Bergen hervorkam und
besonders hinter einer Einsattlung mit bedrohlicher Macht
hervorblasen mußte. Sobald das kleine flache Boot in
jenen Gürtel starken, noch immer auffrischenden Windes
geriet, wollte es den Kurs ändern und über Stag gehen.
Der Winddruck von der andern Seite setzte aber mit so
unvermuteter Gewalt ein, daß die Segel sofort die Wasser=

fläche berührten. Ein Fahrenlassen der Schoot war nicht möglich, da sich der Händler, der das Ruder führte, das Tau unbegreiflicherweise ums Bein gebunden hatte, und so kenterte denn das Fahrzeug, und beide Insassen gerieten unters Boot. Die Hilferufe waren beängstigend anzuhören. Die Nacht war stockdunkel, der Mond hatte sich hinter einer festen Wolkenbank verschanzt, und von Bord aus war nichts zu sehen. Die Gemütsruhe des Kommandanten war bewundernswert, mit lauter, weithin schallender Stimme gab er sein Kommando „alle Boote klar zum Fieren" und rief dann den Verunglückten, die etwa 600 Meter weit schon vom Schiff entfernt zu sein schienen, das tröstende Wort zu: „Halten Sie sich am Boot fest, Hilfe gleich da!" In weniger als zwei Minuten waren die Jollen längsseit und das erste Boot setzte vom Steuerbord ab. Es war mäuschenstill. Mir schlug das Herz in banger Erwartung. Nur das Rauschen der machtvollen Ruderschläge war zu hören und dann und wann die anfeuernde Stimme des wackeren Bootsmannes, der als Freiwilliger mit in die Rettungsjolle gegangen war, „Pull aus, Jungens, Pull aus!" Es war eine große, feierliche Szene. Aber alsbald hörte man aus weiter Ferne den Ruf: „Wir haben sie beide". Das Boot war zwar versackt und dahin, die beiden Abenteurer kamen wie zwei nasse Pudel, aber sonst ganz munter, an Bord, ohne von Haifischen angezapft worden zu sein, und die Plauderstunde auf Achterdeck nahm ihren Fortgang, als ob nichts vorgefallen wäre.

Neuntes Kapitel.

Ein Besuch bei Mataafa.

Samoas „grand old man". — Ins Lager der Aufrührer. — Ein halbnackter „Wilder", der Englisch, Französisch und Deutsch spricht. — Mataafas äußere Erscheinung. — Die schäbigsten Gastgeschenke des Jahrhunderts. — Ein Taalolo.

Von allen lebenden Samoanern ist der bedeutendste ohne Zweifel Mataafa. Nicht nur sichert ihm die Rolle, die er in der Geschichte seines kleinen Landes und damit in der Kolonialgeschichte der drei Vertragsmächte gespielt hat, einen hervorragenden Platz unter den großen Häuptlingen dieses letzten unabhängigen Fürstentums der Südsee, seine Eigenschaften als Krieger und Staatsmann stempeln ihn zu dem interessantesten Vertreter der an klugen und kraftvollen Männern so reichen polynesischen Rasse, zu einem wirklich großen Charakter, der Teilnahme und Bewunderung verdient. Man hat ihn den „grand old man" Samoas genannt, und wenn der englische Staatsmann, der diesen volkstümlichen Ehrentitel führte, der Hälfte seiner Landsleute die Verkörperung der Eigenschaften war, die in ihren Augen die Größe des britischen Weltreiches ermöglicht haben, so kann man getrost mutatis mutandis diese Namenswürde von Volkes Gnaden dem Samoaner zusprechen, der von allen Parteien des politisch ständig erregten Ländchens als der größte anerkannt wird. Während der letzten Unruhen, die nach dem Tode des Königs Malietoa Laupepa über die Regelung der Nachfolge auf dem Thron ausgebrochen waren, hatte Mataafa von Mulinuu, dem geheiligten Königsbezirk bei Apia, wo er seine Rechte geltend machen wollte, seinen Wohnsitz zunächst nach Malie, dem Vorort von Tuamasaga, verlegt und sich schließlich auch von dort zurückgezogen, um ganz fern von dem Sitz der politischen Ränke als Privatmann zu leben, bis das Schicksal der Inseln, die ihn zum drittenmal zum König ausgerufen hatten, endgültig entschieden wäre. Der Lieblingssitz seiner Familie lag fern an der Südostküste Upolus, in Amaile, unmittelbar an der See auf fruchtbarem hohem Gelände, wo den alternden und kränkelnden Mann frische Seeluft und kühle Winde erwarteten. Hier lebte er so abgeschieden von aller Welt, daß es für seine Verehrer fast unmöglich war, ihn zu sehen. Einen Landweg, der von Apia glatt durch nach dem Osten der Insel führte, gibt es nicht, und die 60 Kilometer im offenen Boot zurückzulegen, ist eine Reiseleistung, die nicht im Handumdrehen gemacht werden kann. Es kam mir daher außerordentlich gelegen, als ich bei der Abfahrt des Stationskreuzers nach Saluafata hörte, Mataafa beabsichtige, dieser Tage von Amaile nach Atua zu kommen und seinen in Fale Ja lebenden Verwandten einen längeren Besuch abzustatten. Mein Plan war sofort gefaßt. Ich wollte den Versuch machen, dem großen Häuptling bei dieser günstigen Gelegenheit, wo ihn der Zufall in meine Nähe führen würde, einen Besuch abzustatten.

Für alle Nachrichten aus und nach dem „Lager der Aufrührer", wie bei den Engländern noch immer alles hieß, was nicht zu ihrer kleinen Missionspartei hielt, war die französische Mission in Muliwai, dem mittleren Teile Apias, die Hauptstelle und von ihrem Obern, dem Père Forestier, konnte ich zu meiner Genugtuung erfahren,

daß in der Nacht vorher ein Boot des angenommenen
Sohnes von Mataafa gekommen und im Begriff sei,
in wenigen Stunden nach Amaile abzugehen. Der
würdige Maristenpater war so freundlich, meinen Brief
ins Samoanische übersetzen zu lassen und seinerseits die
Bitte an Mataafa hinzuzufügen, wenn ihm irgend möglich,
den geplanten Besuch in Fale Fa so einzurichten, daß
er noch während der Anwesenheit des deutschen Kriegs=
schiffes in Saluafata bei seinen Verwandten sein könne.
Sobald ich an der Bucht von Saluafata an Land ge=
gangen war, wurde mir denn auch von einem Häupt=
ling, in dessen Hütte ich einen Becher Ava trinken mußte,
mitgeteilt, Mataafa sei wirklich in Fale Fa angekommen
und freue sich darauf, mich zu sehen. Der alte Mann
mußte unmittelbar nach Empfang des Briefes der Mission
von seinem Sitz in Amaile aufgebrochen und die ganze
Nacht hindurch gereist sein, denn von der Südküste Upolus
bis an die Bucht von Fale Fa hat ein Ruderboot, das
mehr oder weniger dicht an der Küste entlang fahren und
ihren Windungen folgen muß, immerhin noch etwa
40 Kilometer zurückzulegen, was auch für eine gut ge=
schulte Bootsbesatzung eine lange Reihe von Stunden in
Anspruch nimmt. Ich beschloß sofort, von der Bucht
aus über Land nach Fale Fa zu gehen, das, obwohl an
einer schönen Bucht gelegen, zur Zeit des niedrigen
Wasserstandes wegen zu Boot nicht zu erreichen war.
Herr Gosche, der Vertreter der Hamburger Gesellschaft
in Eva, erbot sich, mich zu begleiten und mir mit seiner
vorzüglichen Kenntnis des Samoanischen auszuhelfen.

Fale Fa, zu deutsch die Vier Häuser, ist ein außer=
ordentlich malerisch gelegenes großes Dorf an der Mün=
dung des Muliwaito, eines kleinen Gebirgsflüßchens, das
seinen kurzen Lauf in wilden Sprüngen zurücklegt und
noch kurz vor der Einmündung in die See die letzte

hindernde Bodenschwelle in einem prächtigen Wasserfall
überspringt, der bis dicht ans Meer herankommt und
die Bucht von Fale Fa zu einem der schönsten Punkte
der ganzen Insel macht. Hier haben die französischen
Katholiken seit mehr als dreißig Jahren eine Missions=
station und ein Kloster, und herrliche alte Bäume, gut
gepflegte Wege und stattliche Häuser verleihen dem ganzen
Ort etwas Vornehmes und Würdevolles. In dem großen
Gasthause der frommen Väter, einer sorgfältig gebauten
echt samoanischen Hütte, war Mataafa abgestiegen und
hier sollte der Empfang stattfinden. Ich war ganz gerührt,
als ich schon von weitem den schönen Blumenschmuck
bemerkte, der das ganze Haus rings zierte und, wie
mir meine samoanischen Freunde sagten, eigens zu meinen
Ehren vom Häuptling angeordnet worden war. Schon
am Eingang des Dorfes war mir Salanoa Muliufi ent=
gegengekommen, ein Neffe Mataafas, in dessen Familie
er wie ein Sohn behandelt wurde, und der in seiner
Eigenschaft als Oberhäuptling des Bezirkes die Ehren=
bezeigungen übernehmen sollte. Es war recht sonder=
bar mit diesem auffallend schönen, kräftigen „Wilden",
der außer einem Hüftentuch und einer Blumenkette um
den Hals keine weitere Kleidung trug, in glattem Eng=
lisch sprechen zu können, das ihm geläufig und fehlerfrei
von den Lippen floß. Ja, der halbnackte Barbar mischte
zu meiner grenzenlosen Bewunderung auch einiges Deutsch
in seine Begrüßungsansprache, die er mit soviel Anstand
und natürlicher Würde vorbrachte, daß ich mich von meinem
Erstaunen über den Gegensatz zwischen seiner urwald=
mäßigen Erscheinung und seinem gewandten Benehmen
noch nicht erholt hatte, als er mich fragte: „Ah, mon-
sieur le docteur, est-ce que vous aimez mieux a
converser en français?" Des Rätsels Lösung war, daß
Salanoa in früheren Jahren sich einmal auf die Lauf=

bahn eines Priesters unter der Leitung der französischen Brüder vorzubereiten begonnen und später eine Reise um die Welt gemacht hatte, auf der er ein sehr gutes Englisch und auch recht erträgliches Deutsch gelernt hatte, womit den nichts ahnenden Fremdling zu überfallen ihm ein unbändiges Vergnügen zu machen schien. Selten genug mag der arme Teufel Gelegenheit finden, seine ungewöhnlichen Kenntnisse vor weißen Gästen zur Schau tragen und seine hörigen Dörfler zur Bewunderung zwingen zu können. Als ich ihm einige Schmeicheleien über seine vielsprachigen Künste machte, erzählte er mit großer Befriedigung, einige Australier seien einmal nach Fale Fa gekommen, um die berühmte blaue Grotte von Lufi Lufi zu sehen. Er wäre ihnen begegnet und von ihnen angesprochen worden in dem Glauben, er sei einer von den unwissenden „Blooming Niggers": „Halloh, look here, boy, you sabe (pidschinenglisch für wissen, spanisch saber) place belong water white fellow man go make —" und hier machte er die Gebärde des Schwimmens. Köstlich war der Ausdruck von Verachtung und Selbstbewußtsein, als er seine Antwort wiederholte: „Oh I understand, gentlemen, I presume you are desirous of going to our far-famed bathing grotto."

Als unser Zug, der sich, seit der Oberhäuptling des Ortes zu uns gestoßen war, beträchtlich vergrößert hatte, sich dem Fale Tele der Missionare näherte, sahen wir unter dem weit überhängenden Dach eine Gestalt hervorkriechen, die sich alsbald zu stattlicher Höhe aufrichtete und auf uns zukam: es war Mataafa, angetan mit einem langen, weißen, um die Hüften geschlungenen Lawalawa und einer einfachen weißen Jacke, wie sie der Europäer hier zu tragen pflegt. Um den Hals hing ihm als weit sichtbares Zeichen seines Glaubens ein Rosenkranz und ein kleines Amulett, wie es fast alle katholischen Samoaner tragen. Er ist ein echter Samoaner mit mächtigen Gliedmaßen, etwa 1,85 Meter hoch, und auf den breiten Schultern sitzt ein gewaltiger Kopf, der sehr an die bekannten Züge Francesco Crispis erinnert, des italienischen Staatsmannes. Von der Seite gesehen, erscheint sein Schädel etwas prognath, was Stevenson zu dem Vergleich mit der „gutmütigen Bulldogge" veranlaßte. Sieht man ihm aber in die großen, klaren Augen, die ruhig und milde unter gewaltigen Augenbrauen hervorleuchten, so fühlt man, daß in diesem massigen Schädel nicht nur viel Klugheit, sondern auch Güte und Wohlwollen wohnt. In der Tat hat wohl kein weißer Beamter soviel weise Mäßigung gezeigt, kein weißer Offizier soviel Nachsicht und Großmut seinen Gegnern gegenüber, wie dieser „blutdürstige Kanake" der englischen Zeitungen, den niemand dafür verantwortlich machen kann, daß seine Krieger in alter samoanischer Weise ihren gefallenen oder verwundeten Gegnern im Felde den Kopf abgeschnitten haben. Nach unsern Begriffen ist Mataafa kein schöner Mann, und von der Seite gesehen macht das große, fleischige Gesicht mit den starken Unterkiefern keinen besonders günstigen Eindruck. Die Nase ist flach und breit, aber gerade das gilt seinen Landsleuten für schön. Die gerade Nase des Europäers mit dem scharfen, schmalen Nasenbein verspotten sie als „isu vaa", Kanunase.

Die Begrüßung war äußerst freundschaftlich, und kaum hatten wir uns auf den Matten der großen Hütte niedergelassen, als mit der Bereitung der Ava die üblichen Reden der Bewillkommnung begannen, die auf Mataafas Seite alle einen sehr starken religiösen Anstrich hatten. Sein langjähriger Verkehr mit den Missionaren hat den alten Herrn recht fromm gemacht, und er liebt es, seine Rede mit biblischen Redensarten zu schmücken. Der dichterische Schwung und die einfach kraftvolle Anschau-

lichkeit samoanischer Redeweise gewinnen durch diese bib=
lische Verbrämung etwas wohltuend Patriarchalisches, was
die vorsichtig abgewogenen Worte des großen Politikers
wie die gewichtigen Äußerungen eines orakelnden Hohen=
priesters erscheinen läßt. Fast in jedem Satze kehrten
die Worte „alofa Atua", „durch die Gnade des Herrn",
wieder, und die wörtlichen Anführungen aus dem neuen
Testament waren so zahlreich, daß die Bibelkenntnisse
unseres Dolmetschers nicht ausreichten zu einer ent=
sprechend wortgetreuen Übersetzung. Der Absicht meines
Besuches gemäß drehte sich das Gespräch fast ausschließ=
lich um politische Dinge, in deren Beurteilung und Dar=
stellung ich die vornehme Ruhe und sachliche Klarheit
bewundern mußte, die der große Rädelsführer dabei be=
wies. Die ernsteren politischen Auseinandersetzungen
konnten zwar erst nach dem großen Mahle beginnen, das
uns vorgesetzt wurde, da das Hofzeremoniell die Er=
örterung so wichtiger Dinge nur zu bestimmten Stunden
gestattet. Fische, Krabben, Krebse, im ganzen gebratene
Spanferkel, Hühner, Tauben wurden in unglaublicher
Menge aufgetragen, dazu natürlich Talo, Brotfrucht, Ba=
nanen, junge Kokosnüsse zum Trinken und zum Nach=
tisch jenes aus Kokosnußbrei, zarten Taloblattspitzen und
Seewasser gemischte Palosami, das wie Spinat aussieht
und wie Nußtorte schmeckt. Wir hatten unterdessen auch
unser Gastgeschenk heranbringen lassen, ein Faß Pökel=
fleisch amerikanischer Herkunft, das den Samoanern ein
großer Leckerbissen ist, und eine gewaltige Blechbüchse mit
Zwieback, eine weitere Gabe der Papalagi, der die Ein=
geborenen sehr viel Geschmack abgewonnen haben. Gleich=
sam als Erwiderung auf die Überbringung dieser Gaben,
die ich Herrn Gosche bat, in der Übertragung meiner
Rede nach Landessitte als die schäbigsten Geschenke zu
schildern, die in diesem Jahrhundert je ein Weißer einem

erlauchten Oberhäuptling zu bieten gewagt, ließ mir unser Wirt sagen, er bäte mich, mit dem bescheidenen Gegengeschenk vorliebzunehmen, das er als schlichter Samoaner mir bieten könne, und seine Leute würden das Beste tun, was in ihren schwachen Kräften stände. Das war die Ankündigung eines „Taalolo", der Darbringung von Gaben durch den ganzen Ort für den „Tufitala Siamani", den deutschen Geschichtschreiber, mit welch hochtönendem Titel die Samoaner den Berichterstatter der „Kölnischen Zeitung" zu benennen pflegten.

Und in der Tat stürmte alsbald eine laute Schar greulich aufgeputzter Krieger heran, fast nackt, das Gesicht mit Kokosruß schwarz beschmiert, die Hüften und Fußgelenke mit zersplissenen Bananenblättern umwunden, blanke Kampfmesser in den Händen schwingend und unter wilden Sprüngen und allerlei unverständlicher Kurzweil den weiten Platz vor unserer Hütte füllend. Allen vorauf tanzte die Dorfjungfrau, ein zierliches Geschöpf von etwa zwölf Jahren, die Hüften mit altertümlichem Lawalawa aus Maulbeerzeug umwunden, die Brüste und Waden mit grünen Blättern und glühend roten Hibiscusblüten und den duftenden Fruchtkernen des „Ti", einer hier sehr geschätzten Cordylinenart, geschmückt wie eine Bacchantin. In scheinbarer Verzückung tanzt sie in taktmäßigem hüpfenden Schritt den wilden Männern voran, wie Saul vor der Bundeslade, und die tobende Schar wilder Männer hinter ihr, die mit ihren Keulen und Laubkränzen aussieht, als ob ihr das preußische Wappen zu langweilig geworden wäre, bringt unter joblerähnlichem Jauchzen und gellendem Kriegsgeschrei Korb auf Korb herbei und wirft alles in Hast und Wirrwarr vor uns nieder: fertig gebratene Spanferkel, die wie ausgestopft aussehen und die spitzhufigen Pfoten von sich strecken, als ob sie ventre à terre davonlaufen wollten, unzählige abgeschälte Kokosnüsse und Taloknollen und Brotfrüchte, schon gedämpft und fertig für die Mahlzeit, lebende Hühner, paarweise zusammengebunden, gackernd und krähend, und gewaltige Büschel goldgelber Bananen. Eine förmliche Markthalle liegt vor uns ausgeschüttet, und um die aufgehäuften Schätze herum beginnen die Krieger jetzt einen Tanz, mit ihren nackten Füßen bumpf den Boden stampfend und in rascher Wiederholung einen Scheinkampf aufführend, bei dem die breiten Kopfabschneidemesser mit bedenklicher Geschwindigkeit um die Köpfe fuchteln. Der zum Haushalt des großen Häuptlings gehörende Hofnarr, der Aiuli, läßt unterdessen seine Stimme erschallen und verkündet mit lang ausgezogenen tönenden Sätzen, was alles für den Gast des hohen Häuptlings dargeboten worden ist. In befremdlichem Gegensatz zu der übertriebenen Bescheidenheit des eigentlichen Gebers scheint der brave Aiuli alles doppelt und dreifach zu sehen, ja schließlich kommt es ihm auf ein paar Nullen mehr oder weniger nicht an, als er aufzählt: 20 Schweine, 50 Hühner, 100 Köpfe Talo, 500 Kokosnüsse, 1000 Bananen! Alles wird in den länglichen, offenen Henkelkörben aus Bananenblattstreifen mir zum Mitnehmen zurechtgepackt, und ich freue mich schon darauf, der Mannschaft von S. M. S. Falke eine kleine Küchenüberraschung machen zu können. Unterdessen ist die Dunkelheit rasch über dem fremdartigen Bilde hereingebrochen, Krieger und Tänzer verziehen sich, und auch wir kriechen unter den Mattenvorhängen hindurch zurück in die große Hütte, und die Stille des Abends wird nur unterbrochen von dem Piepen und Gackern der Hühner, die sich zwischen den gebratenen Schweinen und den gebackenen Taloknollen nicht recht wohl zu fühlen scheinen.

* * *

Hausandacht bei Mataafa. — 36 Jahre stiller Missionsarbeit im Walde. — Bei den heiligen Jungfrauen. — Südsee-Lebensfreudigkeit und christliche Entsagung. — Die Helden beim Kriegsrat.

Es ist doch etwas anderes, nach heißem Tage voll Mühe und Ermüdung in einem europäischen Bett zu schlafen, hinter dichtem Moskitonetz vor den blutsaugenden Ruhestörern gesichert, als auf hartem Kiesboden in samoanischer Hütte zu liegen und sich auf jener männermordenden Bambusrolle, die dem Eingeborenen als Kopfkissen dient, eine gelinde Genickstarre zu holen. Diese Wohltat eines ununterbrochenen, erquickenden Schlafes wurde mir unter dem gastlichen Dache der Maristen zu Fale Ja zuteil, die auf Mataafas Bitten mir in ihrem kühlen Steinhause Obdach für die Nacht gewährt hatten. Zwar hatte mir der Oberhäuptling des Bezirks, der vielgewandte Salanoa, sein Haus ebenfalls zur Verfügung gestellt; bei der Seltenheit fremder europäischer Gäste aber gebot die Höflichkeit, den französischen Missionaren den Vorzug zu geben, schon um deren Ansehen in den Augen des Volkes nicht zu schädigen. Überdies schien sich Mataafa selbst als Gast der Mission zu betrachten, deren langjähriger Freund er war. Als junger Mann war der Sproß der vornehmen Tupua-Familie, des alten Fürstenhauses von Samoa, zum katholischen Glauben übergetreten, und der Pater, der als frischer Ankömmling den damals Dreißigjährigen bekehrt hatte, lebt noch heute und noch an derselben Stelle als Verwalter der Station zu Fale Ja. Schon am Abend vorher hatte ich Gelegenheit bekommen, den seltenen Mann kennen zu lernen.

Bei Einbruch der Dunkelheit hatte Herr Gosche, der bis dahin den Dolmetscher gespielt hatte, aufbrechen und im Boot nach Eva zurückkehren müssen, wo ein wichtiges Kaufgeschäft seine Anwesenheit nötig machte. Ich saß nun da, stumm und hilflos mit meinen paar samoanischen Brocken, dem großen Häuptling und seinen Würdenträgern gegenüber, von denen nicht einer auch nur ein Wort irgendeiner europäischen Sprache verstand. Mataafa begnügte sich damit, mich huldvollst und aufmunternd anzulächeln, wobei ein großväterliches Wohlwollen seine Züge erleuchtete und seinen Namen, Mataafa = der Strengblickende (sprich Mata=áfa) Lügen strafte. Schließlich ließ er Apfelsinen holen und begann mit Bedacht und Geschick die Früchte zu schälen, und zwar mit einem kleinen Taschenmesser, das er einem pompadourähnlichen ledernen Tabaksbeutel entnahm. Dies waren die beiden einzigen europäischen Gegenstände, welche ich an ihm bemerkte außer einer großen goldenen Taschenuhr, die er von der amerikanischen Regierung als Anerkennung erhalten hatte für die aufopfernden Dienste, die er wie Seumanutafa, der Häuptling von Apia, bei der Rettung der Schiffbrüchigen des großen Orkans vom 16. März 1889 Freund und Feind geleistet hatte. Er verstand aber nicht mit der Uhr umzugehen, sie stand und mochte seit Jahren nicht mehr gegangen sein. Als die Apfelsinen verzehrt waren und damit ein wertvoller Zeitvertreib verschwunden, bat er mich, die Uhr aufzuziehen und instandzusetzen. Er schien zu glauben, jeder Weiße wäre mit den Geheimnissen eines Uhrwerkes vertraut, während meine Uhrenkenntnisse höchstens mit denjenigen des berühmten Chinesen in Apia zu vergleichen sind, der eine Zeitlang im Hause eines portugiesischen Uhrmachers gewohnt hatte und nach dessen Weggang von Samoa eine Anzeige ins Dorfblättchen rücken ließ, er habe jetzt lange genug bei einem wirklichen Uhrmacher gewohnt, er „könne das auch" und bäte um geneigte Kundschaft. So konnte auch die Uhr nicht lange vorhalten als Gegenstand unserer stummen Unterhaltung, und es war eine nicht unwill=

kommene Lösung der peinlichen und nachgerade lächerlichen Lage, als von der gegenüberliegenden katholischen Missionskirche Gesang und hallende Baumtrommelschläge den frommen Herrn zum Abendgottesdienst riefen. Die kurze Vesperandacht war aber bald beendigt, Mataafa kehrte zurück, und Salanoa, der einzige Retter aus der Not, war immer noch nicht zur Stelle. Ich hatte unterdessen mit der Niederschrift der mir verdolmetschten politischen Reden begonnen und gedachte damit den Abend auszufüllen, als Mataafa mich mit einem Faamolemole, alii (verzeih, o Herr) anredete und eine längere Rede anknüpfte, aus der ich nur das eine Wort Talotaloga (Gottesdienst) verstand. Ich glaubte, er wolle sich noch einmal entschuldigen, daß er mich während der Kirche allein gelassen, und war daher sehr erstaunt, als sich alles um ihn herum im Kreise ordnete und er alsbald im singenden Ton zu reden anfing und seine Lehnsleute und Verwandten im Chor antworteten. Es war eine regelrechte Messe, und die Geläufigkeit, womit die kleine Hausgemeinde die Responsorien gab, der echt kirchliche Tonfall von Rede und Wechselrede, die gewohnheitsmäßige Gleichgültigkeit, mit der alle die Perlen ihres Rosenkranzes durch die Finger gleiten ließen, alles zeigte, daß Père Chouvier hier nicht umsonst gearbeitet hatte.

Plötzlich kam er selbst, der alte weißhaarige Pater, völlig unerwartet. Er war lange abwesend gewesen auf einer Besichtigungsreise, und niemand hatte seine Rückkehr so bald erwartet. Die Freude war groß und das Wiedersehen sehr herzlich. Ich atmete erleichtert auf, in dem alten Priester einen neuen Dolmetscher gefunden zu haben. Es stellte sich zwar bald heraus, daß sein Französisch ganz absonderlicher Art war. Lange, einsame 36 Jahre im samoanischen Walde hatten ihn seiner Muttersprache so sehr entfremdet, daß er sich nur mit

Mühe darin ausdrücken konnte. Mehr als die Hälfte
seines langen Lebens hatte Père Chouvier der Bekehrung
der Samoaner gewidmet, und mit geringen Unter=
brechungen die ganze lange Zeit hier in diesem idyllischen
Flecken zugebracht, am Wasserfall von Fale Fa, wo Kirche,
Schule, Schwesternhaus, Katechumenenheim und manches
andere sein Werk war, ja zum großen Teil seiner eigenen
Hände Arbeit. Beim Kirchenbau hatte seinerzeit auch
Mataafa selbst mit Hand angelegt, und seit der gemein=
samen Arbeit an diesem für hiesige Verhältnisse außer=
ordentlich stattlichen Werk — Steinhaus mit gotischen
Spitzbogenfenstern — hat sich die Freundschaft zwischen
den ziemlich gleichaltrigen Männern mehr und mehr ge=
festigt. Ich konnte sofort an der weiteren Unterhaltung,
die nunmehr französisch und samoanisch geführt wurde,
merken, wie viel mehr zu Hause sich Mataafa bei seinem
alten Beichtvater fühlte als bei dem jungen deutschen
Dolmetscher, der anfangs den Verkehr mit seinem Gaste
vermittelt hatte. Die große Zurückhaltung, die bei allen
politischen Dingen bis dahin beobachtet worden, ver=
schwand, und für den nächsten Tag wurde mir sogar Ge=
legenheit zugesagt, einem großen Kriegsrat zwischen dem
„König", wie der Pater den Häuptling stets nannte,
und den Großen seines Landes beizuwohnen. Sofort
wurden Boten in die Nacht hinausgesandt, die, zu Fuß
laufend oder im langen Kriegskanu an der Küste hin=
rudernd, die Führer der Partei in ihren Sitzen auf=
suchen und herbescheiden sollten.

Bis zur Ankunft der Häuptlinge, die auch trotz Eil=
boten und Nachtreisen nicht vor etwa fünfzehn Stunden
erwartet werden konnten, hatte ich Muße genug, mir die
Mission und ihre Anlagen anzusehen. Die drei großen
Steinhäuser, die auf dem rings eingefriedigten Grund=
stück der Station standen, machten einen sehr ehrwürdigen

und schon ganz altertümlichen Eindruck, wozu allerdings die alten schattenspendenden Bäume mehr beitragen mochten als die rasche Verwitterung, der hier Backstein‑ bauten und getünchte Wände ausgesetzt sind. Besonders auffällig schien mir, daß unter den Schwestern nicht eine einzige weiße zu sehen war. Alle waren echte, unver‑ fälschte Samoanerinnen, die in ihren schwarzen Kutten allerdings einen befremdlichen und unheimlichen Anstrich haben würden wie leibhaftige Gugelbrouwelin, wenn nicht unter der dunklen Kapuze recht lebensfrohe schwarze Augen und frische Lippen mit blendenden Zähnen hervorguckten. Warum man diese unglücklichen Mädchen, die mit der Entsagung auf ihr sorgenloses Naturleben doch schon ge‑ nug gemartert werden, auch noch in dieses hier unterm Tropenhimmel geradezu qualvolle schwarze dicke Gewand steckt, habe ich nie begriffen. „Pour mortifier la chair" sagte eines der kleinen Nönnchen, das etwas Französisch sprach, mit ganz weichem, vorsichtigem Akzent. Ja, das Fleisch läßt sich bei einem solchen Südseenaturkinde nicht so ohne weiteres töten. Die Samoaner nennen zwar die katholischen Schwestern, zu denen sie mit Ehrfurcht und Mitleid aufzublicken scheinen, die „taupóu sa", die heiligen Jungfrauen, und sie mögen diesen schönen Namen verdienen. Wenn man aber diese jungen Geschöpfe mit den übermütigen Augen und ihrer üppigen Körperschön‑ heit in den scheußlichen schweren Kutten schwitzen sieht, dann kann der ketzerhafte Laienverstand nicht anders, als die ganze Einrichtung für ein recht verdrehtes, ja sünd‑ haftes Werk halten. Den Morelschiki und Skopzen und andern unter trübem Himmel und traurigen wirtschaft‑ lichen Verhältnissen aufgewachsenen griesgrämigen Men‑ schenfeinden mag das ja nahe liegen, in der Südsee aber, unter ewig blauem Himmel, wo noch keine Frau Sorge das Paradies der Lebensfreudigkeit vergiftet hat, sollte man der Gottheit auf andere Weise dienen. Es ist bezeichnend, daß in Samoa noch nie ein Selbstmord vorgekommen ist. Nicht etwa aus sittlichen Bedenken, denn die christliche Weltanschauung ist hier noch neu und haftet in den meisten Fällen nur an der Oberfläche. Das Menschenleben wird überdies wenig geachtet, Furcht vor Gefahr kennt der Polynesier nicht und im Kriege denkt er nicht daran, den Feind mit Samtpfoten anzufassen. Aber sich selbst — aus Weltschmerz — zu töten, das wird dem Samoaner nie und nimmer in den Sinn kommen. Hoffentlich wird er nie so „zivilisiert", daß ihm dafür das Verständnis erwacht.

Abgesehen von dieser unangebrachten „Tötung des Fleisches" haben die katholischen Missionare in Samoa sich unvergleichlich viel vernünftiger benommen als ihre Amtsbrüder von den protestantischen Bekenntnissen englischer Nation. Sie stehen nach Herkunft und Bildung wohl durchgängig auf einer höheren Stufe als die Gevatter Schuster und Handschuhmacher, die in England plötzlich einen „Ruf" in sich fühlen und nun auf Kosten reicher, Strümpfe strickender Damen hinausgehen unter die Heiden und dort ein durchschnittlich recht bequemes Dasein führen, das im Vergleich zu ihrem bisherigen Leben zu Hause geradezu üppig zu sein pflegt. Jeder Reisende, der vorurteilsfrei Missionen verschiedener Länder und Bekenntnisse zu besuchen Gelegenheit gehabt hat, wird diese Erfahrung bestätigen können, ob es sich nun um die Südsee handelt oder um China, Indien, Ostafrika. In der Mission zu Fale Fa ließ mir die Oberin, eine in treuem langjährigen Dienst ergraute eingeborene Dame, einen Avatrunk vorsetzen, der in meiner Gegenwart von den jugendlichen Klosterschülerinnen nach alter Landessitte durch Kauen zubereitet war. Das würde bei den Engländern unmöglich sein. In ihren Augen ist

Ava allein schon deshalb eine Sünde, weil sie schon vor Ankunft der Missionare im Lande war. Die protestantischen Missionen zerstören das Volkstum, bereiten dadurch, wie sie glauben, den Einzug christlicher oder je nachdem „angelsächsischer" Kultur vor und helfen dementsprechend gern mit politischen Mitteln nach. Die Katholiken bleiben im Hintergrunde, lassen die Leute nach Möglichkeit gewähren, suchen ihre kleinen Bekehrlinge seelisch und geschichtlich zu verstehen und werden dabei wirkliche und oft treue und selbstlose Freunde des Volkes.

Es war erfrischend, zu sehen, was für ein hübsches freundschaftliches Verhältnis sich zwischen dem greisen französischen Pater, seinen Kloster- und Schulgenossinnen und dem ganzen Dorf ausgebildet hatte. Und dabei war noch lange nicht das ganze Dorf von ihm bekehrt worden. Die Katholiken haben überhaupt in ganz Samoa nur einige wenige Tausende von Anhängern zu zählen. Trotzdem sah ich auch die Protestanten unter ihnen den alten Freund Mataafas mit Hochachtung behandeln. Als der König, sein Beichtvater und ich in der Mission den Morgenkaffee beendigt hatten — es war wirklicher Kaffee, den die Missionare selbst gezogen hatten —, kam ein Bote mit der Nachricht, die Sprecher von Atua und Aleipata seien angekommen. Wir begaben uns sofort in das Herbergshaus zurück, wo schon eine stattliche Versammlung sich zum Fono eingefunden hatte. Noch nie hatte ich eine solche Zahl großer samoanischer Häuptlinge beisammen gesehen. Die größten Berühmtheiten des Landes waren darunter. Der gewaltige Uo, der muskelstarke Sprecher von Lufi Lufi, mit einem Gesicht wie ein römischer Kaiser und einem Körper wie Herkules Farnese; Tafua, der Führer der Ostseite Upolus, von Aleipata, der für den klügsten unter den samoanischen Politikern gilt, und

Lauati, mein alter Freund von Faaseleleaga aus Savaii, der als der größte Redner der Insel gefeiert wird: sie alle saßen schon im Kreise der großen Hütte. Mataafa wurde wie der greise Stammhalter auf dem Geschlechts=
tag eines großen abligen Hauses begrüßt, mit Handkuß und tiefer Beugung des Oberkörpers. Man sah, für diese Männer war er jedenfalls der angestammte und erwählte Fürst, der alle großen Würden der verwickelten Genealogie Samoas auf sich vereinigte, der Tupua Mataafa, Tui Aana, Tui Atua, Tamasa Alii, der Gatoaitele, Malietoa und Tagaloa Lilomaiava, kurz, der von allen maßgeben=
den Teilen der Inseln und allen einflußreichen Häupt=
lingen gewählte und gewünschte Herrscher. Das Fono begann mit einer sogenannten Königsava, die aus be=
sonders gezogener Wurzel nur für die feierlichsten Hand=
lungen bereitet wird, an denen die Größten des Landes teilnehmen. Altertümliche, und jedenfalls unverfälscht heidnische Gebräuche mußten beobachtet werden: Trank=
opfer und Händewaschen. Niemand durfte die zierlich geglättete Kokosschale aus der Hand des Mundschenks ent=
gegennehmen, nachdem der König zunächst ganz allein daraus getrunken hatte, ehe er seine Hände gewaschen und dem alten Hausgotte Le Sa seinen Anteil an dem Trank auf den Boden gesprengt hatte. Die eindrucksvolle Feierlichkeit der Handlung wurde nur unterbrochen, als Mataafa mir in dem Augenblick, wo ich die Schale an den Mund führte, um sie mit einem Zuge zu leeren, ein lautes „Prosit!" zurief, wohl sein einziges deutsches Wort, das ich mit einem „Faafetai, Manuia!" gebührend be=
antwortete.

Die von fern herbeigekommenen Sprecher und Ober=
häuptlinge ließen sich mit größerer Offenheit über die politische Lage aus, als Mataafa es bisher allein getan hatte. Er selbst schwieg diesmal ganz still, dem feierlichsten

Zeremoniell entsprechend, das seine Sprecher für ihn reden heißt. Père Chouvier übersetzte unermüdlich, und mir war es ein förmlicher Genuß, die wohlgesetzten Reden dieser patriotischen Männer mit anhören zu können. Es war eine echt homerische Szene. Die halbnackten Helden mit den gewaltigen Gliedmaßen, die schönen Reden, die große offene hallenförmige Hütte am Wasser, das grelle Sonnenlicht draußen, gegen das sich die sitzenden Gestalten der Mitglieder des großen Rates wie scharfe Schattenrisse abhoben, und die wahrhaft epische Breite und Würde, womit sich alles in alten, festen Formen wie vor Jahrhunderten bewegte. Die versammelten Häuptlinge waren ohne Ausnahme, wie Mataafa selbst, große Krieger vor dem Herrn, die manchen Strauß unter sich selbst und gegen die Fremden ausgefochten und manche Narbe an ihren reckenhaften Leibern aufzuweisen hatten. Und hier saßen sie wie die Abgesandten europäischer Großmächte, die Geschicke ihres Landes miteinander beratend und bereitend.

Stundenlang währte die interessante Versammlung. Erst nachdem die Mittagshitze sich gelegt, befahl Mataafa, ein Kriegskanu für mich bereitzustellen und mich zur Bucht von Saluafata zurückzurudern. Salanoa selbst gab mir das Geleit. Er stellte die Besatzung, und seine allerliebste kleine Schwägerin Alisa zierte als Gallionsfigur unsern Bug. Die Rudermannschaft stimmte eines der herrlichen samoanischen Seemannslieder an, deren starker Rhythmus und prächtige Tonfülle mich immer wieder von neuem entzücken. Und Alisa mischte ihre weiche Kinderstimme unverdrossen in die rauheren Töne der Männerkehlen, während wir, von den starken Armen der Bootsgasten getrieben, an der Küste entlangschossen. Es war ein Anblick für Götter: die braunen, muskelgeschwellten Leiber der Ruderer, die sich trotz Gesangs und fröhlichen Gelächters mit Macht in die Riemen legten, die schöngeformten ausdrucksvollen Köpfe mit frischem Grün umwunden, auf dem Wasser die glitzernde Sonne und die gischtsprühenden munteren Wellen der blauen Flut, und im Hintergrunde Upolu mit seinem Palmen= strand und dichtbelaubten Bergen. O Thalatta, o Samoa!

Zehntes Kapitel.

Am Westende Upolus.

Apolima.

Landschaftlich interessanter Punkt der Inselgruppe. — Zwei Seelen in der Brust des Samoaners. — 40 000 Mark freiwilliger Kirchensteuer. — Glänzendes Bootsmanöver eines einheimischen Lotsen. — Ein Südsee-Helgoland.

Von allen vierzehn Inseln und Inselchen, die nach der gewöhnlichen Zählung die Samoagruppe zusammensetzen, genießt das kleine Eiland Apolima den Ruf, die landschaftliche Perle zu sein. Dem Umfang nach steht es erst an zehnter Stelle, seine eigenartige natürliche Beschaffenheit und die Nähe der politisch sehr bedeutsamen Insel Manono haben ihm aber in der Geschichte dieser unruhigen kleinen Inselwelt einen so wichtigen Platz gegeben, wie ihn selbst das fünfzigmal größere Tutuila nicht behauptet hat. Ich hatte schon auf einer meiner Fahrten nach Savaii einen flüchtigen Eindruck von der merkwürdigen Felseninsel bekommen, als der Kommandant von S. M. S. Falke so liebenswürdig war, so dicht daran vorbeisteuern zu lassen, wie das flache Fahrwasser nur eben gestattete, damit ich mir einen Begriff von der geographisch sehr interessanten Bildung der Insel machen könne. Ich hatte damals sofort beschlossen, noch einmal zu besonderem Besuch nach Apolima zurückzukommen und ergriff die erste Gelegenheit, den Plan auszuführen, als ich eines schönen Tages unter den neu angekommenen Reisenden des Neuseeländer Dampfers ein paar Reisegenossen fand. Ein englischer Offizier, der aus Ostasien über Australien nach Hause ging, und ein amerikanischer Reisender, der den langweilig gewordenen Kriegsschauplatz auf den Philippinen mit den größeren Aufregungen der südafrikanischen Schlachtfelder vertauschen wollte, waren bereit, ihre kurzen Erfahrungen in Samoa mit einer Fahrt nach dem berühmten, aber wenig besuchten kleinen Felseneiland einzuleiten.

Die Vorbereitungen zur Reise waren bald getroffen, eine tüchtige Bootsbesatzung angeworben und der nötige Vorrat an Konserven, Obst und Zwieback unter den Duchten wohl verstaut und auch die Gastgeschenke für die Eingeborenen nicht vergessen. Mittags, zur Zeit des höchsten Wasserstandes, ging es aus dem Hafen von Apia heraus, natürlich mit dem nötigen Lärm, unter Muschelblasen und Bootsgesängen, die bald die Aufmerksamkeit des ganzen Strandes auf die „Malaga" richtete, die Gesellschaftsreise, in der die Samoaner die vollkommenste aller Erfindungen sehen, die der Mensch zur Verkürzung der Zeit gemacht hat. Reisen ist ihnen alles. Neue Dörfer, neue Inseln sehen, bei neuen Menschen neue Bekanntschaften zu machen und Gastfreundschaft zu genießen mit ungeheuren Mahlzeiten und endlosen nächtlichen Tänzen, und den neuen Freunden dann das Neueste aus ihrer Heimat zu erzählen mit behaglicher Breite und dichterischer Übertreibung — das ist für Südsee-Eiländer das höchste der Gefühle. Nur der Krieg steht noch höher. Nicht als ob der Kampf gesucht würde. Ist er aber einmal unvermeidlich geworden, dann wird die Kriegsleidenschaft unbeschränkte Herrscherin und macht aus den friedlichen Reisegenossen, die an Gesang und Tanz, Schmaus und Plauderei die größte Freude hatten, blutdürstige Menschen, denen das Leben ihres Gegners, und gehörte er zur eigenen Sippe, keinen Pfifferling wert ist. Noch aus dem letzten Kriege weiß man von halbwüchsigen Jungen, die mehr als ein feindliches Leben auf dem Gewissen haben, und von zierlichen Mädchen, die mit den Kriegern in den Busch gezogen und wie Hyänen auf die Verwundeten gestürzt sind, um ihnen Ohr oder Wange abzubeißen.

Von der Möglichkeit einer so furchtbaren Verwandlung des Charakters ahnt man nichts, wenn man sich von den lustigen, singenden Gesellen dahinrudern läßt. Mit übermütigen Scherzen beantworten sie die grüßenden Zurufe, die vom Strande her zu uns herübertönen, wo der Klang der Malagalieder die Neugierigen ans Wasser ruft zur Ergründung der wichtigen Frage, welche Durchbrecher des Himmelsgewölbes so stattlich ihre Fahrt angetreten haben. Glücklicherweise haben wir Apia bald hinter uns. Denn aus der Nähe von der Wasserseite betrachtet, macht der Staden mit seinen unzähligen kleinen Kochhäusern, Waschbuden und sonstigen Bretterbuden, die sich an der Rückseite der Häuser vom Ufer erheben, gerade keinen sehr einladenden Eindruck. Solange das Wasser hoch ist, können wir innerhalb des Riffes fahren und in dem glatten seichten Wasser rasch vorwärtskommen. Dorf an Dorf zieht an uns vorüber in raschem Wechsel. Man kann kaum eine Unterbrechung in der Häuserreihe am Strande wahrnehmen, so dicht ist diese Küste von Tuamasaga, dem mittleren Bezirke Upolus, besiedelt. Weiß leuchten schon von ferne als Verkündiger eines neuen Ortes die mit Korallenkalk weiß getünchten kleinen Kirchenhütten, die von dichter Besetzung mit Stationen der verschiedenen Missionen Kunde geben. Überwiegend sind es Bauten der Londoner Gesellschaft, die in ganz Samoa die führende Rolle im kirchlichen Leben der Eingeborenen spielt. Seltener sieht man einmal eine Kapelle der französischen Katholiken, und ganz vereinzelt die sonderbaren rohrgeflochtenen Hütten, in denen die Sendlinge der amerikanischen Mormonen ein stilles Dasein fristen. An einem weiteren Vorsprung der Küste, wo das Zurücktreten des Riffes eine hübsche Bucht gebildet hat mit guter Anlegestelle, sehen wir unser Boot plötzlich umringt von einer großen Flotte von kleinen Auslegerbooten und mächtigen Kriegskanus, die hier wie zu einer Seeschlacht versammelt zu sein scheinen. Ein lebhaftes Hin und Her von Frage und Antwort zwischen unserer Besatzung und den bunt aufgeputzten Insassen der uns bestürmenden Fahrzeuge klärt Anlaß und Wesen der Versammlung bald auf. Wir sind in Malua, dem Hauptsitz der Londoner Mission außerhalb Apia, und man feiert hier das große „Mê", unter welcher Vermummung sich nicht etwa ein harmloses Maifest nach altgermanischer Sitte verbirgt, sondern ein von den Missionaren zur Zeit der Hauptkokosnußernten veranstaltetes kirchliches Fest, das zum Einsammeln der Geldbeiträge dient, die von den Eingeborenen zur Erhaltung der Missionare auf Samoa eingefordert werden. Nicht nur die englischen Missionare auf ihren eigenen Inseln müssen die Eingeborenen bezahlen, man verlangt von ihnen auch Beisteuer für die Ausbreitung des Christentums „unter weniger begünstigten Heidenkindern". Der bekannte Missionssuperintendent James Alexander in Honolulu erzählt, daß vor einigen Jahren die Samoaner auf ihren verschiedenen „May-Meetings" in der Zeit von 12 Monaten die für hiesige Verhältnisse ungeheure Summe von 9000 Dollars zusammengebracht hätten als „voluntary thanks-offering" für die Londoner Mission, die sie aus der Nacht des Heidentums an das Licht der Wahrheit geführt hätte. Ja, wenn die hohe Geistlichkeit in einem Jahre fast 40 000 Mark den verblendeten Eingeborenen abnehmen kann, dann ist es kein Wunder, daß für den armseligen Dollar, den die Regierung der Vertragsmächte von erwachsenen Samoanern einzutreiben zuweilen den schüchternen Versuch macht, kein Verständnis und keine „Freiwilligkeit" mehr übrigbleibt. Das interessanteste an der ganzen Festlichkeit war ein ungeheures Kriegskanu, in der alten Weise mit zwei Verdecken und einem breiten Strandbrett für die Kämpfenden ausgerüstet und für vierzig Ruderer eingerichtet. Die Bordwände und die erhöhten Aufbauten an Bug und Heck waren in grellen Farben bemalt, die die Herkunft von einer andern Inselgruppe nahelegten. In der Tat hörte ich in Malua, wo wir uns das bunte Treiben mit Predigt, Gesang und Volksspielen etwas ansahen, daß Gäste von den Gilbertinseln die Besitzer des ungefügen Fahrzeuges seien.

In Malua wurde unsern braven Bootsgästen zuliebe, die in scharfem Zuge ohne Unterbrechung in der heißen Mittagssonne gerudert hatten, eine kurze Pause gemacht. Zahlreiche Bekanntschaften unserer Apiaer Jungen fanden sich ein, die ihre Vaterstadt verlassen hatten, um in der großen Missionsschule, die wie ein Alumnat mit Hörsälen, Schlafhallen und Eßhäusern eingerichtet ist, sich zu Missionaren ausbilden zu lassen. Auf den melanesischen Inseln sind viele solcher Samoaner als christliche Lehrer im Solde der Londoner Gesellschaft tätig. Kurz nach Sonnenuntergang war das Westende Upolus erreicht, und so war für die Nacht ein vorzügliches Quartier gefunden, da die Hamburger Firma schon von Apia aus die Herren der Pflanzung in Mulifanua von meiner Reise benachrichtigt hatten. Am nächsten Morgen ging es mit frischen Kräften weiter, an Manono vorbei zur schroff aus dem Wasser emporsteigenden Felseninsel, die wie ein Südsee-Helgoland sich trotzig und malerisch in der seichten Straße zwischen Upolu und Savaii erhebt. Auf den ersten Blick erkennt man die vulkanische Natur Apolimas. Es ist nichts als ein vollkommener Krater, dessen nördliche Wand niedergerissen und an einer schmalen Stelle zum Einfahrtstor erweitert worden ist. Innerhalb des Kraterbeckens ist das Wasser so flach, daß nur ein leichtes Boot darin ankern kann. Hineinzukommen in dieses kleine Becken ist aber die Hauptschwierigkeit, ein Bootsmanöver, das nur von ganz erfahrenen Lotsen gewagt werden kann.

Herr Krüger, der Verwalter von Mulifanua, war so freundlich gewesen, uns die Dienste des samoanischen Häuptlings Mulipola zur Verfügung zu stellen, der ein Aufseher auf dem Vorwerk Fagalepulo ist und als alter erbangesessener Herr von Manono mit der gefährlichen Einfahrt von Jugend auf vertraut. Wie dieser breitschultrige Mann, die kurze Tonpfeife im Munde, das lange Boot in den rettenden Hafen hineinbrachte mit der Gemütsruhe eines norddeutschen Lotsen von der Waterkant, war wirklich bewundernswert. Außerhalb des inneren Kraterbeckens haben die Korallen eine breite Bank gebaut, über die ununterbrochen eine ungeheure Brandung hinwegrollt. Aller Wind, der überhaupt während des regelmäßigen Passats hier zu haben ist, muß die Insel treffen, und das zernagte Aussehen der kahlen Felswände, an denen der aufspritzende Gischt keine Pflanzendecke entstehen läßt, spricht eine beredte Sprache von der Gewalt der anstürmenden Wogen. An einer einzigen Stelle, im Nordosten der Öffnung, hat das Meer eine tiefere Rille gegraben, die von dem starken Rückstau noch weiter ausgetieft wird, so daß jetzt genügend Wasser für ein flachgehendes samoanisches Boot vorhanden ist. Rechts und links starren harte Korallenfelsen, in der Fahrrinne selbst kocht ein wilder Strudel von Schwall und Rückstau, und draußen steigen mit betäubendem

Donner gewaltige Springsäulen von Wasser auf, das die unermüdlich heranrollende See gegen die Felsen wirft. Es ist ein großartiges Bild, wie man nur wenige in Samoa antrifft. Mit aller Macht mußten die Ruderer gegen die bräuende Brandung angehen, dicht bis an die Felsen heran, und dann plötzlich „auf Riemen" halten. Es scheint eine Unmöglichkeit, in die schmale Rinne einzufahren, die höchstens 4,5 Meter breit ist und nicht einmal den ausgelegten Rudern Raum bietet. Schon sieht es aus, als müßte die nächste heranrollende Welle das Boot nehmen, es verkanten und auf den Klippen zerschmettern — da reckt sich Mulipola, sobald er die neue Welle das Heck des Bootes heben fühlt, rasch etwas in die Höhe, beißt die Zähne auf seiner glimmenden Pfeife zusammen, nimmt die Ruderpinne stark in die Hand und stößt zwei kurze Befehle hervor: „Vavevave malosi!" (rasch, rasch, alle Kraft) und mit einem heftigen Ruck fliegen wir hinein in den inneren Hafen.

Hier ist alles glatt und ruhig. Der Übergang ist so plötzlich und so wunderbar, daß wir uns nicht enthalten können, dem wackeren Steurer ein „Malie Mulipola!" zuzurufen, Bravo, gutgemacht, was ihm viel Freude zu machen scheint. Drinnen hatte eine große Menschenmenge dem aufregenden Schauspiel zugeschaut und nahm uns nun mit Jubel in Empfang. Mulipola teilte ein paar Weisungen aus, und alsbald stob alles auseinander, um Früchte und Talo, Brotfrucht und Fische für die Papalagi ins Haus der Gäste zu bringen. Selten genug kommen weiße Besucher, dies Felsennest zu besuchen. Als vor etwa sechzig Jahren Charles Wilkes, der große amerikanische Südpolfahrer, der zuerst eine Vermessung der samoanischen Inseln vornahm, mit Hilfe eines eingeborenen Bootsführers in den Kratersee einfuhr, brachen die Frauen und Kinder des Dorfes in

Jammern und Heulen aus, daß die uneinnehmbare Festung, das „olo tanu o Samoa" genommen sei. Seitdem dieser Ruf jungfräulicher Unberührtheit zerstört ist, haben manche Fremde Apolima besucht. John Williams, der Stammvater der Südsee-Missionare, hat bei seinem ersten Besuch einen einheimischen Lehrer zurückgelassen, der mit seinen Nachfolgern die kleine Bewohnerschaft vollzählig bekehrt hat. Für das Dorf war der Besuch der Fremden ein Fest. Alles kam aus den Hütten heraus, die zwischen dichten Brotfruchtpflanzungen die Hänge des Kraters bekleiden, um uns anzustaunen und uns das Geleit zu geben, als wir zur näheren Besichtigung der Insel den Weg auf den steilen Kesselrand antraten. Ein von stattlichen Kokospalmen, die in der ozonhaltigen Salzluft besonders gut zu gedeihen schienen, hübsch eingefaßter Rundgang führt oben rings um den Krater herum und gewährt einen guten Einblick. Der einheimische Name für die Insel, Apolima = hohle Hand, ist wirklich gut gewählt, und die alte Sage von der Entstehung des Felsens und des vom Teufel Mafuie (dem Erdbebengott) ausgehusteten Steines, der der Einfahrt vorgelagert ist, zeigt, daß sich noch Erinnerungen an vulkanische Tätigkeit in der Überlieferung erhalten haben. Die Südküste steigt fast senkrecht 144 Meter über dem Meeresspiegel empor, und wer schwindelfrei ist, kann von dieser steilen Höhe den wunderbaren Blick auf Manono und Upolu genießen, die wie ungeheure Riesenschildkröten mit ihrem grüngewölbten Rücken in der leuchtend blauen See zu schwimmen scheinen, während tief unter uns zu unsern Füßen Woge auf Woge gegen den starken Fels heranstürmt und in glitzerndem Sprühregen zu unserem luftigen Sitz heraufzuzüngeln scheint.

* * *

Manono.

Der Stammsitz des samoanischen Adels. — Eine uneinnehmbare Seefestung. — Seeschlachten in der guten alten Zeit. — Eine tätowierte Missionsdame. — Ein blinder Sänger.

Die etwa halbwegs zwischen Apolima und Upolu liegende andere kleine Insel, Manono, hat trotz ihres geringen Umfanges in der Geschichte der Gruppe eine bedeutendere Rolle gespielt als die übrigen Inseln mit Ausnahme Upolus. Manono ist der Stammsitz der alten Adelsgeschlechter, die schon lange vor der Ankunft der Weißen eine führende Stellung eingenommen hatten und seit der Begründung des Wahlkönigtums durch die englischen Missionare Könige gemacht und abgesetzt haben mit einer Machtvollkommenheit, wie sie sonst auf Samoa nirgends einem so kleinen Bezirk eignet. Der ganze Umkreis des Eilandes beträgt wohl noch nicht zehn Kilometer, und die Einwohnerzahl mag sich kaum über tausend Seelen erheben; aber die ältesten politischen Überlieferungen haften an diesem heiligen Boden, und die großen Häuptlinge lieben es, ihre Toten hier bestatten zu lassen. Westlich, als Verlängerung der Hauptinsel, liegt ein kleiner Absprengungsfelsen, O le nuu o Lopa, das Eiland der Halsketten, das als Begräbnisstätte der Abligen in hohem Ansehen steht. Als der große amerikanische Abenteurer Steinberger zu Anfang der siebziger Jahre nach Samoa kam, stand Manono noch in vollem Glanze an der Spitze nicht nur der maßgebenden politischen Partei, sondern es übte auch tatsächlich die Herrschaft aus über Savaii und die ganze Westhälfte Upolus. Und das war dem kleinen Inselchen möglich durch die große Flotte von Ruderbooten und Kriegskanus, die es bis in die jüngste Zeit unterhalten hat. Seine Seeleute waren in der ganzen Südsee bekannt als ausdauernde Ruderer und verwegene Steurer, und erst das unglückliche Seegefecht von Malua, in dem die von Tuamasaga Sieger blieben,

brach die kriegerische Vorherrschaft der stolzen kleinen
Seeherrin.

Es ist sehr zu bedauern, daß von diesem Gefecht
keine Schilderungen auf uns gekommen sind. Von den
zahlreichen Missionaren und weißen Händlern, die von
der Anhöhe am Ufer von Malua das Treffen jedenfalls
sehr gut beobachten könnten, hat es anscheinend keiner
der Mühe wert gehalten, diesem interessanten Ereignis
ein paar schildernde Worte des Gedenkens zu widmen.
Es war wohl das letzte Gefecht, das in der Südsee nach
alter Weise zu Wasser ausgefochten wurde, von den großen
erhöhten Standbrettern aus, die für die Krieger auf Bug
und Heck der ungefügen langen Boote errichtet waren.
Ohne Zweifel muß ein solches samoanisches Gefecht in
seiner altertümlichen Ursprünglichkeit sehr viel malerischer
gewesen sein als ein Scharmützel von heutzutage, wo die
zivilisierten Eingeborenen mit europäischen Gewehren
neuester Erfindung aufeinander schießen und unsinnige
Mengen von Patronen vergeuden, ohne damit allzu
großen Schaden anzurichten.

Die Schlachtflotte — wenn man eine große Zahl
leichter Ruderboote so nennen darf — allein konnte in=
dessen Manono nicht die führende Stellung sichern. Die
Insel selbst war einem offenen Angriff nicht gewachsen.
Obwohl rings von Korallenriffen eingeschlossen und durch
recht schwieriges Fahrwasser, mit Bänken und tückischen
Strömungen, gegen Überfälle Fremder einigermaßen ge=
schützt, würde ein mit den Wasserverhältnissen vertrauter
Feind die flache Insel, die sich nur in der Mitte all=
mählich zu etwa 160 Metern erhebt, an verschiedenen
Stellen angreifen und überrumpeln können. Von un=
schätzbarem Wert war daher der Besitz Apolimas, das
seit undenklichen Zeiten zu Manono gehört zu haben
scheint. Die alten Volkssagen der Samoaner, von denen

man übrigens nur mit unendlicher Mühe etwas erfahren kann — auf das von Dr. Sierich auf Savaii angekündigte Buch warten die Freunde Samoas schon lange und bisher vergeblich —, diese alten Sagen erzählen zwar mancherlei von dem Eroberungszug eingewanderter Leute von Viti; wie und wann aber Apolima in den Besitz der Nachbarinsel geraten, wird darin nicht mitgeteilt. Jetzt sind beide durch eine Art Personalunion miteinander verbunden, die herrschende Familie Manonos wird auf Apolima ebenfalls als angestammte Herrscherin verehrt, wie wir zu unserer Bequemlichkeit feststellen konnten, da unser braver Steuermann Mulipola von Apolima uns auch nach Manono begleitete und für gute Behandlung und Bewirtung sorgte.

Die Ausfahrt aus dem kleinen brakischen Kratersee von Apolima war noch schwieriger, als die aufregende Einfahrt schon gewesen. Es fehlte die kräftige Nachhilfe durch die von hinten hereinkommende Brandung. Wir mußten daher ein Abflauen des Windes und Fallen des Wassers abwarten, ehe sich unsere Bootsbesatzung zur Wiederholung des kühnen Manövers verstehen wollte. Ich machte den Versuch, während der Durchfahrt durch die enge Rinne eine Augenblicksaufnahme zu machen von der mächtigen Brandung, die sich gerade von dieser Stelle vorzüglich und malerisch darbot. Der ins Boot schlagende Gischt war da so stark, daß ich mir den Regenmantel anziehen mußte, und um überhaupt stehen zu können in dem leichten, mit aller Macht vorangetriebenen Fahrzeug, mußte ich mich von meinen beiden Reisegefährten fest an den Beinen umschlungen halten lassen. Es gelang mir, im rechten Augenblick den Kodakverschluß abzudrücken, und zu meiner Genugtuung hatte ich eine prächtige Wassersäule gerade vor dem Niederprasseln auf den Felsen auf meine Platte bekommen, wie ich später beim Entwickeln des Bildes feststellen konnte. Ich war gerade dabei, mich meines lästig heißen Regenmantels wieder zu entledigen, als mit unheimlicher und völlig unverständlicher Geschwindigkeit ein gewaltiger Platzregen losbrach, der in weniger als zwei Minuten alles grau in grau verschleierte und Apolima hinter uns wie Upolu vor uns einfach von der Bildfläche verschwinden ließ. In kürzester Zeit saßen wir bis an die Knöchel im Wasser, und unter unserem im Nu durchweichten weißen Zeuge floß der Regen in Strömen am Leib hinunter, sammelte sich friedlich in den Schuhen und kühlte uns von unten nach oben so gründlich ab, daß unsere Zähne, deren Gehege kein Sterbenswörtchen als höchstens einmal ein unterdrückter Fluch entfloh, hörbar klapperten, gleichsam Zeit haltend mit dem Knarren der Riemen, die von unsern wackeren Bootsgästen rüstig weiter durchgezogen wurden, als ob der schönste Himmel über uns lachte.

Dieses feuchte Abenteuer war die einzige Überraschung auf der kurzen Überfahrt. Vergeblich lauerten wir auf eines der großen Seeungeheuer, von denen die Straße zwischen Manono und Upolu wimmeln soll. Es handelt sich um das gefürchtete „Pusi", eine riesenhafte Muränenart, die hier eine Länge von 10 bis 12 Metern erreichen soll und den badenden Samoanern schon oft gefährlich geworden ist. Ich habe von verschiedenen gut beglaubigten Fällen Kenntnis, wo in dieser Meerenge das Kanu der Eingeborenen mitten im Wasser von diesen Tieren zum Kentern gebracht und der eine oder andere Insasse zu Tode gebissen wurde. Meist wird man natürlich bei solchen Unglücksfällen an den Hai denken, der ja auch in den samoanischen Gewässern kein seltener Gast ist, die aalartige Gestalt der Muräne ist aber auch beim flüchtigsten Anblick nicht mit dem vollkommenen Fischkörper der Haie zu verwechseln.

Eine Begebenheit, die Wilkes aus dem Jahre 1837 berichtet und dem sogenannten „Congeraal" zuschiebt, dürfte auch auf diese Riesenmuräne zurückzuführen und ein weiterer Beitrag zum märchenhaften Kapitel der arg verleumbeten Seeschlange sein.

Besondere Sehenswürdigkeiten hat Manono nicht aufzuweisen. Wir schlugen unser Zelt in Toolua auf an der Nordküste, das heißt wir machten von unseres Führers Mulipola freundlichem Anerbieten Gebrauch und beschlagnahmten sein stattliches, hart am Wasser auf einem erhöhten Unterbau von Basaltblöcken gelegenes Haus, das sofort von der Familie geräumt und mit den schönsten Matten des Fale Tele geschmückt wurde. Die Angehörigen Mulipolas, der zu den alten Herrengeschlechtern der Insel gehört, machten den Eindruck wohlerzogener und sehr gebildeter Leute. Seine Tochter war die Ehrenjungfrau des Dorfes, und um ihr in den Augen der Gemeinde noch höheres Ansehen zu verleihen, hatte der Vater sie zu dem einheimischen Vertreter der englischen Mission in die Lehre geschickt. Das gute Geschöpf, ein recht hübsches und lustiges Ding, schien sich in dieser Rolle der frommen Dulderin noch nicht recht wohl zu fühlen. Zwar versuchte sie anfangs die zurückhaltende, weltfremde „heilige Jungfrau" zu spielen und lehnte z. B. eine Aufforderung, sich an dem Tanz der übrigen Mädchen zu beteiligen, schnippisch ab mit dem bei solchen Gelegenheiten schon öfters gehörten Worte: „Ou te musu, faamolemole, alii, ua ou misonale" (Verzeih, o Herr, ich kann nicht, ich gehöre zur Mission). Später, als der uns zu Ehren veranstaltete Sivasiva mit seiner Fröhlichkeit alles wohltätig anzustecken schien, besann sie sich eines besseren und kehrte mit sichtlicher Erleichterung zu den heidnischen Gebräuchen ihrer weniger frommen Gespielinnen zurück und beteiligte sich mit Eifer

und Hingabe an dem ausgelassenen Tanz, war auch gar
nicht sonderlich überrascht, als sie jemand auf die Täto=
wierung ihrer Beine aufmerksam machte, nachdem sie
wenige Minuten zuvor, auf ihre ungeschmückten Arme
deutend, behauptet hatte, als „misonale" dürfe sie sich
nicht tätowieren lassen. So hatte das schlaue Kind die
Arme, die dem prüfenden Blick des Missionars täglich
ausgesetzt waren, von dem geliebten heidnischen Schmuck
freigelassen und sich begnügt, an verschwiegeneren Stellen
ihre Zugehörigkeit zum alten vorchristlichen Samoa zu
bekunden. Es sei hier übrigens bemerkt, daß es durch=
aus irrtümlich ist, wenn in vielen Beschreibungen Samoas
gesagt wird, die Tätowierung der unteren Gliedmaßen
sei nur bei den Männern üblich. Fast alle Frauen,
wenigstens die aus den oberen Ständen, lassen sich an
Händen und Armen bemalen und auf den Oberschenkeln,
vom Hüftknochen bis zum Knie, ganz leichte Muster von
Strichen und Punkten und der überall wiederkehrenden
symbolischen Darstellung des Möwenflugs anbringen, so
daß die braune Haut nur ganz leicht verschleiert erscheint,
während bei den Männern die Muster aus einem dichten
dunkelblauen Untergrund ausgespart werden und in der
Tat den Eindruck der Bekleidung mit einem buntbedruckten
Kattun machen.

Ein kurzer Spaziergang um die Küste und ein wenig
ins Innere vermitteln einen genügenden Eindruck von
Manono. Im Norden und Osten reihen sich fünf bis
sechs Dörfer dicht aneinander, im Süden und an der
Westküste sollen nur je eine Sieblung vorhanden sein.
Das ganze Gelände ist mit hübschen, gartenähnlichen
Pflanzungen von Brotfruchtbäumen und Kokospalmen be=
deckt, so daß man wohl die Insel als die verhältnismäßig
bestbebaute von ganz Samoa ansehen kann. Kein Fleck=
chen ist unbenutzt gelassen, und die paar Quadratkilometer

würden völlig zur Ernährung der Einwohner ausreichen, wenn es nicht an Wasser gebräche. Die geringe Höhe der Insel ist nicht ausreichend zur Bildung vieler Quellen, und die Hauptnährpflanze, das Talo, bedarf großer Wassermengen zu ihrer richtigen Entwicklung. An Yam ist dagegen kein Mangel, und Fische sind wie überall an den samoanischen Küsten im Überfluß vorhanden.

Mit ganz besonderem Glanze ging die Sonne an diesem Tage hinter Savaii ins Wasser. Das ganze Meer schimmerte in leuchtendem Rot, wie von dem Widerschein eines gewaltigen himmlischen Feuers, und wo die stete Dünung der langgestreckten Ozeanwellen die Oberfläche furchte, zogen sich in den Tälern dieser Wellenwege blauschwarze Schatten über die ungeheure Fläche. Darüber spannte sich der Himmel mit jenem fahlen Grün, das man in diesen Breiten zuweilen des Abends beobachten kann, und wir lagen in des großen Häuptlings Hütte, auf den weichen Matten ausgestreckt, dem Genuß einer starken einheimischen „Rauchrolle" frönend und schauten zwischen den Palmstämmen hindurch, die wie ein Gitter das ganze Gemälde von unserer Steinterrasse aus bedeckten, auf dies friedlich großartige Farbenbild. Die Mädchen sangen leise mit ihren weichen, klangvollen Stimmen ihre schönen Weisen, und von der See her scholl der rhythmische Gesang einer Malaga herüber, die sich unserer Küste in vielruderigem Reiseboot zu nähern schien. Erst als die Dunkelheit völlig hereingebrochen war, wurde das Fackelfeuer am Boden entzündet, und die samoanische Nacht begann, endlos, schlaflos, wie immer weniger der Ruhe als dem Tanz und Gesang, dem Tabak und dem Geplauder gewidmet. Lange nach Mitternacht langte endlich die Reisegesellschaft an, deren Bootsgesänge wir schon bei Sonnenuntergang gehört hatten, und die kaum begonnene Nachtruhe wurde abermals unterbrochen.

Sämtliche Hunde des Dorfes und der umliegenden Ortschaften stimmten ein Begrüßungsgeheul an, als der schauerliche Weckruf der großen Kriegsmuschel durch die Nacht drang, der die Strandbewohner zur Bewillkommnung der späten Gäste aus den Hütten rief. Und als endlich die neuen Ankömmlinge in einem andern Hause untergebracht waren, erschien zu unserem Entsetzen ein kleiner blinder Junge vor uns, aus der Finsternis plötzlich auftauchend wie ein Gespenst geängstigter Nachteinbildung. Stundenlang sang der Knabe lange bewegliche Gesänge, Schilderungen aus dem letzten Kriege, von dem Köpfen der englischen und amerikanischen Offiziere auf Vailele und Heldentaten ungezählt aus dieser jüngsten Geschichte Samoas; keiner wagte den sonderbaren Sänger zu stören. Es hieß, sein Schutzgott, sein „Aitu", habe ihn wie schon früher, in dieser Nacht von Aleipata über ganz Upolu hinweg nach Manono getragen. Jedermann nahm das für wahr und unbestreitbar, der Blinde mußte im Besitze geheimer Kräfte stehen, die allen eine ehrfürchtige Scheu vor dem armen Wesen einflößten, dessen geistige Kräfte durch das Fehlen des Augenlichtes eher gesteigert als geschwächt zu sein schienen. Bis zum grauenden Morgen sang er wie ein fahrender Sänger der Vorzeit seine Kriegslieder, und mein kleiner Dolmetscher, den ich von Apia mitgebracht, wurde die ganze Nacht im Dienst gehalten mit Verdolmetschung der blutdürstigen Gesänge.

* * *

Mulifanua.

Upolus Westend. — Eine samoanische Ruhmeshalle. — Untergang der alten Überlieferungen. — Menschenfresserei. — Barbarische Anklänge und Rückfälle. — Samea, die Perle Mulifanuas.

Den Garten Samoas nannte einer der frühesten Besucher die Westhälfte Upolus, die ihm von allen Teilen der Inselgruppe der fruchtbarste und verheißungsvollste zu sein schien. In der Tat hat sich Aana, wie die Eingeborenen dieses Land nennen, trotz aller Ungunst der Verhältnisse landwirtschaftlich am raschesten entwickelt; die Umgebungen der großen Ortschaften Malua, Leulumoega, Satapuala und Faletati, die rings an der Küste dieses Bezirks liegen, sind auch heute die am dichtesten bebauten und bewohnten Landstriche der Insel und damit ganz Samoas. Von alters scheint es der Ehrgeiz der großen Häuptlinge gewesen zu sein, sich in den Besitz Aanas zu bringen und den stolzen Titel Tui Aana zu gewinnen, der allein einen Anspruch auf die Vorherrschaft über Upolu begründete. Um keinen Teil der Gruppe sind so viele Kriege geführt worden wie um Aana, ja nach den alten Berichten aus der vorchristlichen Zeit scheint der Kampf darum niemals recht zum Stillstand gekommen zu sein. Da den Samoanern vor Ankunft der Missionare Zeitrechnung und Schrift unbekannt waren, ist es fast unmöglich, sich einen Begriff von der geschichtlichen Zeitfolge zu machen, in der sich die in ihren Liedern verherrlichten Kämpfe abgespielt haben. Die Herrscher von Manono, die auf ihrer kleinen Insel zwischen Savaii und Upolu saßen und ihre Nachbarn anscheinend nie in Ruhe lassen konnten, hatten wenigstens einen Versuch gemacht, die Erinnerung an die häufigen Kriege um Aana den späteren Geschlechtern zu überliefern. Zwar schwarz auf weiß oder in mächtigen Felsinschriften konnte das nicht geschehen, in ganz kindlicher Einfachheit wurde vielmehr für jeden glücklich beendeten Krieg ein Stein von besonderer Form an geheiligtem Orte aufbewahrt. Die unnahbare Inselfeste Apolima, wohin auch bei Ausbruch des Krieges Frauen und Kinder und alle waffenunfähigen Greise gebracht wurden, barg das große Heiligtum der Kriegserinnerungen, und noch

im Jahre 1832 fand der englische Missionar bei seinem
zweiten Besuch Samoas im Tempel von Apolima einen
uralten Korb, in dem die denkwürdigen Steine sorgfältig
verschlossen gehalten wurden. Es waren 127 dunkelfarbige
Steine, vom häufigen Zählen und Anfassen glatt poliert.
Jeder dieser Merksteine bedeutete nicht nur ein Gefecht
oder einen vorübergehenden Streit, sondern den Abschluß
eines förmlichen Parteikrieges. Später, als das heilige
Haus auf dem Inselvulkan längst zerstört war, gelang
es dem Missionar Stair, der von 1838 bis 1842 auf
Samoa lebte, den Korb von den Eingeborenen zu er=
stehen und ihn nach London an das Museum der dortigen
Missionsgesellschaft zu schicken. Leider sind alle ähnlichen
Altertümer aus der vorchristlichen Zeit spurlos verschwun=
den. Alles, was irgendwie mit der Verehrung ein=
heimischer Götter oder mit kultähnlichen Gepflogenheiten
des Volkes zusammenhing, wurde von den Missionaren
schleunigst vernichtet, so daß wir uns heute nur ganz
unzureichende Vorstellungen von den religiösen Überliefe=
rungen der Samoaner machen können. Das einzige
Götzenbild, von dem wir Kunde haben, wurde ebenfalls
hier gefunden, es war eine Verkörperung des Kriegsgottes
Papo, einfach aus einem langen Stück Siapozeuges be=
stehend, etwa 2,5×0,1 Meter groß, zusammengerollt auf=
bewahrt und dem zerzausten Aussehen nach, wie Williams
erzählt, jedenfalls von hohem Alter. Auch dieses Stück
wanderte in das Londoner Missionsmuseum.

Es ist sehr zu bedauern, daß den mehr und mehr
verschwindenden Spuren altsamoanischer Überlieferungen
von den heute auf den Inseln lebenden Weißen so wenig
nachgegangen wird. Sicherlich bringen die wenigsten Be=
wohner Apias und noch weniger die kleinen Händler
auf den Außenstationen von Haus die nötige Teilnahme
für wissenschaftliche Dinge mit. In andern Ländern kann

man aber häufig die Beobachtung machen, daß sogenannte ungebildete Leute, die lange Jahre unter Eingeborenen zu leben haben, sich nach bestem Können bemühen, alte Sagen, Lieder oder sonstige geschichtliche oder religiöse Altertümer der Vergessenheit zu entreißen, die sich bei der Berührung mit europäischer Bildung unfehlbar und so erstaunlich rasch einstellt. Hier in Samoa begegnen diese Dinge, von zwei oder drei rühmlichen Ausnahmen abgesehen, allgemeiner Gleichgültigkeit. Früher pflegte Godeffroy wissenschaftlich gebildete Leute seinen Handelsfahrten mitzugeben oder die Händler seines Hauses, die auf der ganzen Südsee verstreut lebten, zum Beobachten und Sammeln anzuhalten. Und das rühmlichst bekannte Godeffroysche Museum zu Hamburg, das leider vor einigen Jahren verzettelt wurde, ist mit seinem Journal des Museums Godeffroy ein Beweis, wieviel sich auf solche Weise ohne allzu große Aufwendungen erreichen läßt. Jetzt ist das Versäumte kaum noch nachzuholen, da das heranwachsende Geschlecht fast nichts mehr von den alten Dingen weiß und die alten Leute nur mit Mühe zum Sprechen und rückhaltlosen Erzählen zu bewegen sind. Sie schämen sich meist der in rohem Aberglauben und törichtem Götzendienst befangenen Kindheit ihres Volkes. Hier in Aana scheint ein besonders ergiebiges Feld für den Forscher gewesen zu sein, und besonders in dem „Westend" Upolus, Mulifanua, drängt sich die Vermutung auf, daß hier noch manches zu holen ist. Jeder Ortsname weist darauf hin, daß für die Samoaner das Mulifanua eine ganz besondere Bedeutung hatte. Namen wie Satapuala, geheiligter Bezirk, und Falesiu, Haus des Gottes Siu, bekunden das deutlich genug. Ja, die Namen der großen Pflanzung des Hamburger Hauses, das hier seine größte Besitzung hat, fordern förmlich zur Forschung auf. Die Samoaner nennen das ganze Gebiet

von fast 2000 Hektar, das am äußersten westlichen Ende
der deutschen Firma gehört, nicht Mulifanua, sondern
le uta sa o vaa und fatu oso fia, das heißt „die Meer=
enge, die dem Kanu verboten ist" und „den Stein zum
Abspringen". Hier wanderten die Seelen der Gestor=
benen entlang auf ihrem Wege zur Unterwelt, zu der der
Eingang am äußersten Westende Savaiis gedacht wurde,
hier mußten die Wege freibleiben für den nächtlichen Ver=
kehr der Geister, und niemand durfte störend zugegen
sein, wenn die Seelen, von Osten kommend, von dem
Fatu Oso Fia absprangen, um über die Meerenge hin=
über nach Savaii zu kommen.

Während der beiden genußreichen Tage, die ich als
Gast des Herrn Krüger auf der großen Musterpflanzung
zu Mulifanua zubringen durfte, hatte ich Gelegenheit,
unter der freundlichen Führung des Kapitäns Zink noch
manche andere Anzeichen für die geschichtliche Bedeu=
tung Mulifanuas zu sehen. Dicht an der Küste, nur wenige
Kilometer vom Herrenhause, steht zum Beispiel ein großer
Aufbau von vulkanischen Steinblöcken, absatzweise an=
steigend zu einer Höhe von etwa 10 Metern, und eine
Fläche von gut 50 Metern im Geviert bedeckend. Da von
solchen Bauten im übrigen Samoa nichts mehr erhalten
zu sein scheint — abgesehen von dem schon erwähnten
Steintempel des Kralen bei Magiagi —, so darf man
wohl annehmen, daß es sich um ein fremdes Denkmal
handelt, um eines jener Lagi, wie man sie auf Tonga
findet, gewaltiger Königsgräber, die von mehreren Ein=
fassungen aus Steinen und Kieselmauern umschlossen
waren und wie Nationalheiligtümer verehrt wurden. Zwei
große unterirdische Gänge, die sich auf der Pflanzung
finden, ohne Zweifel alte Ausbruchskanäle feuerflüssiger
Massen, haben für die Bewohner Mulifanuas immer ein
großes Interesse gehabt als Ausgangspunkt von Sagen=

bildungen und Schauplatz grausiger Kriegstaten. Fast in jedem Kriege um Aana scheinen diese Gänge mit ihren geräumigen Höhlen das Versteck der angegriffenen Bewohner gewesen zu sein, und schreckliche Erzählungen von Ausräucherungen und Hungertod sind noch heute hier im Umlauf.

Für den gelegentlichen Besucher Mulifanuas stehen mehr als die Samoaner mit ihren schattenhaften Überlieferungen die schwarzen aus Melanesien eingeführten Arbeiter im Vordergrunde des Interesses, die zu vielen Hunderten hier auf der Pflanzung leben und eine förmliche Welt für sich bilden. Nach Stämmen und Sprache gesondert oder wenigstens soweit tunlich nach ethnographischen Grundsätzen zusammengetan, leben sich diese sonderbaren Gäste erstaunlich rasch hier ein und scheinen sich sehr bald mit dem Gedanken auszusöhnen, drei lange Jahre im fremden Lande für einen geringen Lohn einförmige Arbeit verrichten zu müssen, um nach ihrer Rückkehr Haus und Heimat sich entfremdet, Besitz und Familie womöglich gar in den Händen eines freundwilligen Nachbarn zu finden. Der gesamte Jahreslohn eines solchen Unglücksmenschen beträgt nur 120 Mark, und davon muß er seine Bedürfnisse an Kleidung und Tabak noch selbst bestreiten. Nur Wohnung und Nahrung werden ihm frei geliefert. Am Ende seiner vertragsmäßigen Dienstzeit wird ihm der rückständige Lohn nicht bar ausbezahlt, vielmehr legt man ihm die Anschaffung allerhand überflüssiger Dinge nahe, die er in den Läden seiner Arbeitgeber kaufen kann. Da sieht man denn in den Tagen vor ihrer Rückkehr zu den papuanischen Penaten die schwarzen krausköpfigen Gesellen umherstolzieren mit den unglaublichsten Aufzügen, in dicken blauen Matrosenkleidern schwitzend, einen Strohhut oder eine Art Schiffermütze mit steifem Lackschirm auf dem Kopf und die unvermeidliche kurze Pfeife im breiten Munde. Die durch

große Einschnitte verunzierten Gesichter, an und für sich
schon oft eher tierisch als menschlich dreinschauend, strahlen
vor Vergnügen, in der ungeheuren Vorfreude, den Leuten
zu Hause mal zeigen zu können, was für ein Kerl so ein
„black fellow boy stop three fellow year long Samoa
make kopra" ist mit seinen ungeahnten Schätzen, die ihm
in seiner Eitelkeit viel mehr wert sind als der bare
Verdienst dreier Jahre. Ein großer Teil dieser von den
Bismarckinseln oder den Neuen Hebriden eingeführten
Papua sind Menschenfresser, wenn sie auch sehr bald
nach ihrer Ankunft auf der Pflanzung sich des „long pig"
zu schämen lernen. Herr Krüger konnte mir aber noch
von einem jüngstvergangenen Fall erzählen, wo auf Muli=
sanua selbst ein melanesischer Arbeiter, oder doch ein
Arm und ein Bein von ihm, von den eigenen Genossen
verzehrt worden war.

Die Samoaner fühlen sich mit Recht weit erhaben
über diese armen schwarzen Teufel der weiter westlich ge=
legenen Inselgruppen, ja sie sehen sie nicht einmal als
Menschen an. Sie nennen sie einfach „Mea uli", schwarze
Dinger, und sehen in ihrer Menschenfresservergangen=
heit den Beweis für ihre tierische Natur. Und doch
unterliegt es keinem Zweifel, daß auch die Samoaner
früherer Zeit nicht frei von diesem Makel der Südsee=
völker gewesen sind. Nicht nur sind die zahlreichen An=
spielungen in noch heute gesungenen Liedern dafür Be=
weises genug, deutlicher als all das ist die Sitte des be=
rüchtigten „Ifo", der schimpflichsten Selbsterniedrigung,
der sich ein Samoaner aussetzen kann. Hat sich jemand
eines todeswürdigen Verbrechens schuldig gemacht, so kann
er mit dem Leben davonkommen und Verzeihung erlangen,
wenn er sich zum Ifo bereit erklärt, das heißt, wenn
er sich mit Stricken und grünen Blättern zusammengebun=
den vor seinen Richter tragen läßt und ihn anruft mit

der demütigen Bitte „töte mich, brate mich!" Wie ein zum Schlachten und Braten bestimmtes Schwein wird der Schuldige dann auf den Boden geworfen, während die Leute seiner Sippe in altem, beschmutztem Hüftenschurz, mit Erde bestreut, sich der Länge nach auf den Bauch werfen und durch jammernden Ausruf versichern, sie seien würdig gebraten zu werden. Daß auch in unseren Tagen, wo fast jeder Samoaner, wenigstens äußerlich, das Christentum bekennt, die barbarischen Gelüste im Volke noch nicht völlig ausgestorben sind, läßt sich im Kriege beobachten, wenn den feindlichen Verwundeten der Kopf abgetrennt wird mit dem langen Todesmesser, „Nifo oti", das den Halswirbel nicht zu durchschneiden vermag, so daß der Kopf mit den Händen vom Rumpfe abgerissen werden muß. Das lang hervorstehende Ende der blutigen Wirbelsäule ist ein Anblick, grauenhaft genug, auch den Stärksten einem Ohnmachtsanfall nahe zu bringen.

Nicht alles auf Mulifanua legt einem glücklicherweise so unerquickliche Anklänge an barbarische Zustände nahe, die der Samoaner von heute im allgemeinen überwunden hat. Die Pflanzung ist wirtschaftlich wohl das Bollwerk der deutschen Landwirtschaft auf Upolu, und die schönen weiten Gründe im hügeligen Lande mit den meilenlangen Reitwegen und den zahlreichen Vorwerken sind ein höchst angenehmer Aufenthaltsort. Für eine Viertelmillion Kokospalmen ist auf dem unter Kultur genommenen Boden Platz, und was bei Rückkehr ruhiger Zeiten unter der sachverständigen Leitung der wissenschaftlich gebildeten Verwalter noch aus Mulifanua gemacht werden kann, läßt sich gar nicht absehen.

Die Perle der ausgedehnten Besitzung ist das Vorwerk Samea, hoch oben auf einem sanft ansteigenden Vulkankegel gelegen, der eine entzückende Fernsicht bietet über das Westende der Insel, über die Meerenge, die „dem

Kanu verboten ist", mit Manono und Apolima und dem mächtigen Savaii. Es war ein sonniger, heißer Tag, als wir mit Kapitän Zint durch die prachtvoll schattigen Mangoreihen hinaufritten nach Samea, um dem Grafen Wurmbrand-Stuppach guten Tag zu sagen, der seit einigen Jahren in dieser luftigen Höhe als Verwalter haust. Der Blick auf die See mit ihren grünen Inseln war über alle Beschreibung schön. Man müßte schon den Golf von Neapel oder Salerno an ihren günstigsten Tagen heranziehen, wenn man in unseren Breiten etwas Ähnliches zeigen wollte. Die Wassertiefe der Meerenge zwischen Upolu und Savaii ist sehr gering, so daß die Sonne auf dem mannigfaltig gestalteten Boden von Sand und Korallen, von Algen und Lavageröll die wunderbarsten Farben hervorzaubern kann. Der Passat hatte leichtes Regengewölk gegen die gewaltige Bergkuppe von Savaii herangetrieben, und ein mächtiger Schatten lagerte auf halber Höhe der Berge über dem ganzen Bilde, das bis in seine weitesten Fernen dadurch eine so zarte Verblendung seiner schillernden Regenbogenfarben erhielt, wie sie der landschaftmalenden Natur nur an ihren glücklichsten Tagen gelingt mit so vollkommener Zusammenwirkung von farbenschaffender Sonne und dämpfender, verwischender Luftfeuchtigkeit. Vor so viel Schönheit möchte man in die Knie sinken wie das einsame Menschenkind in Klingers ergreifendem Hymnus „An die Schönheit", überwältigt und beseligt zugleich.

* * *

Ein Vailima-Brief als Intermezzo.

Stevenson der bekannteste Name in Samoa. — Ein Wallfahrtsort für plündernde Reisende. — Samoa in der Literatur. — Von neuern Südseeschriftstellern. — Stevensons angebliche Deutschfeindlichkeit.

Man kann keinem Engländer gegenüber im Gespräch Samoa erwähnen, ohne daß er von Robert Louis Stevenson zu sprechen anfinge. Für die ganze englischsprechende Welt ist Samoa eigentlich erst durch Stevenson entdeckt worden, und die unglückliche politische Bedeutung, die das kleine einheimische Königreich im letzten Jahrzehnt für die politischen Beziehungen dreier Weltmächte gewonnen hatte, wäre ein Ding der Unmöglichkeit gewesen, wenn nicht Name und Einfluß des berühmten Schriftstellers, auch nach seinem Tode, bei der öffentlichen Meinung Englands so schwer ins Gewicht gefallen wären. Die unermeßliche Bewunderung, die Stevenson in seinem Lande und in den britischen Kolonien genoß, ist uns Fremden nach sorgfältiger Prüfung seiner Werke nicht recht verständlich. Nur der Umstand, daß nach dem Tode von Dickens, Thackeray und George Eliot kein Stern erster Größe mehr am Himmel der englischen Literatur leuchtete, konnte einem Schriftsteller, dessen Erfolg mehr zügelloser Einbildungskraft als tiefem Gedankenreichtum oder plastischer Gestaltungsfähigkeit zu danken war, die Alleinherrschaft im entvölkerten Olymp verschaffen, wenigstens so lange, bis aus Indien ein neuer Anwärter mit stärkerer Eigenart kam.*) Wie man über Stevenson als Romanschriftsteller aber auch denken mag, für Samoa war es ein Ereignis von einschneidender Bedeutung, als im Herbst 1890 der gefeierte Mann mit seinen Angehörigen seinen Einzug in Apia hielt und sich nicht mehr von Samoa zu trennen beschloß. In der kleinen, buntgemischten Gemeinde von Beamten, Kaufleuten und Missionaren mußte ein Mann von seiner geistigen Bedeutung und seiner äußeren Stellung sehr bald die Führung übernehmen, und in der Tat hat Stevenson denn auch trotz seines Bestrebens, sich nicht vorzudrängen, in den vier Jahren, die ihm noch zu leben vergönnt war,

---

*) Kipling. A. d. H.

gesellschaftlich hier die erste Geige gespielt und schließlich auch in der Politik ein gewichtiges Wort mitgeredet, da er seinen Landsleuten, Seeoffizieren wie Konsulatsbeamten, der maßgebendste Vertreter der englischsprechenden Siedler sein mußte. Für Engländer war daher der Name Stevensons ein besonderes Lockmittel, und wohl in keiner Zeit vorher oder später hat Samoa so viele Besucher gehabt, wie während der kurzen Spanne Zeit, wo Stevenson auf seiner Besitzung Vailima weitgehende Gastfreundschaft übte. Heute, nach seinem Tode, ist das schlichte Landhaus auf dem Berge Vaea ein Wallfahrtsort, den zu besuchen selbst der durchreisende Fremde, der nur wenige Stunden Aufenthalt in Apia zu genießen hat, nicht gern versäumt, auch wenn ihm die Werke des Herrn von Vailima nur dem Namen nach bekannt sind.

Das Besitztum gehört jetzt einem Deutschen, Herrn Gustav Kunst, einem wohlhabenden Hamburger, der sich von seinen Geschäften in Wladiwostok zurückgezogen und an einigen der schönsten Punkte der Erde sich Ruheplätze geschaffen hat, so in Hongkong, in Waikiki bei Honolulu und schließlich in Apia, das ihm auch nach Hawaii noch genußreichen Aufenthalt versprach. Trotz des Besitzwechsels ist der Besuch Vailimas noch immer sehr rege. Jeder Dampfer bringt einige Reisende, die gleich nach ihrer Landung einen Wagen nehmen und den schönen Waldweg hinauffahren und dann erstaunt das einfache Haus mit den dunkeln Zimmern mustern, von dessen Pracht sie soviel gehört haben. Von allen je in Samoa von einem Weißen errichteten Gebäuden ist der Landsitz Stevensons das kostspieligste gewesen. Die Urbarmachung des dichten Dschungels, das Heraufschleppen von Bausteinen und Holz, die Überführung der ganzen häuslichen Einrichtung vom Strande auf die Waldhöhe verursachten so unerwartet hohe Kosten, daß auch das statt-

liche Einkommen von annähernd 100 000 Mark, das dem
fruchtbaren Erzähler damals alle Jahre zu Gebote stand,
nicht ausreichte, ernstliche Schwierigkeiten zu verhüten.
So genießt denn Vailima den Ruf, eine Art Feenschloß
zu sein, in herrlicher Waldeinsamkeit gelegen, das Meer
beherrschend mit weitem Rundblick über bezaubernde Süd=
seelandschaft. Nur die großen Baukosten, die in austra=
lischen und amerikanischen Blättern mit landesüblicher
Taktlosigkeit lang und breit erörtert und verherrlicht
wurden, haben dem Hause eine Anpreisung geschaffen,
der die einfache Wirklichkeit nicht standhalten kann. Die
äußere Anlage entspricht mehr einem herkömmlichen eng=
lischen Pächtersitz als den Bedürfnissen einer kühlen
Wohnung in tropischen Breiten, und im Innern macht
die dunkelgebeizte Holztäfelung der Zimmer einen nieder=
schlagenden Eindruck. Dazu kommt der augenbliche
traurige Anblick der Verwüstung und Zerstörung durch
den letzten Krieg. Da zur Kennzeichnung des Besitzes
eine deutsche Flagge auf dem Dache wehte, hatte sich
der amerikanische Admiral nicht enthalten können, das
Feuer seiner Schiffsgeschütze mit besonderem Eifer hier=
her zu lenken, und nicht weniger als ein Dutzend Granaten
lassen sich an Dach und Wänden nachweisen. Die Krieger
Mataafas kamen dann auf den unglücklichen Einfall, sich
hier zu verschanzen, und der Aufenthalt einer Horde
samoanischer Buschkrieger trägt natürlich auch nicht zur
Verbesserung eines verlassenen Hauses bei. Aber auch
das wenige, was noch in den Räumen zu finden ist,
scheint nicht viel sicherer zu sein vor Plünderung als ein
vom Feind eroberter Besitz. Die dem Engländer und
Amerikaner eigene Ehrfurcht vor großen Namen zeigt
sich hier in einer bekannten Abart von Heroenkultus.
Sachen werden beschädigt, um kleine Splitter als An=
denken mit nach Hause nehmen zu können, und kleinere

handliche Gegenstände verschwinden vollständig, um nach=
her, Gott weiß wo in einem der unglaublichen Privat=
museen aufzutauchen, die solche sammelwütigen Reisenden
mit Vorliebe zu besitzen pflegen. Kam da vor einiger
Zeit ein Vergnügungsdampfer von Neuseeland, wie er
alljährlich von den australischen Kolonien aus die Runde
zu machen pflegt, um eine große Herde Gesellschafts=
reisender auf einer Reihe schöner Südseeinseln die so=
genannten Sehenswürdigkeiten abgrasen zu lassen. Da
spielt denn natürlich Apia eine große Rolle in der Marsch=
ordnung, als „Schauplatz kürzlicher Unruhen und Sterbe=
ort des berühmten Schriftstellers Stevenson, des größten
Stilisten der Neuzeit". Es konnte also nicht fehlen, daß
eine stattliche Karawane bildungsbedürftiger Literatur=
freunde die Reise nach Vailima antrat. Der Verwalter
der Besitzung, der durch seine ungerechtfertigte Gefangen=
schaft an Bord eines englischen Kriegsschiffes bekannt ge=
wordene Herr Marquardt, war nicht zu Hause, als die
Gäste vorsprachen, fand dafür aber bei seiner Rückkehr,
daß mehrere wertvolle samoanische Merkwürdigkeiten
verschwunden waren. Einige der australischen „Hero=
worshippers" hatten großmütig die gestohlenen Sachen
mit einem Schilling bezahlen wollen, den sie mit ein
paar Zeilen auf den Tisch des Hauses niederlegten, sage,
schreibe einen ganzen Schilling, wofür man in Apia noch
nicht einmal eine Flasche Bier erstehen kann.

Es ist wunderbar, daß Stevenson sich gerade diesen
Platz an der Rückseite des Apiaer Berges ausgesucht hat
für sein Tuskulum, wo er für seine kranken Lungen
Heilung suchte und die Muße zu finden hoffte, sein lite=
rarisches monumentum aere perennius zu errichten.
Die alten, hohen Bäume des Grundstückes sind prächtig,
aber sie benehmen dem Blicke die freie Aussicht auf die
See, die nur in einem ganz schmalen Streifen sichtbar

wird, und die Entfernung von der Hauptstadt ist so groß, daß eine so völlige Abgeschlossenheit die Folge wird, wie sie des Dichters geselligem Wesen durchaus nicht entsprach. Gerade die Verbindung von Palmenlandschaft und Korallenstrand, die für die Südsee so bezeichnend ist, fehlt dem Bilde der Umgebung von Vailima völlig; um so bewundernswerter ist es daher, mit welcher Tiefe sich Stevenson hier oben in seinem Waldsitz in die Romantik der Südsee hineinleben konnte, mit welcher Kraft des Nachempfindens er hier seine Stimmungsbilder und Gestalten schuf. Zwar waren seiner Ansiedlung in Samoa einige Jahre gründlicher Südseereisen voraufgegangen. Nur wenige Gebildete mag es außerhalb der Marine geben, die so viele Inseln des Großen Ozeans kennen gelernt haben wie er auf seinen ausgedehnten Segelfahrten in der Jacht „Casco" und dem Schuner „Equator". Die Beschreibungen allerdings, die er von diesen interessanten Reisen für ein großes englisches Blatt lieferte, blieben weit hinter aller Erwartung zurück. Zwar sagte er gleich zu Anfang seiner Kreuzfahrt, als im Hafen von Nukahiva auf den Marquesas der Anker ins Wasser rauschte: „Meine Seele ging hinunter mit diesem Anker auf den Grund, und keine Winde und kein Taucher kann sie je wieder heraufholen." Aber die tropische Hitze und die Unbequemlichkeiten einer monatelangen Fahrt an Bord sehr kleiner Segelschiffe scheinen seine Willenskraft lahmgelegt zu haben. Erst in Samoa erwachen sein künstlerisches Empfinden und seine Darstellungskunst wieder zu voller Blüte, und die letzten Jahre seines Lebens werden die fruchtbarsten an schriftstellerischen Leistungen. Aber die große dichterische Verherrlichung Samoas, von der er träumte, ist ihm nicht gelungen, wie denn überhaupt die Südsee mit ihrer unvergleichlichen Mischung von Tropenlandschaft und Menschenleidenschaft, von zarter

Schwärmerei und blutdürstiger Roheit noch des Meisters harrt, der diesem Märchenlande romantischer Wirklichkeit ein dauerndes Denkmal setzt.

In den Briefen, die Stevenson seinem vertrauten Freunde Sidney Colvin, dem bekannten Kunstkritiker des Britischen Museums, von seinem samoanischen Landsitz aus geschrieben hat — vom Empfänger später als „Vailima Letters" veröffentlicht — heißt es einmal bei der Ankündigung einer neuen Erzählung: „Du wirst mehr von der Südsee wissen, wenn du meine kleine Geschichte (The Beach of Falesá) gelesen hast, als wenn du eine ganze Bibliothek gelesen hättest." Nun, die blutrünstige Mörderei dieser Erzählung aus dem Leben eines Südseehändlers erschöpft denn das Wesentliche doch nicht. Zwischen dem wüsten Beachcombertum seines Helden und der empfindsamen Gefühlsduselei des großen französischen Exotikers, der in seinem Jugendwerk „Le mariage de Loti" Erinnerungen an Tahiti dichterisch verklärte, liegt noch eine lange Stufenleiter von Möglichkeiten. Seit Hermann Melville, ein Amerikaner, der als Seemann von seinem Schiff aus auf einer der Marquesas zurückgelassen und von den Eingeborenen in freundlich liebevoller Haft gehalten worden war, vor einem halben Jahrhundert in seinem Reisebuch „Types" den Reigen begeisterter Südseeschilderer eröffnete, haben gar manche Reisenden zur Feder gegriffen, gelockt von dem übermächtigen Reiz des Stoffes. Aber viele sind berufen, nur wenige sind auserwählt. Da gibt es Bücher, dickleibig und schön geschmückt, mit hastig zusammengekauften Photographien, geschrieben von Leuten, die tatsächlich nur wenige Stunden in den zahlreichen Orten — und natürlich nur Häfen, die von Dampfern angelaufen werden können — zugebracht haben, denen sie nach fleißigem Wälzen des Konversations-Lexikons lange Beschreibungen widmen. Besonders verdient da ein neuseeländischer Parlamentarier festgenagelt zu werden, dessen hohe Stellung im britischen Kolonialdienst einen leichtfertigen Londoner Verleger veranlaßte, sein von lächerlichen Irrtümern und Oberflächlichkeiten wimmelndes Machwerk dem naiven Publikum als Prachtwerk vorzuführen. Leider sind eben die wirklichen Kenner der Südsee, die Händler und Missionare, mit der Feder nicht gewandt genug, ihre unschätzbaren Erlebnisse zu schildern, oder es fehlt ihnen gar der nötige Verstand und das künstlerische Empfinden, die Eigenart ihrer Umgebung ganz in sich aufnehmen zu können. Eine erfreuliche Ausnahme tauchte unter diesen Leuten vor etwa fünf Jahren auf, als Louis Becke, der mehr als zwanzig Jahre als Schiffer und Händler auf zahlreichen Inselgruppen des Stillen Ozeans gelebt hat, mit einer anspruchslosen kleinen Sammlung von Südseeskizzen „By Reef and Palm" hervortrat. Seine späteren Werke, vor allem „The Ebbing Tide", gehören inhaltlich zu dem Besten, was man über Südseeromantik lesen kann. Samoa spielt in diesen fesselnden Darstellungen des ehemaligen Schiffers nur eine untergeordnete Rolle, wenn auch ein paar sehr bezeichnende Anekdoten verwertet worden sind. Ausschließlich Samoa zum Vorwurf haben dagegen die wenigen vorzüglichen Skizzen, die ein Australier, der leider „in den weitesten Kreisen unbekannt" geblieben ist, kürzlich unter dem Titel „In Summer Isles" veröffentlicht hat. Dieser Schriftsteller, Burton Dibbs, verdient zu den Klassikern Samoas gerechnet zu werden.

Wenn Stevenson von Loti die Wärme der Empfindung, von Becke den Reichtum an Gestalten und Erlebnissen, von Dibbs den Blick für die Echtheit des Milieus seinem eigenen großen Können hinzugefügt hätte, so würden wir von ihm vielleicht anstatt der heimatlichen

Vorwürfe aus Schottland, die ihn gegen Ende seines
Lebens beschäftigten, das große samoanische Meisterwerk
bekommen haben, nach dem er sich selbst im Zweifel
an seiner wirklichen Bedeutung sehnte. Aber die Leiden=
schaft seines Lebens war das Unheimliche, Geheimnisvolle,
Grauenhafte. Rohe Machwerke, wie die Verbrecher=
romane von Montépin und Gaboriau, konnte er tage=
lang verschlingen, und der grausige Normanne Barbey
d'Aurévilly war ihm ein unerreichbares Vorbild. Die
tolle Phantasie, die die unglaublichen Hintertreppen=
geschichten vom „Suicide Club" und dem „Strange Case
of Dr. Jekyll and Mr. Hyde" aushecke, war wohl
schon zu krankhaft, um an den schließlich doch etwas
wirklicheren Zuständen der Südsee genügende Freude zu
haben. Und doch hat derselbe Mann, der sich im Er=
sinnen blutiger Unwahrscheinlichkeiten nicht schämte, zu
den verrufensten Vielschreibern der Küchenromane hinab=
zusteigen, in einem Falle wenigstens eine Probe be=
wundernswerter Sachlichkeit gegeben: ich meine in seiner
vielverschrienen Zeitgeschichte Samoas, die den sonder=
baren Titel führt: „A Footnote to History". Wer
wie er jahrelang in Apia gelebt hat, jenem kleinstädtischen
Treibhause vom persönlichen Klatsch und politischer Ränke=
spinnerei, wird nicht leicht, wenn er an die Beurteilung
jüngst vergangener Ereignisse geht, soviel unparteiischen
Sinn übrig haben, wie ihn Stevenson hier gezeigt hat.
Vom berüchtigten Tropenkoller gibt es viele Abstufungen,
und nicht leicht bleibt man in engen Verhältnissen unter
tropischer Sonne verschont vom ersten Anfang chronischer
Verstimmung: den leisen Spuren politischen Verfolgungs=
wahnsinns. Alles in allem genommen, ist die „An=
merkung zur Weltgeschichte" ein anerkennenswerter Ver=
such, ehrlich unparteiisch zu sein.

Elftes Kapitel.

Am Ostende Upolus.

Bootsmiete und Wäschepreise in Apia. — Bedenkliche Taufscherze. — Türkisches Bad ohne Dampf. — Samoas zoologische Berühmtheit. — Zweiter Besuch bei Mataafa.

Mein Wunsch, auch die seltener besuchten östlichen Küstenstriche der Insel Upolu mit den Bezirken Atua und Aleipata kennen zu lernen, wurde mir erfüllt durch das große Entgegenkommen Mataafas, der mir und zwei Freunden einen großen Zwölfriemer zur Verfügung stellte, in dem die lange Küstenfahrt möglich wurde. An verfügbaren Booten ist stets Mangel in Apia, wenigstens an solchen für längere Fahrten. Zwar gibt es für den Hafenverkehr mehr als vierzig eingeschriebene Ruderjollen, deren Inhaber als staatlich anerkannte Gewerbetreibende gelten und von ihren Fahrgästen je zwei Mark für eine Fahrt erheben dürfen, mag der Dampfer oder das Kriegsschiff auch noch so dicht am Lande liegen. Genau wie auf Helgoland, wo die braven graubärtigen Fischer mit den ehrlichen Gesichtern sich von jedem Reisenden für die kurze Fahrt vom Dampfer ans Land und zurück zwei Mark bezahlen lassen, gleichgültig, ob sie einen oder zwanzig herüberrudern. Die Apiaer Bootsleute vermieten ihre Boote nicht unter einem Pfund Sterling den Tag, und für die Besatzung fordern sie das gleiche für jeden Mann, seitdem einige törichte amerikanische Geldprotzen ihnen den unverschämten Preis bewilligt haben. Wollte man sich unter solchen Bedingungen auf eine längere Reise in einem Zwölfriemer einlassen, würde man allein für die Fortbewegung etwa fünfmal soviel täglich zu zahlen haben wie auf einem atlantischen Dampfer für Reise und Verpflegung. Und es gibt leider Leute, die auf diesen unerhörten Schwindel hereinfallen und späteren Reisenden die Preise verderben. Die von den Missionaren zum Erwerb baren Geldes angehaltenen Samoaner ihrerseits haben bald genug die Vorzüge eines Ringes zur Ausbeutung ihrer Opfer erkannt; sie bilden in solchen Fällen, ganz nach berühmten amerikanischen Mustern, einen Trust, und an dem gemeinsamen Widerstande prallen die Versuche des Fremden, die Preise auf eine vernünftige Grundlage zurückzuführen, hoffnungslos ab. Nur ein geschlossenes Vorgehen hätte Aussicht auf Erfolg, und es ist kein Wunder, daß sich dazu noch niemand aufgerafft hat. So läßt sich hier in Apia seit Urzeiten jeder Fremde von den Wäschern eine unerhörte Behandlung gefallen. Für den Vorzug, seine Kragen und Hemden, Taschentücher und weißen Anzüge, von denen man eine erkleckliche Zahl verbraucht, binnen kurzem unter den Keulenschlägen der samoanischen Waschfrau zerreißen und zerspleißen zu sehen, zahlt man 10 Cents für jedes Stück, also fast 50 Pfennig. Nach einigen vergeblichen Versuchen sittlicher Entrüstung und schüchterner Preisdrückerei hat denn auch redlich jeder Fremde bis jetzt sich dieser Tyrannei gebeugt, und so wird es also wohl in alle Ewigkeit bei den hohen Preisen für die beiden unentbehrlichsten Dinge in Apia bleiben. Von Stärken und Bügeln hat natürlich so eine samoanische Waschfrau herzlich wenig Ahnung. Sie sitzt mit ihrer Wäsche im Fluß und bearbeitet unter einer tollen Seifenverschwendung die ihr anvertrauten „Lavalava Papalagi" so lange auf rauhen Steinen und mit einer hölzernen Keule, bis ihr der Arm ermüdet, und das dauert bei diesen muskelstarken Naturkindern recht lange. Daß man für die planmäßige Zerstörung der Wäsche auch noch bezahlt, ist eigentlich eine rührende Probe auf das Gesetz der Trägheit. Wenn man seine Bootsleute aber löhnt, hat man wirklich etwas für sein Geld gehabt.

Durch Mataafas Freundlichkeit wurde ich glücklicherweise der Notwendigkeit überhoben, selbst ein Boot aufzutreiben, was mir schon bei meinen Fahrten nach Apolima und Mulifanua schwer genug geworden war. Zum Steuern des Bootes hatte der alte Häuptling seinen eigenen Neffen mitgeschickt, einen hübschen, aufgeweckten Jungen von etwa 16 Jahren, der bei den französischen Brüdern sehr gut Englisch gelernt hat. Seinen ursprünglichen samoanischen Namen hat dieser kleine Fürstensohn mit dem christlichen „Atonio" vertauscht. (Samoanisch für Antonius, mit dem Ton auf dem i.) Diese Sitte der Umtaufe wird bei christlichen Häuptlingssöhnen mehr und mehr gebräuchlich. Ein uraltes Herkommen heißt die Mütter in vornehmen Geschlechtern ihren Söhnen sonderbare Spottnamen geben, die die armen Kinder so lange tragen müssen, bis sie durch den Tod des Vaters in den Besitz des Familienstammnamens kommen. Diese jugendlichen Namen sind mir stets ein Rätsel geblieben; sie sind meist roh und unanständig, so daß es unbegreiflich ist, wie Mutter und Schwester ihre nächsten Angehörigen mit so garstigen Namen rufen mögen. Und doch nimmt niemand daran Anstoß, bei allem Abscheu, den sonst die samoanische Frau vor roher Sprache hat. Ein mir bekannter Häuptlingssohn heißt z. B. „Puaaelo", d. h. stinkendes Schwein, und so heißt er in der Familie, in der Schule und so muß der Arme seinen Namen unterschreiben. Andere derartige Namen sind Muliufi, Muliuli, Taepuaa — die Träger sind ebenfalls mir befreundete, übrigens in ganz Samoa sehr bekannte Söhne hervorragender Häuptlinge —, die Übersetzung ins Deutsche wäre aber nur in einem Privatissimum möglich. Im Verkehr mit Fremden, die Samoanisch verstehen, schämen sich die jungen Leute ihrer Namen, die sie mit verlegenem Lächeln als „Faa Samoa", d. h. der Landessitte entsprechend, zu entschuldigen versuchen. Gern nehmen sie dann irgendeinen fremden Ersatz an und lassen sich Hans, Jack oder Jim nennen, bis ihnen der ersehnte ehrenvolle Familientitel zufällt. Die katholischen Samoaner haben sich sehr mit biblischen Namen angefreundet, die sie ihren Lautgesetzen anpassen, und nennen sich stolz Tavita, Jopu, Tanielo, Mitaaile, Esetielo und was dergleichen klangvolle hebräisch-samoanische Zwitter mehr sein mögen.

Unser kleiner Bootssteurer, der dem heiligen Antonius von Padua zu Ehren sich seines anrüchigen samoanischen Namens entäußert hat, mustert wie ein erfahrener Heuerbaas alsbald eine stattliche Rudermannschaft an, meist junge Leute seines Alters, teilweise noch „Tamaleta", „unverzierte Babies", wie die noch nicht tätowierten Knaben genannt werden. Alle aber sind schön gewachsen, breitschultrig und sehnig. Zur Zeit der höchsten Flut, mitten in der Nacht, gehen wir aus dem Hafen heraus. Es ist stockdunkel, kein Stern am schwarzen Regenhimmel zu sehen, und nur die in ungewisser Entfernung unheimlich leuchtenden weißen Kämme der Riffbrandung können als Wegweiser dienen. Mit verblüffender Sicherheit steuert ein älterer Mann, der den kleinen Atonio bei diesem gefährlichen Manöver abgelöst hat, durch die schmalen Durchfahrten der Korallenbänke hindurch, um für unser tiefgehendes Boot genügendes Fahrwasser zu finden, und als ob es sich um ein

Wettrudern im hellsten Sonnenschein handelte, wühlen die zwölf langen Riemen in raschem Schlage das schwarze Wasser auf. Wir machen eine prächtige Fahrt, obwohl es gegen den Wind geht und eine beträchtliche Dünung uns entgegenarbeitet. Die ganze Nacht hindurch wird gerudert, unermüdlich, unter fortwährendem Singen und Scherzen, so daß an Schlafen nicht zu denken ist, wenn anders die harten Planken und der enge Raum im Boot dazu Gelegenheit böten. Nur einmal wird eine Pause gemacht, in der Bucht von Saluafata beim Dorfe Salelesi, da wir uns so einrichten müssen, daß uns die nächste Flut die Ansegelung der sehr schwierigen riffgeschützten Ostküste erleichtert. Mit schrecklichem Getute aus der großen Muschel, die uns die Dampfpfeife vertreten muß, werden die armen Dorfbewohner aus dem Schlaf gestört und an den Strand gerufen, um unser Boot aufs Land ziehen zu helfen und unsern Leuten für ein paar Stunden Obdach zu gewähren. Die braven Bootsgasten nehmen sofort ein Bad, um sich von der lästigen Salzkruste zu befreien, die der ununterbrochene Sprühregen der Wellen auf ihrer nackten Haut gebildet hat, und dann geben sie sich mit Genuß jenem wunderbaren Kneten der Muskeln hin, das die samoanischen Mädchen so vortrefflich verstehen. Dies „Lomilomi" ist eine ungemein wohltätige Handreichung, die dem Fremdling auf Wunsch gleich nach seiner Ankunft im Fale Tele geboten wird. Bei Kopfschmerzen oder nach ermüdendem Marsch oder Ritt wirkt es Wunder, und bei langen Ruderfahrten wird die Leistungsfähigkeit der Armmuskeln durch gründliches und sachverständiges Kneten verdoppelt. Unsere Leute haben schon etwa 30 Kilometer gegen Wind und Wellen gerudert, und noch weitere 50 Kilometer stehen ihnen bevor, da wir wegen der frischen Brise ziemlich genau den Windungen der Küste folgen müssen und dadurch die

Luftlinien-Entfernung fast verdoppeln. So sind denn bald das geräumige Herbergshaus des Dorfes und eine weitere Hütte des Dorfes in eine Art türkischen Bades ohne Dampf verwandelt; mehr als ein Dutzend mangelhaft bekleideter brauner Gestalten bedecken den Boden, und die Mädchen sind eifrig dabei, die mit duftendem Kokosöl eingeriebenen Gliedmaßen zu streichen, zu klopfen, zu kneten und in jeder erdenklichen Weise nach den Regeln samoanischer Lomilomikünste zu bearbeiten.

Nach kurzem Imbiß und kühlem Bad im nahen Flüßchen geht es schon vor Sonnenaufgang weiter, stundenlang an der hohen, zerklüfteten Waldküste von Atua vorbei, die weniger wild als die Sawaiis, aber fruchtbarer und abwechslungsreicher zu sein scheint und jedenfalls nicht minder malerisch ist. Das Hinterland ist noch völlig unbekannt, abgesehen von den wenigen Stellen, wo, wie bei Fale Fa und Faga Loa, das Meer tiefe Einschnitte macht und bequeme Zugänge ins Innere der langgestreckten Insel schafft. In diesen dichten Wäldern, die von der verwitterten Basaltküste herniedergrüßen, haust noch jener einzigartige Vogel, Samoas zoologische Berühmtheit, die Zahntaube (Didunculus strigirostris) die sonst nirgends auf der Welt vorkommt und für den Naturforscher als einer der merkwürdigsten Übergangsvögel von Interesse ist. Heute sollen nur noch ganz vereinzelte Exemplare davon am Leben sein, da bei der großen Vorliebe der Eingeborenen für die Taubenjagd auch dies seltene Tier, das allerdings mehr einem Rebhuhn gleicht, mit abgeschossen wird. Der englische Missionar Stair schickte vor fünfzig Jahren einen wohlerhaltenen Balg zum Ausstopfen nach England, der amerikanische Forschungsreisende Wilkes brachte ein weiteres Exemplar mit nach Washington und Steinberger, der große Abenteurer, konnte sogar einen lebenden

Vogel nach Hause schicken. Seitdem scheint kein Europäer mehr in den Besitz eines Manumea, wie die Samoaner das Tier nennen, gekommen zu sein, obwohl zuverlässige Leute behaupten, in den Wäldern Atuas und Savaiis sei es ganz leicht möglich, noch lebende Vögel aufzutreiben.*) Sie zu fangen gilt für sehr schwierig, da sie außerordentlich scheu sind und bei den Eingeborenen, wenigstens den heidnischen, für heilig gelten. Diese Zahntaube hat in ihrem papageienähnlichen Schnabel auf dem Unterkiefer tatsächlich zwei leibhaftige Zähne, und diese Merkwürdigkeit bringt ihr die Verwandtschaft mit der berühmten, fast sagenhaft gewordenen Dronte von Mauritius und La Réunion ein, die im achtzehnten Jahrhundert so viel von sich reden machte, als holländische Seefahrer von dem auf verschiedenen Inseln des Indischen Meeres gesehen Dodo oder Walghvogel berichteten. Da es im Innern von Atua gar keine menschlichen Niederlassungen gibt — auch im übrigen Upolu und auf den andern Inseln wohnen die Eingeborenen fast ausschließlich an den Küsten —, so könnte der Zoologe wohl noch gute Ausbeute finden, wenn er sich ernstlich auf die Jagd nach dieser interessanten Merkwürdigkeit begibt.

Am Mittag des folgenden Tages kamen wir auf der Höhe von Amaile an, unserem nächsten Ziel, einem stattlichen Ort bei Saleaaumua, dem politischen Hauptort des östlichsten Bezirkes von Upolu. Hier hatte Ma=

---

*) Seit Übergang Samoas in den Besitz Deutschlands ist zweimal ein lebendes Exemplar in den Besitz des Berliner Zoologischen Gartens gelangt. Das letzte ist erst vor kurzem leider wieder aus unbekannter Ursache gestorben. Übrigens scheinen nach neueren Nachrichten aus Samoa die Zahntauben doch noch nicht ganz dem Verschwinden nahe zu sein, wie man gefürchtet hat. Vgl. die Notiz des Dir. Prof. Heck in der „Leipziger Jll. Zeitung" vom 25. Juni 1907, worin auch eine Abbildung. A. d. H.

taafa sein Heim aufgeschlagen, um in seinem großen
Hause, das schon sein Urgroßvater hier auf der hoch=
gelegenen Küste gebaut hatte, die erfrischende Passatbrise
aus erster Hand zu genießen. Der vielgeplagte Mann
beginnt allmählich doch sein Alter zu spüren, und nach
seinem an aufreibenden Aufregungen reichen Leben geben
ihm seine Körperkräfte nicht mehr genügend her, um die
Anstrengungen eines Lebens im Busch wochenlang un=
gestraft über sich ergehen lassen zu können, wozu ihn
die Ereignisse des vergangenen Frühjahrs gezwungen
hatten. Ein schleichendes Fieber hatte den starken Greis
vollständig heruntergebracht und ihn um ein Jahrzehnt
altern lassen. Ich war schmerzlich überrascht, als mir
beim Eintritt in die Königshütte ein gebrechlicher müder
Mann entgegentrat, in dem ich kaum den starken aufrechten
Riesen erkennen konnte, der Mataafa noch bei meinem
ersten Besuch in Fale Fa gewesen war. Leider fehlte es
ihm auch vollständig an ärztlicher Hilfe, und wenn nicht
gelegentlich die Stabsärzte vom deutschen oder amerika=
nischen Kriegsschiff bei ihm vorsprächen, wäre es wohl
bald um ihn geschehen. Trotz der großen Entfernung
von Apia zieht er es aber vor, hier im äußersten Osten
Upolus zu leben, denn hier haben seine Vorfahren ge=
wirkt, alles Land gehört ihm und in Amaile und den
umliegenden Ortschaften Saleaumua, Lefaga und Sa=
laiga wohnen etwa 250 seiner näheren und weiteren
Verwandten. Er liebt es inmitten seiner Sippe, hier
Hof zu halten, in althergebrachter polynesischer Weise,
wie ein Vater von seinem Volk verehrt und von den
Großen seines Stammes als der Weiseste und Gütigste
bewundert.

* * *

Einheimische Geldwährung. — Kronschatz eines samoanischen Königs. — Balsamierkünste in Aleipata. — Schädel eines Engländers als Hausgott. — Von den Schlafmädchen.

Der letzte Krieg hat die Ostküste Upolus gänzlich verschont. Ob die englischen und amerikanischen Kapitäne nicht gewußt haben, daß Aleipata einer der reichsten Bezirke Samoas ist, oder ob die Unzugänglichkeit der Küste die stattlichen Dörfer vor Beschießung und Brandschatzung bewahrt hat, Tatsache ist, daß man hier vergeblich ausschaut nach niedergebrannten Hütten, zerstörten Anpflanzungen und durchlöcherten Kirchendächern. Alles macht einen friedlichen und zufriedenen Eindruck und gewährt ein sehr viel wohltuenderes Bild von Samoa, als das übrige Upolu und Savaii mit ihren nur langsam verheilenden Kriegswunden zu geben vermögen. Allerdings wird Aleipata als das Stammland der Tupua-Geschlechter und ihres heutigen obersten Vertreters Mataafa wohl von ganz besonders reichen Leuten bewohnt, die großen Grundbesitz haben und auch von dem wahren Reichtum der Samoaner, den alten Matten, genügende Vorräte besitzen, um auch in den Augen der Eingeborenen als wirklich begütert gelten zu können. Kostbar werden diese Matten erst durch ihr Alter. Sie werden nur von ganz ausgesuchten Blättern des Pandangbaumes gefertigt, und ihre Herstellung erfordert viele Monate, aber erst die Vererbung von Geschlecht zu Geschlecht häuft schließlich auf sie solche Summe rein moralischen Wertes, daß für die berühmtesten unter ihnen sogar Stammbäume aufgestellt werden. Wie auf den Karolinen die Erbsensteine (Aragonit) geradezu Münzwert erhalten und Tauschmittel werden, weil sie mit ungeheuren Schwierigkeiten viele Hunderte von Kilometern weit von den Palauinseln auf leichten gebrechlichen Fahrzeugen herbeigeschafft werden müssen, so gewinnt das an und für sich wertlose

Geflecht der samoanischen Pandangmatten durch Alter und eine lange Ahnenreihe erlauchter Besitzer einen festen Wert in der Schätzung des Volkes und wird zum einzigen Umlaufsmittel des geschäftlichen Verkehrs, das der Samoaner kennt. Denn bares Geld amerikanischer oder englischer Prägung ist nur in Apia und den Missionsstationen allgemein bekannt. Aber auch dort werden Zahlungen der Eingeborenen untereinander noch heute in Matten geleistet. So bekommt der hochgeschätzte Tatatau, der in mühsamer, wochenlanger Arbeit mit seinen zierlichen Geräten aus Menschenknochen die Schenkel seiner heranwachsenden Landsleute mit den altertümlichen Tätowiermustern schmückt, außer seinem täglichen Bedarf an Talo und Brotfrucht als „Barzahlung" ein paar Matten von der kostbarern Art, die unter dem Namen „ie toga" bekannt und am Rande mit den roten Federn eines seltenen Papageis gesäumt sind. Die Handwerker, die beim Bootsbau und beim Errichten der Häuser helfen, werden ebenfalls mit Matten abgelöhnt, und in vorchristlicher Zeit bestand der Kaufpreis, wie noch heute das Brautgeschenk für die Frau in Matten.

Auch Mataafa, der Tafaifá, der Herr der vier Würden, hat seiner Stellung entsprechend einen großen Schatz von diesen Matten in seinem Besitz gehabt. Nach und nach gingen die wertvollsten Stücke in die Hände seiner Hauptsprecher über, die ihm seine Wahl in Aana und Atua sicherten, und nur dem Umstande, daß man von seiner jetzigen Erkrankung ein schlimmes Ende fürchtet, haben wir es zu verdanken, wenn wir den ganzen unschätzbaren Vorrat an altem Flechtwerk jetzt hier in Amaile zusammenfinden, wie es beim Tode des großen Häuptlings der Fall sein würde. Zu Bündeln zusammengeschnürt hängen diese sonderbaren Glanzstücke eines polynesischen Königshausrates von dem gewölbten Dache herunter, an starken Kokosfaserstricken aufgehängt. Ein länglicher Kasten fällt darunter besonders auf. Er enthält das kostbarste Gut, den getrockneten Leichnam von Mataafas Vater, der demnächst feierlich in einem großen Häuptlingsgrabe beigesetzt werden soll. Nur hier im Osten Upolus hat sich die alte Sitte des Einbalsamierens erhalten, und besonders die Familie der Tupua ist bekannt als ein Haus, das am längsten dem alten Brauche treu geblieben ist. Wie im einzelnen die Zurichtung der Leichen besorgt wird, habe ich nicht in Erfahrung bringen können, mochte auch keine Fragen an die Angehörigen des Häuptlings richten, dessen Vorfahr da über uns in seinem auffällig kleinen Sarge hing. Die zahlreichen hohen Herren, die aus Savaii, Manono und Westupolu zum großen Rat bei Mataafa zusammengekommen waren, schienen nichts Näheres vom Einbalsamieren zu wissen. Um eine Besichtigung des getrockneten Leichnams zu bitten, wie mir von einigen wohlmeinenden Begleitern geraten wurde, konnte ich nicht übers Herz bringen. Jedenfalls handelt es sich um ein völliges Austrocknen, wohl mit Hilfe pflanzlicher Stoffe, von denen die alten Samoaner eine große Kenntnis zu haben scheinen. Die einheimische Bezeichnung für eine solche einbalsamierte Leiche ist „atua faa lalaina", das heißt wörtlich: ein in der Sonne getrockneter Gott, woraus man schließen muß, daß nach Art der Chinesen die Samoaner mit Geist und Körper ihrer Vorfahren einen religiösen Kult getrieben haben. Noch jetzt werden die im Kriege eroberten Köpfe der erschlagenen Feinde mit ganz besonderer Sorgfalt behandelt. Es scheint mehr als der Stolz des Siegers dieser Verehrung zugrunde zu liegen. Dem Fremden, der nicht dauernde Beziehungen zu den Eingeborenen anknüpfen kann, ist es unmöglich, die Geheimnisse vorchristlicher Gebräuche aufzudecken, da die selbstbewußten Samoaner

nichts mehr zu vermeiden suchen, als in den Augen der
Weißen lächerlich zu erscheinen. Was mit den erbeuteten
Köpfen später geschieht, ist mir unbekannt. Ich habe
zwar an mehr als einem Platz kleine, kreisrunde Gräber
gesehen, die mit ihrer zwerghaften Einfassung den Ein=
druck machten, als ob ein Kind dort seinen Kanarienvogel
oder seine Lieblingskatze beerdigt habe. Auf meine An=
frage erfuhr ich aber, daß es die Ruhestätten für wieder=
eroberte Köpfe seien. Vor langen Jahren besaß ein mäch=
tiger Häuptling auf Manono den getrockneten Schädel
eines Engländers und verehrte ihn als sein wertvollstes
Eigentum, ja, er nannte ihn seinen „aitu", seinen Haus=
gott. Dieser Kopf war das letzte Überbleibsel einer wüsten
Gesellschaft von Beachcombers, die in den dreißiger Jahren
Samoa unsicher machte. Von einem Sträflingstransport
waren auf dem Wege von England nach Neusüdwales fünf
der verwegensten Mordgesellen im Hafen von Raitea auf
Tahiti entsprungen. Es gelang ihnen dort, ein Schiff
zu stehlen, mit dem sie nach langen Abenteuern schließlich
nach Samoa kamen, wo es damals kaum festangesiedelte
Europäer gab. Sie fanden das Land in zwei Parteien
gespalten, die sich zu Wasser und zu Lande mit allen
Mitteln bekriegten. Da die fünf Sträflinge unter sich
bald uneinig wurden, traten sie zu den verschiedenen
Parteien über und wurden dort bald die Anführer und
Hauptberater der gegnerischen Häuptlinge, da ihre Feuer=
waffen sie wie überirdische Wesen im Besitze geheimer
Kräfte erscheinen ließen. Alle fanden sehr bald ein ge=
waltsames Ende. Einer hatte nicht weniger als 200
Seelen auf dem Gewissen, als ihn das Geschick erreichte.
Ein anderer, der Schützling des Häuptlings von Manono,
sollte nicht mehr als einen einzigen Schuß aus seiner
Büchse abgeben. Er hatte sein plumpes Feuerrohr mit
Bleistücken geladen und brachte damit zum Entzücken seines

Gönners neun Mann von der Gegenseite zugleich zur Strecke. Ehe er aber mit dem umständlichen Laden für den zweiten Schuß fertig war, sausten die Keulen der Gegner auf ihn nieder. Sein Schädel wurde unter den wuchtigen Hieben der altsamoanischen Eisenholzwaffen vollständig zertrümmert, dann von dem Schutzherrn abgeschnitten und mit Kokosfasern höchst kunstvoll zusammengeflickt, getrocknet und als Hausheiligtum an der Decke aufgehängt; so hat ihn Williams noch gesehen.

Daß Mataafa damit beschäftigt war, den getrockneten Leichnam seines Vaters in einem großen steinernen Grabmal beizusetzen, schien dafür zu sprechen, daß die Tage der Mumienbereitung auch in Aleipata gezählt sind. Jedenfalls hat da der Einfluß der französischen Missionare mitgewirkt, die zwar sonst grundsätzlich jede irgendwie vermeidliche Einmischung in die alten Sitten vermeiden und nur in ganz besonderen Fällen eingreifen, die gar zu sehr dem christlichen Bewußtsein ins Gesicht schlagen. Sie haben sonderbarerweise mit diesen vernünftigen Anschauungen sehr viel weniger Erfolg erzielt als ihre Nebenbuhler von den verschiedenen englischen Bekenntnissen, die sich rühmen, annähernd 30 000 Anhänger auf Samoa zu haben, während die höchste Schätzung der Bevölkerung nicht mehr als 35 000 Einwohner ergibt. Es liegt den französischen Brüdern natürlich daran, ihre wenigen Pfarrkinder sich zu erhalten, und bei diesem Bestreben ist ihnen Mataafas Frömmigkeit eine große Hilfe. Nicht nur hat der Häuptling seinem Hause gegenüber eine stattliche Kirche erbaut, auch in den Nachbardörfern sah ich überall katholische Kapellen und in Saleaaumua sogar eine sehr ausgedehnte Niederlassung der Sœurs de la Miséricorde, die wohl die stattlichste Niederlassung der katholischen Missionen außerhalb Apias ist. An der Spitze stand eine uralte Oberin, eine Französin

von etwa 70 Jahren, die aber nach ihren vierzig Jahren
Tropendienst schon so völlig zusammengeschrumpft war
wie eine Hundertjährige. Nur auf Savaii lebt noch ein
Missionar, der länger als sie hier im Lande war; nach
42 Jahren ununterbrochener Missionstätigkeit im Busch
verzehrt er jetzt in Mulivai das Gnadenbrot.

Die enge Nachbarschaft mit den Geistlichen scheint in
Mataafas Haushalt einen strengen erzieherischen Einfluß
gehabt zu haben. Keine Mahlzeit wurde aufgetragen ohne
Tischgebet, und als des Abends beim Tanz die von ihm
selbst zur Unterhaltung der Gäste herbeigerufenen Mädchen
ein etwas zu ausgelassenes Lied anstimmten, unterbrach
einer der anwesenden Häuptlinge die Vorstellung sofort
und hieß die fröhlichen Kinder die Hütte räumen, damit
das Ohr des Königs nicht von den derben Späßen der
„Nachtkurzweil" beleidigt werde. Ein Duckmäuser nach
Art der protestantischen Missionare, die den Eingeborenen
auch die harmlosesten Vergnügungen als heidnisch ver=
bieten, ist darum aber Mataafa nicht. Zu meinem Er=
staunen sah ich, daß er in seinem Hause sogar die alte
samoanische Sitte der Schlafmädchen aufrechterhält, die
in den häufiger besuchten Teilen Upolus schon völlig ab=
handen gekommen ist. Es handelt sich bei diesem eigen=
tümlichen Brauch ohne Zweifel um die Nachklänge an
früher geübte Sitten, wo die Gesetze der Gastfreundschaft
dem Fremden das ganze Haus zur Verfügung stellen
hießen, und zwar mit ernster gemeintem Angebot als des
Spaniers „Toda mi casa es á disposicion de Usted",
was beileibe keine Aufforderung sein soll, sich wirklich
„wie zu Hause" zu fühlen. Heutzutage aber ist die Sitte,
Schlafmädchen anzubieten, die den Ehrengast in den Schlaf
singen oder durch leises Kneten der Muskeln leise und
sicher einschläfern sollen, nur noch ein Symbol. Die alten
Damen des Hauses, wie solche auch über der Tugend

der Dorfjungfrau Tag und Nacht wachen müssen, sitzen die ganze Nacht auf und stellen mit ihrer Ausdauer alles in den Schatten, was in unsern Ländern die Anstands= mütter je leisten können. Die Schlaflieder habe ich außer= halb Aleipatas nicht gehört, in Savaii, auf Manono und an vereinzelten Plätzen Aanas dagegen mich noch der Gesellschaft der Mädchen zu erfreuen gehabt, die einem mit zärtlichen Fingern leise den Kopf krauen und mit ihrem munteren Geplauder uns den besseren Teil der Nacht rauben. Glücklicherweise gibt es hier an dieser hohen Luvküste keine Moskitos, die in den feuchteren Teilen Samoas eine recht lästige Plage sind, und so läßt es sich schließlich trotz der Schlafmädchen recht gut in der weiten Halle schlafen, durch die auch während der Nacht ungehindert der laue Passat seine weichen Wellen streichen läßt. —

* * *

Hofhaltung eines samoanischen Großen. — Nasenkuß. — Das größte Ruderboot der Welt. — In der Bucht von Fagaloa. — Ein Sieg des „englischen Hais".

Die beiden Bewerber um den Königsthron in Apia können einem keine annähernde Vorstellung von der Würde geben, die ein hoher samoanischer Häuptling auch ohne alle Entfaltung äußeren Prunkes seiner Hof= haltung verleihen kann. Tamasese der Jüngere, der Sohn eines der vornehmsten Samoaner, die in den letzten Jahr= zehnten in der Geschichte des Landes eine Rolle gespielt haben, lebt sehr bescheiden in Vaimoso, einem kleinen Dorf in der Nähe von Apia, und Tanu Mafili gar hat seine Residenz in einem geschmacklosen Bretterhaus nach europäischem Muster aufgeschlagen, als Gast des ein= heimischen Oberrichters Folau, während er für die Nacht eine der samoanischen Hütten auf dem Dorfplatz von Matautu bezieht. Beide verfügen nur über ein sehr kleines

Gefolge, das sich noch dazu nicht aus den besten Kreisen
zusammensetzt. Anders bei Mataafa, der auch als un=
gekrönter König eine Hofhaltung im großen Stil nach
alter Weise auf seinem Familienstammsitz aufrecht er=
hält. Sein Haus in Amaile ist das schönste und größte,
das ich auf Upolu und Savaii gesehen habe, aus aus=
erlesenem Material erbaut und reichlich doppelt so groß
wie die üblichen Hütten, die man in den östlicheren Teilen
der Insel findet. Der große Mittelpfosten der Halle
ist ein mächtiger Stamm aus rötlichem Eisenholz, der
schon seit Jahrhunderten im Besitz der Tupua=Familie
ist, die vor dem Aufkommen der Malietoa im 18. Jahr=
hundert den Samoanern eine lange Reihe von Ober=
häuptlingen gegeben hat. Man konnte an dem Stamm
deutlich die flachen Mulden sehen, die die alten Stein=
messer und scharfen Muschelscherben beim Glätten hinter=
lassen hatten. Es muß für die Samoaner der Steinzeit
eine ungeheure Arbeit gewesen sein, einen solchen Baum=
riesen zu fällen, zu glätten und zurechtzustutzen mit den
unzulänglichen Geräten aus Stein und Muschelkalk, die
ihre einzigen Hilfsmittel waren, ehe die Weißen ihnen
Eisen und Stahl brachten. Mit einer Muschelscherbe kann
man allerdings ganz erstaunlich scharfe Schnitte machen,
aber an dem Eisenholz, das härter als das Kernholz der
Eiche ist, stumpfen die dünnen Schneiden sehr bald ab
und müssen ersetzt werden. Auch das Dach mit seinem
festen Lattengestell aus Brotfruchtholz und der Zucker=
blattschindelung war in seiner Art ein Meisterwerk, und
dabei ist nicht ein Nagel, nicht ein Stückchen Metall
verwandt, sondern alles mit Kokosfaser verschnürt wie
bei den bewundernswerten Auslegerbooten, die ebenfalls
mit den bescheidensten Werkzeugen ohne einen einzigen
Eisenteil hergestellt werden. Bei Apia und in den an=
grenzenden Teilen von Tuamasaga, Aana und Atua sind

solche Bauten, die Jahrzehnte alt werden, gar nicht möglich; bei dem raschen Wechsel, dem dort im Parteikampfe die Verhältnisse unterliegen, hält es von vornherein niemand für der Mühe wert, aus kostbarem Stoff für die Nachwelt zu bauen. Auch so mächtige Häuptlinge wie Uó von Lufi Lufi, Seumanutafa von Apia und Lemana von Leulumoega begnügen sich mit bescheidenen Hütten, deren Zerstörung im Kriege keinen allzu großen Verlust bedeuten würde.

In Mataafas stattlicher Halle versammeln sich alle Morgen nach dem Frühgottesdienst, womit jeder neue Tag begrüßt wird, die Häuptlinge und Sprecher der benachbarten Ortschaften, um dem obersten Herrn ihre Aufwartung zu machen. Nicht nur durch schöne Redensarten, sondern in greifbarer Form durch die Darbringung großer Vorräte an Nahrungsmitteln. Ich zählte am Morgen meines zweiten Tages bei Mataafa nicht weniger als 22 gebratene Schweine, wohl dreimal soviel Hühner und in entsprechender Verdopplung und Verdreifachung massenhafte Kokosnüsse und Taloköpfe, die von einem Stamme aus dem Westen der Insel überreicht wurden. Denn auch von fern her kommen die Getreuen und bringen ihre Gaben, so daß kein Tag vergeht, an dem Amaile nicht sein „Taalolo" sähe mit all den üblichen Aufzügen und Waffenspielen. Als Gegenleistung für diese täglichen Geschenke erwarten Hunderte von Gefolgsmannen mit ihren Familien auf Kosten des Häuptlings gespeist zu werden. Und wie mir ein Mitglied der Familie sagte, werden die Ausgaben für diese umfassende Gastlichkeit keineswegs durch die täglichen Beiträge des Volkes gedeckt. Nach dem Empfang der auswärtigen Abgesandten findet eine Art Kronrat statt, worin mit den näheren Verwandten und vertrauten Ratgebern die politischen Dinge besprochen werden. Bei bringenden Angelegenheiten werden durch

Eilboten die dreizehn Oberhäuptlinge zusammenberufen, die in Wirklichkeit die Herren von Samoa sind. Es sind dies die Vertreter von dreizehn Zweigen der alten Herrscherfamilien, deren Nachkommen noch heute zum König gewählt werden können. Es traf sich, daß diese erlauchten Herren gerade in Amaile zusammengekommen waren, und so hatte ich Gelegenheit, einer ihrer Rats=
versammlungen beiwohnen zu können. Da die samoa=
nischen Reden nicht übersetzt wurden, verstand ich natürlich nichts von dem, was verhandelt war. Nur aus gelegent=
lichen Stichwörtern konnte ich mir von dem Gegenstand des Kriegsrates ein ungefähres Bild machen. Aber auch ohne im einzelnen folgen zu können, ersah ich aus dem ganzen Hergang, wieviel von dem alten Zeremoniell beim unmittelbaren Verkehr mit dem obersten Häuptling doch noch lebendig ist. Rührend zu sehen war die ehr=
fürchtige Zuneigung, die die alten Sprecher und Häupt=
linge ihrem Herrn entgegenbrachten. Beim Kommen und Gehen begrüßten sie ihn mit dem Handkuß, nur der eigene Sohn durfte das Gesicht berühren. Aber auch das geschah nicht mit einem Kuß, sondern mit dem samoanischen „Sogi", das fälschlich als ein Nasenreiben beschrieben worden ist. Die Nase wird dabei nur auf die des andern gelegt und leise aufgepreßt, von einem förm=
lichen Beschnüffeln oder gar Beriechen, wovon ich in Reisebeschreibungen gelesen habe, scheint den heutigen Samoanern nichts bekannt zu sein. Neuerdings gibt es in der Sprache Apias auch ein Wort „Kisi", womit ein richtiger Kuß nach Art der Papalagi bezeichnet werden soll. Diese Art der Begrüßung ist jedoch durchaus un=
beliebt bei den Eingeborenen, die sie wohl nur aus Spaß gelegentlich nachahmen. Zu den echten landesüblichen Höflichkeitsformen gehört dagegen das „Faaalo", das von den Untergebenen dem Häuptling gezollt wird: kommt je=

mand zu Pferd am Hause des Stammherrn vorbei, muß er absteigen und in bemütiger Haltung vorüberschreiten. Mir ist ein Fall in Erinnerung, wo Tamasese, der sich in Vaimoso gern als König gebärdet, den eingeborenen Kutscher eines Weißen zwang, vom Wagen zu steigen, und damit auch von dem Europäer eine bemütigende Ehrenbezeigung forderte.

Außer diesen äußeren Abweichungen im Verkehr unterscheidet sich der oberste Häuptling oder König, wie man ihn nun nennen mag, nicht von seinen Untergebenen. Dieselbe einfache Bekleidung mit langem Hüftschurz und Blumenkette, auf dem Kopfe keine Krone und in der Hand nichts als den schlichten Fliegenwedel, der vor Zeiten zwar ein Abzeichen königlicher Würde war, jetzt aber längst Gemeingut aller geworden ist. Nur beim Auftreten nach außen und vor allem auf der Reise sucht man durch großes Gefolge und prächtiges Kriegsboot den Glanz der Majestät zu erhöhen. Diese großen Boote sind der Stolz der Samoaner. Sie werden es nie verwinden können, daß die Engländer im letzten Kriege ihnen ihr liebstes Besitztum rücksichtslos zerstörten. Glücklicherweise ist die Ostseite Upolus auch darin besser gefahren. Überall sah ich auf dem ausgedehnten Marsch, den ich von Norden nach Süden an der Küste von Aleipata unternahm, die langgestreckten, aus Palmenwedeln errichteten Schuppen stehen, unter denen die Eingeborenen ihre großen Kriegsboote gegen Wind und Wetter zu schützen pflegen, während sie ihre kleinen Kanu sorglos im Sande liegen lassen. Die Kriegsboote sind wirklich eine Sehenswürdigkeit, schlank wie ein Rennboot, stark und elastisch wie aus Stahl, sind diese Erzeugnisse samoanischer Bootsbauerei — meist von Mischlingen ausgeübt — die neuzeitliche Verkörperung des unruhigen und kriegerischen Wandergeistes, der schon Bougainville, dem ersten Besucher der Inseln, auffiel und ihn zu der Bezeichnung „îles des navigateurs" veranlaßte. Hunderte können in den riesigen Fahrzeugen Platz finden und gemeinsam auf die „Malaga" gehen, und ein Krieg kann in zwei Tagen von einem Ende der Insel zum andern getragen werden. In dem Dorfe Saleaaumua (in dem das Schwimmen verboten ist), sah ich eines der berühmtesten Boote stehen, das nach dem alten Erdbebengotte Mafuie genannt ist. Es ist für 52 Ruderer eingerichtet und hat am Heck einen erhöhten und hübsch verzierten Aufbau für den Steuermann und Bootsführer. Noch viel gewaltiger als die Mafuie war das berühmte Gataaga (sprich Ngata-ánga), Anfang und Ende (der Welt), wie es stolz genannt wurde, das mit seinen 82 Riemen für das größte offene Boot der Welt gegolten hatte. Es wurde im letzten Kriege völlig überflüssigerweise von dem zerstörungswütigen Leutnant Gaunt von der Porpoise vernichtet. Als eine Beschießung mit Revolverkanonen keinen rechten Erfolg hatte, ließ der tapfere Kriegsheld es am Lande in Stücke schlagen und verbrennen. In Satapuala, an der Nordküste von Aana, zeigten mir die Eingeborenen wehmutsvoll die Stelle, wo der größte Schatz Samoas der Roheit eines verblendeten Wüterichs zum Opfer gefallen war. Die Fahrgeschwindigkeit, die sich mit einer gut eingeübten samoanischen Rudermannschaft von 82 Riemen erzielen läßt, muß erstaunlich sein. Wir legten während der ganzen Reise von zwei Wochen in unserem großen Zwölfriemer durchschnittlich mit Rudern 12 Kilometer die Stunde zurück, während wir beim Segeln trotz Vormwindelaufens, selten mehr als 4 Knoten machten.

Zwei Wochen lang bin ich so im offenen Boot an der Küste von Atua entlang gefahren, habe die Nächte meistens am Lande zugebracht und überall ohne Ausnahme die freundlichste Aufnahme und die willigste Gastfreund=

schaft gefunden. Überall wiederholte sich derselbe Vorgang: Empfang am Strande, Bewirtung im Fale Tele, festliches Avatrinken, lange umständliche Unterhaltungen mit Dolmetscher und Zeremonienmeister, abends Tanz und Spiel und bei der Abreise freundliches Geleit zum Boot unter der Teilnahme des ganzen Dorfes und der besonderen Aufmerksamkeit der Dorfjungfrau und der „Schlafmädchen", die als Andenken ihrer Zuneigung meist ein kleines Geschenk zum Abschied überreichten, einen Fächer, einen hübsch geschnitzten hölzernen Kamm oder einen jener zierlichen Ringe, die die Samoanerinnen so geschickt aus Schildpatt zu schnitzen und mit silbernem eingelegten Zierat zu schmücken verstehen. Überall spielte sich diese Festordnung mit tödlicher Regelmäßigkeit und Wiederholung ab, so daß es nicht der Mühe verlohnt, im einzelnen von all den Dörfern und Flecken zu berichten, die besucht wurden.

Nicht unerwähnt bleiben darf dagegen die schöne Bucht von Fagaloa (die lange Bucht), die sich zwischen dem idyllischen Hafen von Fale-Fa mit seinem berühmten Wasserfall und der kleinen Bucht von Uafatu tief einschneidet bis zum Mittelkamm des Gebirgsrückens, der Upolu von Ost nach West durchzieht. Wie ein nordischer Fjord bringt das Meer hier vier Kilometer weit in die hohen Berge ein, aber anstatt der spärlich bewaldeten Felsen der norwegischen Küste sehen wir hier die Ufer mit üppigstem Grün bedeckt, das mitunter vom Korallenriff an bis oben auf die höchsten Spitzen den Basaltfelsen bekleidet. Einige der höchsten Erhebungen der Insel steigen unmittelbar an den Rändern der Bucht auf, die dadurch das Aussehen eines überschwemmten Hochtalkessels erhält. Ich besuchte drei der blühenden Ortschaften, die sich an der meilenlangen Strandlinie der Bucht hinziehen, zwischen Kokospalmen und Brotfruchtbäumen

völlig verborgen. Die Bevölkerung war außerordentlich
scheu, wie ich es noch nirgends in Samoa bemerkt habe.
Teilweise lag das wohl daran, daß sich nur alle Jubel=
jahre einmal ein Weißer hierher verirrt, wo es keine
Handelsstation und keine Niederlassung europäischer Mis=
sionare gibt. Unmittelbarer mochte aber dafür die un=
verdiente Grausamkeit verantwortlich sein, die die un=
glücklichen Umwohner von dem übelberüchtigten eng=
lischen Kriegsschiff Porpoise unter dem Kapitän Sturdee
erfuhren. Eines schönen Morgens läuft das Schiff in
die friedlich stille Bucht ein, feuert einige Runden aus
seinen Schnellfeuergeschützen nach allen Richtungen auf
die Dörfer und die Wälder ab, in denen sich „der Feind"
verborgen halten könnte, und dann erscheinen unter Füh=
rung eines blutjungen Leutnants die Landungstruppen,
die ein Dorf nach dem andern in Brand stecken, während
der Herr Leutnant sich mit seinem Revolver todesmutig
auf die Jagd nach den zahmen Hausschweinen der Dörfler
begibt. In Kürze ist der „Sieg" errungen, alle Häuser
sind in rauchende Schutthaufen verwandelt, die Schweine
liegen tot umher — und in den Kirchen liegt die ge=
ängstigte Bevölkerung, das heißt die Frauen und Kinder
und altersschwachen Männer, auf den Knien und betet,
daß der „tanifa peletania", der „englische Hai", wie die
Porpoise hier genannt wurde, bald wieder hinaus=
schwimmen möge. Leider ist die entzückend schöne Bucht
als Hafen nicht viel wert. Da, wo sie genügenden Tief=
gang für größere Schiffe aufweist — am Eingang werden
70 Meter Wassertiefe gemessen —, ist sie völlig un=
geschützt, da ihre Öffnung allen möglichen Windrichtungen
ungehinderten Eingang gewährt. Weiter aber im
Innern, wo nichts mehr von Windstau oder Strömungen
zu fürchten ist, finden sich nur noch 10 Meter Wasser,
und auch diese seichte Fahrrinne ist durch ein unregel=

mäßiges Korallenriff ziemlich wertlos gemacht. Ein mächtiger Wasserfall stürzt aus einer Höhe von mehr als 200 Metern senkrecht hinter dem Dorfe Lona an der Ostseeküste in die Tiefe. Sein leuchtendes Silberband funkelt in der Sonne wie ein Diamantenregen, die Höhe aber ist so fern, daß auch nicht ein Ton von dem stürzenden Wasser zu uns herunterdringt. Lange ehe die Talsohle erreicht wird, hat sich der Sturzbach aufgelöst in einen glitzernden Sprühregen, der wie ein leichter Schleier in der Luft zu schweben scheint über dem dunkelgrünen, schweigsamen Laubwald.

Zwölftes Kapitel.

Bei den Amerikanern in Pago Pago.

Wie die Vereinigten Staaten zu ihrem Hafen kamen. — An Bord von S. M. S. Cormoran nach Pago Pago. — Kriegstanz eines Doppelschraubenkreuzers. — Die vier Vorposten Upolus. — Überraschende Einfahrt in den versteckten Hafen.

Während zu Hause in Deutschland die stubenhockenden Kolonialgrübler noch über die Wertlosigkeit Samoas redeten, machten sich die Amerikaner ganz ohne Sang und Klang, aber mit viel Geld daran, den einzig guten Hafen der Inselgruppe für sich auszubauen. In Deutschland schien allgemein angenommen zu werden, daß die amerikanische Regierung das ausschließliche Recht erworben habe, in Pago Pago eine Kohlenstation anzulegen. Diese allgemein verbreitete irrtümliche Auffassung beruhte auf der Meinung, daß der im Jahre 1872 zwischen dem Häuptling Mauga und dem Korvettenkapitän Meade von der Narragansett abgeschlossene Vertrag gültig und gleichbedeutend mit einer Abtretung des Hafens an Amerika sei. In Wirklichkeit ist jedoch dieses Abkommen niemals bestätigt worden. Der dienstfertige amerikanische Kapitän, der seinem Lande gern den besten Hafen der Südsee sichern wollte, erhielt einen Verweis, mit dem Bedeuten, nur das Auswärtige Amt und der Bundessenat könnten Verträge abschließen. Immerhin aber verlor die Regierung der Vereinigten Staaten den Hafen nicht aus den Augen. Die Sendung des schon öfter erwähnten Abenteurers Steinberger hatte keinen andern Zweck, als den wirtschaftlichen, handelspolitischen und seestrategischen Wert der Inselgruppe genau zu untersuchen, und wenn auch durch die selbstsüchtigen Pläne dieses ehrgeizigen Mannes, der sich selbst zum Statthalter von Samoa unter dem Schutz des Sternenbanners machen wollte, die Sendung auf falsche Bahnen geleitet und schließlich zum Entgleisen gebracht wurde, so war doch soviel erreicht, daß man in Washington von der Notwendigkeit überzeugt war, sich auf Tutuila festzusetzen oder doch wenigstens den Hafen zu erwerben. Der zum Abschluß der nötigen Verhandlungen nach Amerika geschickte „Gesandte des Königs Malietoa", Le Mamea, erreichte aber nicht mehr als den Abschluß eines ziemlich nichtssagenden Abkommens, das der amerikanischen Regierung Rechte gab, die andere Nationen ebenfalls in Anspruch nahmen, und wie Deutschland das in seinem Freundschaftsvertrag vom Jahre 1879 tat, sich auch schriftlich verbürgen ließen. Dieser amerikanisch-samoanische Vertrag gab der Marine der Vereinigten Staaten zwar das Recht, in Pago Pago eine Kohlenstation zu errichten und andere Bauten aufzuführen, aber der Zusatz, daß keiner andern Nation ähnliche Zugeständnisse gemacht werden sollten, fehlte diesmal, so daß, abgesehen von einem ganz unbedeutenden kleinen Grundstück, das amerikanisches Privateigentum war, die Union niemals Eigentumsrechte hier gehabt hat. Da sich aber ein kalifornischer Senator, der genügenden kaufmännischen Weitblick und den nötigen Einfluß im Kongreß besaß, sehr für die Erwerbung einer Kohlenstation in der Südsee interessierte, so wurde von der amerikanischen Volksvertretung sehr bald der Ausbau des Hafens und die Errichtung einer großen stählernen Anlegebrücke und einiger Kohlenschuppen beschlossen. Und noch lange,

Bei den Amerikanern in Pago Pago 243

ehe eine endgültige Regelung der samoanischen Frage vorauszusehen war, fuhr von San Francisco eines schönen Frühlingstages eine Reihe amerikanischer Ingenieure, Mechaniker und Eisenarbeiter auf einem der Spreckelschen Dampfer nach Apia, um sich von da nach Tutuila zu begeben und den Hafenbau in Angriff zu nehmen.

So ganz einfach ist es nun zwar nicht, von Apia nach Pago Pago zu kommen. Wie wir schon bei früheren Gelegenheiten gesehen haben, ist der Kopraschuner oder das Kriegsschiff die einzige Reisemöglichkeit, und keines von beiden steht jeden Augenblick oder für jeden Beliebigen zur Verfügung. Ein amerikanischer Hilfskreuzer-Kommandant weigerte sich sogar, den Konsul seines eigenen Landes an Bord seines Schiffes nach Tutuila mitzunehmen, sein Kreuzer sei kein Postdampfer. Die letzte Fahrt im Koprafahrzeug, die von einigen amerikanischen See-Offizieren von Apia nach Pago Pago unternommen worden, hatte, anstatt der erwarteten drei, volle sieben Tage und sieben Nächte in Anspruch genommen, und die Erzählung von den Schrecknissen der Reise hatte allen Apiaern die Lust genommen, sich noch einmal so unsicherer Reisegelegenheit anzuvertrauen. Mit großer Freude wurde daher die Ankündigung Kapitän Emsmanns begrüßt, des Kommandanten von S. M. S. Cormoran, Pago Pago besuchen und den amerikanischen Konsul mitnehmen zu wollen. Auch mir ließ der Kommandant liebenswürdigerweise eine Einladung zur Teilnahme an der Expedition zukommen, und da auch mehrere Angehörige der französischen Maristenmission, die in der Bucht von Pago Pago eine Niederlassung besitzt, mitzukommen gebeten hatten, so fand sich am Nachmittag des Abreisetages eine ungewöhnlich zahlreiche Gesellschaft zum Essen in der Kajüte des Kommandanten ein. Auch ein blinder Passagier hatte sich eingefunden, von niemand

geladen und von niemand abgewiesen, ein unternehmen=
der Photograph aus Apia, der sich die seltene Gelegen=
heit, einmal ohne Beschwerden und ohne Kosten sich die
östlichen Inseln ansehen zu können, durch dreistes An=
bordkommen einfach ertrotzen wollte. Da er zu seiner
Entschuldigung nur anführen konnte, er sei Neuseeländer,
so ließ der Kapitän ihn ruhig gewähren und wies ihn zu
den Unteroffizieren.

Eine friedliche Brise hatte sich aufgemacht, viel
schwächer als sonst an der Nordküste der Passat zu spüren
ist, mag er nun die Küste unmittelbar von Nordosten
treffen oder über Land aus Südosten kommen. Die
See war nur ganz gelinde bewegt, so daß sich auch die
weniger seefesten Gäste mit der größten Zuversicht zu
Tisch setzten. Kaum war man aber aus der Bucht von
Apia heraus und an den kleinen Dörfern Fagalii und
Letogo vorbei auf der Höhe der deutschen Pflanzung
Vailele angekommen, deren Lage durch die freundlich
herüberwinkenden Lichter der Verwalterswohnung zu er=
kennen war, als das gute Schiff Sr. Majestät seinen
Kriegstanz aufzuführen begann. Ich hatte schon früher
von diesen Künsten des Cormoran gehört, die belustigen=
den Erzählungen davon aber immer für Seemannsgarn
gehalten und war nun freudig überrascht zu sehen, daß
die Offiziere, die mir die Tanzfähigkeit ihres Schiffes
geschildert hatten, sich noch bescheidene Zurückhaltung auf=
erlegt hatten, um ihr eigenes Schiff nicht zu sehr zu
rühmen. Der schlanke Rumpf begann sich alsbald mit
großem Nachdruck auf die Seite zu legen, sich gemächlich
wieder aufzurichten, um dann mit erneuter Kraft auf die
entgegengesetzte Seite niederzusinken. Dabei war der Aus=
schlagwinkel so groß, als ob bei Windstärke 10 ein an=
ständiger Sturm das Meer aufwühlte und ungeheure
Dünung das Schiff hin und her würfe. Zwischendurch

kamen dann ganz unerwartete Schlenkerbewegungen, die
eher den launischen Sprüngen eines westamerikanischen
Broncopferdes glichen als den Bewegungen eines in
glatter Fahrt bei schwachem Winde und mäßiger Dünung
zehn Knoten laufenden Doppelschraubenschiffes. Nun, zu
Schlingerkielen haben es unsere kleinen Kreuzer noch nicht
gebracht, und so werden denn Leute und Offiziere dieser
Schiffe sich noch weiter an der verheerenden Wirkung
freuen können, die der Kriegstanz ihres Fahrzeugs auf
nicht seetüchtige Landratten ausübt. Ein Gast nach dem
andern verschwand von der Tafel, bis schließlich nur der
Kommandant selbst, der älteste der französischen Missionare und ich übrigblieben, um die vorzüglichen Dinge
zu genießen, die der Koch des Kapitäns aufgetischt hatte.
Die Schlingerleisten auf dem Tisch hinderten Teller,
Schüsseln und Gläser nicht, sich ihrerseits nach Kräften
an dem Kriegstanz zu beteiligen, und beim Klirren und
Klappern des Eßgeschirrs fühlte sich das kleine Kollegium
in der Kommandantenkajüte so gemütlich, wie es an Bord
des glattgehendsten transatlantischen Riesendampfers nicht
hätte besser sein können.

Es war stockdüstere Nacht, als wir an der Ostspitze
Upolus die vier Inseln passierten, die wie Vorposten die
große Insel bewachen. Ich hatte schon früher bei meinem
Besuch in Aleipata die Inseln gesehen und Erkundigungen
darüber eingezogen. Die beiden kleineren, Fanuatapu
(„das verbotene Land") und das weiter südlich nur ganz
bescheiden aus dem Meere aufragende Nuulua („die
Doppelinsel"), gehören Mataafa. Die beiden andern sind
in deutschem Privatbesitz. Namua („das voll von Moskito ist") gehörte einem deutschen Schiffszimmermann,
der von Nukulailai (Ellice-Gruppe) nach Samoa eingewandert war und sich auf der einsamen Insel eine hübsche
Pflanzung angelegt hatte. Jetzt ist das Besitztum auf

einen Sohn übergegangen, den er von einer Samoanerin hat. Die größte Insel von allen ist das an der Südostspitze gelegene Nuutele „die große Insel", ein malerischer, üppig grünbestandener Basaltfelsen, der durch Familienbeziehungen in den Besitz des Herrn Hugo Gebauer von der Firma H. Gebauer & Co. in Apia gekommen ist und diesem Hause jährlich eine kleine Kopraernte von sechzig bis siebzig Tonnen einbringt. Die Felswände von Nuutele erheben sich teilweise fast senkrecht zu einer Höhe von 60 Metern aus dem Wasser, und im Zusammenhang mit der fruchtbaren Palmenküste von Aleipata und der prächtigen Brandung an ihren Ufern bilden sie ein idyllisches Bild echter Südseelandschaft. Die übrige Fahrt bot nichts von Interesse, da der größere Teil der 150 Kilometer (etwa 80 Seemeilen), die zwischen Apia und Pago Pago liegen, in finsterer Nacht zurückgelegt wurde und man an den Schlaf denken mußte, der auf dem schlingernden Schiff sich nicht von selbst verstand. Es war die ganze Nacht ein Höllenlärm im Schiff. Tausenderlei Dinge, die nicht festgezurrt waren, schlugen gegeneinander, und meine Hängematte, die ich mir an einem kühlen Platz vor der Offiziersmesse hatte aufhängen lassen, pendelte mit schrecklicher Lebhaftigkeit hin und her, bei besonders schönen Schlingerschwankungen des Schiffes mit dem Kopfende freundlich an die Gewehrständer pochend.

Schon vor Sonnenaufgang machte ich „Reise Reise", wie in der Schiffsprache der Befehl beim „purren" (wecken) heißt, und kam gerade zur rechten Zeit, um das interessante Manöver der Einfahrt in die Bucht von Pago Pago mit ansehen zu können. Der westliche Teil der Insel Tutuila ist ziemlich flach; sobald man aber die Südspitze der Bucht von Leone gerundet hat, steigt die Küste steil zu schroffen Höhen empor, die wie auf Savaii und Upolu bis oben hinauf dicht bewaldet, aber viel wilder gestaltet, malerischer zerklüftet und unregelmäßiger gezackt sind. Seitlich bieten diese grünen Felswände sehr wenig Gliederung dar, und nach der weiten offenen Ausbuchtung bei Leone scheint sich kein weiterer Ankerplatz zu bieten. Schon kommt das Ostende der Insel in Sicht, da dreht mit einemmal das Schiff hart Backbord und steuert auf ein weißes Häuschen zu, das sich an der Küste dicht am Wasser erhebt. Es sieht aus, als wollte das Schiff in die Felswand hineinfahren. Da plötzlich wiederum eine scharfe Schwenkung zu Backbord, fast im rechten Winkel, und zu unserer Linken tut sich eine langgestreckte Bucht auf, dicht von hohen Bergen eingeschlossen, versteckt und still wie ein Märchensee. Es ist die berühmte Bucht von Pago Pago mit ihrem verzwickten Eingang, der diesen besten aller Südseehäfen bis weit ins 19. Jahrhundert hinein den vorüberfahrenden Schiffern verborgen gehalten hatte, der Hafen, der wohl mehr als alle andern Faktoren zur raschen Entwicklung der Samoa-Inseln beitragen wird. Denn die Schiffahrt auf dem Großen Ozean, die nicht allzu viele gute Ankerplätze besitzt, kann nicht an einer so geräumigen und so geschützten Bucht achtlos vorübergehen. Und wie weit der erste Schritt zur Ausnutzung dieser glücklichen Lage schon gemacht war, das zu untersuchen war der Zweck unserer Fahrt, auf der wir uns durch eigene Besichtigung davon ein Bild machen wollten, wie das jüngste unter den großen Kolonialvölkern mit frischem Wagemut an unerwarteter Stelle zu Werke geht und sich in unvergleichlicher Lage einen wichtigen Stützpunkt für Handel und Schiffahrt schafft.

* * *

Vorzüge und Nachteile des „besten Hafens" der Südsee. — Handel mit samoanischen Merkwürdigkeiten. — Die Anlegebrücke der amerikanischen Marine. — Pioniere der Kultur. — Beim Herrn der Insel.

Wie ein Salzkammergutsee liegt die schöne Bucht von Pago Pago plötzlich vor uns. Ernst und still spiegeln sich die hohen Felsen in der unbewegten Wasserfläche, deren leuchtendes Grün sich sehr gut neben der Farbenpracht eines Alpensees sehen lassen könnte. Kein Laut ist zu hören, kein Lüftchen regt sich, alles liegt da wie in tiefem Schlaf befangen. Das Bild hat etwas Großartiges und Ergreifendes, wenn sich nicht zugleich ein Gefühl der Enttäuschung in die Bewunderung einschliche: ist das der berühmte Südseehafen, in dem die Flotten der ganzen Welt Platz finden sollen? In der Tat ist die Bucht nur ein ganz kleines seeartiges Becken, das in der hohen Umwallung noch enger und bedrückter erscheint. In seinen äußeren Umrissen hat es etwa die Gestalt eines Schaftstiefels, dessen Spitze nach Westen gekehrt ist, während sich der Schaft nach dem offenen Meere zu öffnet. In der größten Ausdehnung mißt die Wasserfläche nicht mehr als 4 Kilometer, in der Breite nirgends mehr als eine Seemeile. Was von diesen Linien eingeschlossen ist, kann aber durchaus nicht alles als Hafen angesehen werden. Die Koralle hat ihren Weg auch in diesen versteckten Winkel gefunden, und die ganze Küste ist mit einem stattlichen Riff gesäumt, das die schiffbare Wasserfläche bis auf etwa 600 Meter Breite einschnürt, so daß für die „Flotten der ganzen Welt", von deren Unterbringung amerikanische Lobpreisungen reden, es doch etwas eng werden würde. Dazu kommt, daß draußen vor der Einfahrt sich eine sehr lästige Bank von 5 Kilometer Länge breit macht, die für Schiffe mit mehr als 3 Meter Tiefgang nicht passierbar ist. Der Südostpassat steht mit voller Kraft in den Eingang der Bucht hinein, so daß ein Segelschiff

vorm Winde bequem einlaufen kann. Anders sieht es
mit dem Herauskommen aus. Nur ein Meister in der
Handhabung der Segel kann mit einer gut gedrillten Be=
satzung wieder heraus. Da mitten in der Einfahrt zwei
Klippen liegen, hat er zum Manövrieren nur einen pein=
lich beschränkten Spielraum, und wenn er beim Überstag=
gehen gegen den einstehenden Wind den günstigen
Augenblick zum Wenden verpaßt, wird er unfehlbar Schiff=
bruch leiden. Die meisten Segler ziehen es daher vor,
sich mit Geduld zu wappnen und in Demut darauf zu
warten, bis es der Landbrise, von der das Segelhandbuch
erzählt, gefällt, sich wirklich einzustellen, und dem Schiff
ohne weitere Kunststücke auszulaufen gestattet. Diese von
den Bergen kommende Luftströmung ist aber recht launisch
und läßt zuweilen viele Wochen lang auf sich warten,
und wenn sie kommt, bläst sie ganz schüchtern des Mor=
gens in der Frühe, lange ehe die Hähne krähen, und auch
dann nur auf ein paar Stunden. Für Schiffe unter
Dampf fallen natürlich diese Mängel der Bucht wenig ins
Gewicht. Kriegsschiffe werden sich mit Leichtigkeit des
vollkommenen Schutzes bedienen können, den der Binnen=
hafen ihnen vor jedem Winde und jeder nur möglichen
Strömung bietet. Die scharfe Biegung des Beckens, das
im rechten Winkel plötzlich nach Westen abschwenkt, macht
jedes draußen herrschende Wetter unschädlich. Und drinnen
läßt es sich dann gut sein. Guter Ankergrund findet
sich in dem Fußteil des großen Stiefels fast überall zu
30 bis 45 Metern Tiefe, und wenn die Amerikaner
auf der kleinen Klippe Goat Island, die ziemlich nase=
weis ins Fahrwasser hinausschaut, ein Leuchtfeuer er=
richten und an der geschütztesten Stelle des Hafens die
große Landebrücke fertig haben, die die Nachteile des
Riffes überwinden soll, dann wird Pago Pago seinen
Beruf als Flottenstation vorzüglich erfüllen und seinem

Namen, der beste Hafen der Südsee zu sein, besser entsprechen als das vorläufig noch der Fall ist.

Von Leuchtfeuer und Anlegebrücke, von Kohlenschuppen und Stadenanlagen war nun noch nichts zu bemerken, als der Cormoran gleich nach Sonnenaufgang in die Bucht eingelaufen war und an der schmalsten Stelle in etwa 30 Metern Wassertiefe vor Anker ging. Geraume Zeit war von irgendwelchem Leben überhaupt nichts zu spüren. Dann aber schossen mit einem Male aus allen Ecken und Enden die Kanus der Eingeborenen hervor, um den seltenen Gast zu begrüßen. Die Auslegerboote der Tutuilaer waren bedeutend kleiner als die von Savaii und Upolu und schienen nur von Mädchen und Frauen gepaddelt zu werden, die sich allerdings in ihrem kleinen schwanken Fahrzeug recht zu Hause fühlten. Alsbald war unser Schiff von zahlreichen Kanus belagert, und die Wachthabenden am Fallreep hatten Mühe, die ungestümen Geister abzuhalten. Für eine richtige Samoanerin will aber das Verbot der Treppe wenig besagen. Mit ihrem Bündel von Matten oder Papierzeug, mit ihren Fächern und Obstkörben klettert so eine Wasserfee wie eine Katze an der Jakobsleiter empor, die von den Backspieren für die Matrosen herunterhängen, oder sie erklimmt auch mit ihren nackten Füßen die Bordwand und steckt dann an ganz unerwarteter Stelle freundlich lächelnd ihr braunes Gesicht über die Reeling. Viele von den zum Kauf angebotenen Sachen waren sehr schön gearbeitet; ich erstand ein Paar prächtig geschnitzter Keulen und einen alten Avabecher, aus einer besonders schön geformten Kokosnuß gefertigt, in dessen Höhlung der Pfeffersaft eine schöne grünlich schillernde Patina erzeugt hatte, wie sie von den Eingeborenen geschätzt wird als Zeichen hohen Alters. Das Siapo, das aus Maulbeerbast gefertigte Papierzeug, schien nicht ganz unverfälscht zu sein; mir kamen die Muster zu grell und zu unsamoanisch vor. Vorsicht ist beim Einkauf solcher Dinge immer und da besonders geboten, wo früher europäische Händler gehaust haben. Zur Zeit, als die amerikanischen Dampfer der Spreckelsschen Linie an der Küste von Tutuila noch Post und Passagiere aufzunehmen pflegten, fand sich fast stets unter den Reisenden einer, dem an der Erwerbung samoanischer Merkwürdigkeiten gelegen war, bis schließlich, unter der Nachhilfe des Oberstewards und des Dampferbarbiers, der auch gern ein Geschäft außerhalb seiner Haarschneidestube macht, ein förmlicher Handel mit Matten, Papierzeug und Waffen eingeleitet wurde, dessen Spuren man noch heute in San Francisco verfolgen kann. Dort werden von den Händlern, die in Kalifornien ihre Rüstkammern besonders mit dem prächtigen Kirchenzierat spanischer Klöster zu füllen lieben, die von amerikanischen Sammlern ganz planmäßig in Mexiko oder Guatemala geplündert werden, auch „Altertümer aussterbender Südseevölker" preisgeboten, und der reich gewordene Goldgräber aus dem Klondike kann sich dann seine Halle schmücken mit samoanischem Siapo, das Stück für zwanzig Mark, für das ein schlauer Geschäftsmann auf dem Dampfer den armen Eingeborenen einen Dollar für das ganze Dutzend gezahlt hat. Boshafte Seelen meinen sogar, man könne auf Tutuila überhaupt nichts echt Samoanisches mehr kaufen, alles würde in Birmingham gemacht, wie das ja mit zahllosen ethnographischen Artikeln geschieht.

Nach dem Frühstück, das nach der schrecklichen Nacht auf See von den zu neuem Leben erwachten Badegästen mit besonderem Vergnügen genossen wurde, kam der erste Besuch amtlichen Charakters an Bord. Der junge Ingenieur, den das amerikanische Marineamt zur Beaufsichtigung der Werftanlagen nach Pago Pago geschickt hatte, fuhr längsseit, um dem deutschen Kommandanten seine Aufwartung zu machen. Er erzählte von dem Stand der Arbeiten am Lande, die doch viel langsamer von statten gingen, als ihm lieb war. Die Arbeiterfrage hatte sich recht unglücklich gestaltet, da sich der Bauunternehmer nicht recht mit dem eingeborenen Häuptling zu stellen gewußt und damit die Aussicht auf samoanische Arbeitsleistung verscherzt hatte. Die wenigen weißen Arbeiter waren längst nicht ausreichend, außerdem häufig durch Krankheit verhindert. Es mußte an Ersatz aus Neuseeland gedacht werden, und das war ein sehr zeitraubendes und kostspieliges Auskunftsmittel. Eine Einladung zur Besichtigung der Vorarbeiten beantwortete der Kapitän sofort mit einer Einladung zum zweiten Frühstück, und danach ging alles an Land, um die entstehende stählerne Anlegebrücke und die Kohlenschuppen zu sehen. Nun, alles lag noch soweit in den Windeln, daß eigentlich gar nichts zu sehen war außer den Maschinenteilen und Rammpfählen, die am Strande in wilder Unordnung umherlagen, den häufigen Regengüssen und der brennenden Sonne preisgegeben. Die Ingenieure und Mechaniker hatten sich in einigen Hütten der Eingeborenen des Dorfes Fagatoga einquartiert, und dort hausten sie, so gut es gehen wollte. Betten, Koffer, Stühle, Zeichentisch, alles auf dem engen Raume einer samoanischen Hütte zusammengedrängt, die zwar nett und einladend aussehen kann, wenn der Kiesboden mit hübschen Matten bedeckt ist und die glänzende Avaschale in der Mitte prangt, vollgepfropft mit fremdem Hausrat aber doch nur ein sehr mangelhafter Notbehelf für einen Weißen ist. Über allzu großen Reiz ihres Lebens in dieser prächtigen Umgebung konnten die Herren überhaupt nicht klagen. Von morgens früh bis abends zur Dunkelheit waren sie ununterbrochen tätig in der heißen Sonne, dann fand die gemeinsame Hauptmahlzeit in einer schlichten kleinen zeltartigen Hütte statt, und die Nachtruhe im offenen samoanischen Rundbau wurde gestört durch Fliegen und Moskitos. Und doch war die kleine Schar bewundernswert in ihrer ungebrochenen Arbeitskraft und unzerstörbaren Gemütsruhe. Sie waren sich der Gefahren ihres kleinen Verbannungsortes wohl bewußt: Mangel an Abwechslung, an Umgang, an Bewegung. Die einschließenden Berge sind so steil und so dicht mit jungfräulichem Urwald überdeckt, daß sich ein Besteigen nur mit ungeheurer Mühe unternehmen ließe. Nur an der äußersten Westecke, wo die Insel zu einer Enge von kaum zwei Kilometern zusammengeschnürt ist, führt ein Pfad über die Berge zur Nordküste; wer aber einmal die Wanderung über die aufgeweichten steinigen Wege gemacht und die schwüle Treibhausluft überlebt hat, wird freiwillig nicht zum zweitenmal über die Bergwand zu schauen begehren und sich mit seinem Gefängnis zufrieden geben. Das Schlimmste ist der Mangel an regelmäßiger Verbindung mit der Außenwelt. Briefe von der Regierung und den Angehörigen zu Hause liegen so lange auf dem Postamt in Apia, bis ein amerikanisches Kriegsschiff die Reise nach Pago Pago antritt oder sich ein freiwilliger Briefbote zur Weiterbeförderung erbietet. Außer den französischen Missionaren und den Mormonen, die an der gegenüberliegenden Küste eine kleine Niederlassung haben, kein Umgang mit Weißen, und die Eingeborenen nicht sehr freundlich. Es fehlt eigentlich alles in Pago Pago, was das Leben hier lebenswert machen könnte, wenn es eben nicht die Arbeit wäre. Es lag etwas von der heldenhaften Entsagung des echten Kulturpioniers in der mutigen Entschlossenheit, mit der diese jungen Leute, keiner über dreißig Jahre alt, hier aushielten in ihrem Exil, etwas von der zähen kindlich starken Hoffnungsfreudigkeit Kip=

lingscher Gestalten, deren Rettung vor Schwermut oder Tropenkoller auf einsamer Station nur in harter steter Arbeit liegt. Mit aufrichtigen Wünschen tranken wir alle auf die glückliche Vollendung des unter so ungewöhnlich widrigen Umständen begonnenen Werkes, als wir in dem kleinen Zelt der Werftbauer das freundlich gebotene Mittagessen mit den amerikanischen Ingenieuren nahmen. Die Kohlenschuppen sollen 6000 Tonnen fassen können, und da die Brücke mit einer Länge von 80 Metern und einer T-förmigen Front von 100 Metern ganz aus Stahl errichtet werden soll, so wird man wohl nicht vor Ablauf eines Jahres auf Vollendung der Arbeiten rechnen können.

Auffällig ist, daß die Tutuilaer von der günstigen Lage der Bucht von Pago Pago so geringen Gebrauch gemacht haben. Für ihre leichten Kanus mag ja schließlich jeder Anlegeplatz gleich gut sein. Eine größere Siedlung hat die Bucht in ihrer ganzen Ausdehnung nicht aufzuweisen. Das Dörfchen Fagatoga, in dem sich die Amerikaner angesiedelt haben, besteht nur aus wenigen Häusern, und die kleinen Ortschaften Lualua und Lepua sind nur bemerkenswert wegen der Niederlassungen der Missionare. Ein Rundgang um die ganze Bucht zeigte, daß nur ein ganz schmaler, steiniger Fußpfad ringsum führt, der kaum für einen Menschen ausreicht, so daß also selbst der Verkehr von Ort zu Ort nicht sehr bequem ist. Pago Pago selbst, am innern Ende der Bucht gelegen, ist der Hauptort und der Sitz des Häuptlings Mauga, der als rauher Kriegsmann gefürchtet ist. Unter der Begleitung des in der Nähe wohnenden Mormonen-Missionars, der den Dolmetscher spielte, wurde dem gewaltigen Recken ein längerer Besuch abgestattet. Mauga ist ein stattlicher Mann von etwa 1,90 Metern Höhe und der bei den Samoanern üblichen riesigen Entwicklung der Muskulatur. Ein buschiger Bart umrahmt sein etwas derb geschnittenes Gesicht, und unter dichten Augenbrauen sehen ein Paar lauernde unruhige Augen hervor. Von der offenen Freundlichkeit, die auf Savaii und Upolu die Häuptlinge schon äußerlich als die Erlesenen des Volkes kennzeichnet, war bei diesem hohen Herrn nichts zu spüren, der sich stolz sogar „Tui Tutuila", Herr von ganz Tutuila, nennt, wozu ihm allerdings die großen Sprecher von Aana und Atua jedes Recht bestreiten. Vielmehr gilt er denen nur als ein Höriger des Tui Atua, dessen Herrschaft von Aleipata angeblich auch nach Tutuila herübergreift. Als Rangabzeichen trug der Herr der Insel ein Paar gewaltiger Seemannsschuhe an seinen Füßen, plump und schwer, wie die Bergschuhe eines Alpenwanderers. Er hatte diese martervollen Werkzeuge höherer Kultur sich ohne Strümpfe auf die bloßen Füße gezogen und vermochte nur mit Mühe darin zu gehen, seine Eitelkeit wie so mancher andere mit Schmerz und Unbehagen büßend. Wir wußten, daß Mauga mehr als ein Menschenleben auf dem Gewissen hatte, und wurden während des ganzen Besuchs den Eindruck nicht los, hier einen unsicheren Gesellen vor uns zu haben, der ein typischer Vertreter seines Stammes zu sein schien. Wirklich scheint die Verachtung, die auf den westlichen Inseln den Tutuilaern entgegengebracht wird, nicht nur in vorübergehender Verstimmung ihre Ursache zu haben, sondern in Rassenverschiedenheit begründet zu sein. Bei späteren Besuchen auf Tutuila ist mir das noch wahrscheinlicher geworden, und das ungünstige Urteil, das die ersten Entdecker, die nur Tutuila kannten, über die Samoaner gefällt haben, ist deshalb vielleicht ganz auf Rechnung eines nicht vollblütigen samoanischen Stammes zu setzen.

Dreizehntes Kapitel.

An Bord S. M. Schiff Cormoran nach den Ostinseln. 1.

Tutuila.

Zum zweiten Male nach Tutuila. — Reiselust der Samoaner. — Ora et labora! bei den französischen Maristen. — Geschichte eines deutschen Beachcombers.

„Ein Kriegsschiff ist ein Fahrzeug," pflegte Kapitän Emsmann zu sagen, „und das muß vor allem fahren, immer fahren, das Stilliegen im Hafen taugt nichts." Diese unbestreitbare Wahrheit ist doppelt wahr in einem südlichen Hafen, dessen feuchtes Tropenklima zu besonderen Maßregeln zwingt, wenn man sich die Spannkraft der Nerven vor der landesüblichen Erschlaffung bewahren will, die auf einem Kriegsschiff nicht nur Verlust der Tatkraft bei Offizieren und Mannschaften bedeuten würde, sondern mehr noch Lockerung der Mannszucht. Und was das heißen will auf Schiffen, die jahrelang vom Heimatshafen fern und oft ebensolange jeder Aufsicht oder Beeinflussung durch gebildete Gesellschaft entrückt sind, weiß jeder, der die Geschichte der amerikanischen Kriegsschiffe früherer Jahrzehnte hier draußen im einsamen Stillen Ozean kennt.

Wenn die Besatzung des deutschen Stationskreuzers aus diesem Grundsatz ihres Kommandanten ersprießliche Folgen für ihre Ausbildung und den Ruhm gewann,

alle im Hafen liegenden Schiffe an Schneidigkeit zu
übertreffen, so zog auch die bürgerliche Bevölkerung aus
der Beweglichkeit des deutschen Schiffes ihren Nutzen.
Kaum war die Absicht des Kapitäns bekannt geworden,
wiederum Tutuila und sogar die fernen Manuainseln
besuchen zu wollen, als auch schon die Bittgesuche um Be=
förderung einliefen. Wieder war eine Anzahl von fran=
zösischen Missionaren zur Stelle, die von Tutuila nach
Apia gekommen waren, um auf der einsamen Bergstation
auf dem Vaea ihre „Retraite" abzusitzen, und nun wieder
zurückwollten zu ihren Pfarrkindern. Ein englischer
Mischling, der auf Taú, der östlichen Manua=Insel, an=
sässig ist und nach langer Abwesenheit auf Upolu nach
Hause zurückwollte, hatte sich eingefunden und wurde als
Fahrgast gern mitgenommen, da er eine genaue Kennt=
nis der Küsten und Häfen hatte und den fehlenden Lotsen
ersetzen konnte. Zahlreiche Eingeborene quartierten sich
auf dem Zwischendeck ein, wo sie als gute Freunde der
Mannschaft sich ganz wie zu Hause zu fühlen schienen.
Es ist sehr bemerkenswert, wie rasch die Samoaner, die
am zähesten von allen Südseebewohnern an ihren alten
Gebräuchen festgehalten haben, sich mit den Verkehrs=
mitteln der Weißen befreunden. Die zwischen Samoa,
Tonga und Viti verkehrenden neuseeländischen Dampfer
sind immer voll von Eingeborenen, die mit einem Matten=
bündel und höchstens einer Seemannskiste als ganzem
Reisegepäck ihre stammesverwandten und zahlreichen ver=
schwägerten Inselnachbarn besuchen. Auch die Fahrt nach
Sydney und Auckland wird sehr gern unternommen, sei
es auch nur aus Neugier oder aus Reiselust, wie sie
jedem richtigen Polynesier tief im Blute steckt. Und wenn
nun gar durch das Entgegenkommen der Kriegsschiff=
kommandanten eine „Malaga" von Upolu nach den an=
deren Inseln der eigenen Gruppe möglich wird und

baldiges Wiedersehen mit den Verwandten lockt, die sich
bei den polygamischen Neigungen der Häuptlinge und
der vielgeübten Annahme fremder Kinder ins Unzählige
verlieren, dann ist die Freude groß und die Nachfrage
nach einem Freiplatz auf dem Vorderdeck lebhaft.

    Glücklicherweise zeigte sich diesmal der Ozean wirklich
brav von seiner stillen Seite, so daß S. M. Schiff sich
mit einer ganz leisen Polka begnügte, die niemand weiter
belästigte und nur einige der eingeborenen Gäste, die auf=
fälligerweise auf Dampfschiffen nicht ganz seefest sind,
von Kopf bis zu Fuß unter ihre Matten verschwinden
ließ. Es ist eine eigene Gewohnheit der Samoaner, sich
wie ein Tier zu verstecken, wenn sie krank sind. Auch
beim Schlafen verkriechen sie sich ganz unter die Decke,
die meist nichts anderes ist als das Hüfttuch, das sie für
die Nacht abnehmen und sich über die Ohren ziehen. Die
Nacht war prachtvoll lau. Außer einem milden, wohl=
tuenden Schlingern merkte man nichts von der Bewegung
des Schiffes, da auf Anordnung des Kapitäns nur ganz
kleine Fahrt gemacht wurde, damit die Westspitze Tutuilas,
unser erstes Ziel, nicht vor Sonnenaufgang erreicht werde.
Pünktlich mit Tagesanbruch kam die westliche Küste von
Tutuila in Sicht, die flacher ist als die übrige Insel
und zwei scherenartige Ausläufer nach Westsüdwest ins
Meer streckt. Zwischen diesen Scheren weitet sich eine
große Bucht mit einer breiten Öffnung von etwa 4 Kilo=
metern Spannung und schön halbkreisförmig gerundetem
Strand; die Bucht von Leone, deren Hinterland die
einzige größere Niederung auf der ganzen Insel ist. Im
fernen Hintergrunde erheben sich stattliche Höhen, zwischen
den beiden Vorgebirgen aber, die den Halbkreis einfassen,
lacht eine fruchtbare Strandebene, mit Brotfruchtbäumen
und Kokospalmen dicht bestanden und von Westen nach
Osten mit zahlreichen Hütten besetzt. Aus einem dichteren

Häuserhaufen ragt eine kleine Kirchturmspitze hervor, das Wahrzeichen der katholischen Niederlassung, das von den Maristenbrüdern mit Freuden begrüßt wird, und von einer durch alte Korallenbauten gebildeten Strand=
terrasse schaut ein stattliches Haus von herrschaftlicher Würde herunter, die Amtswohnung des Vertreters der Londoner Missionsgesellschaft, die überall durch Aufwand und äußere Mittel auf das Volk zu wirken sucht. Das ist Vailoa, „die lange Quelle", die größte Siedlung auf Tutuila.

Kaum sind die langen Ankerketten mit betäubendem Getöse durch die Klüsen ins Wasser auf den Grund ge=
rauscht, als unser gutes Schiff wieder wie bezecht hin und her zu torkeln beginnt, als ob es draußen auf hoher See eine schwere Dünung zu bewältigen hätte. Die offene und nur am Binnenrand mit einem Riff ausgestattete Bucht läßt den starken Wasserstau, der von Südwesten auf die Küste eindringt, ungehindert über den flachen Grund des Hafens gehen und versetzt unseren Kreuzer wohl oder übel in stark schwingende Bewegung, die baldiges Anlandgehen wünschenswert macht. Das Riff hat eine un=
gewöhnliche Ausdehnung, es durchzieht die Bucht in ihrer ganzen Länge und ist an den meisten Stellen wohl gegen 400 Meter breit. Wir müssen ein paar Stunden warten, bis die Flut eine Einfahrt gestattet, und auch dann ge=
staltet sich die Landung noch zu einem recht aufregenden Manöver. Der Kommandant selbst führt das Ruder der Gig, die uns über die Bank hinweg an Land bringen soll. Mit großem Geschick steuert er durch die verzwickten Irrwege der Korallenbauten hindurch, schließlich zur Er=
höhung der Hebelwirkung der Steuerung einen Riemen zu Hilfe nehmend und wie ein Flußschiffer das schlanke Boot über den gefährlichen Boden wrickend. Zuweilen näherte sich die bunte Farbenpracht der phantastischen

Kalkaufbaue bedenklich der Wasseroberfläche, und das schrille Knirschen des Kieles auf der stahlharten Koralle geht einem durch Mark und Bein. Die Giggasten müssen gehörig auf dem Posten sein, bald streichen, bald auf Riemen halten und dann wieder mit Macht durchziehen, daß ihnen der Atem vergeht. Sie haben aber selbst ihre helle Freude an der harten Arbeit, nicht weniger als die Insassen, die mit einigen leichten Durchnässungen in den übermütigen Spritzwellen der Brandung davonkommen, und zum Schluß von den starken Armen der Matrosen ans Land getragen werden.

Ohne weiteren Verzug geht es gleich hinauf auf die kleine Anhöhe, wo die französische Mission ihre Niederlassung hat, die unser Hauptquartier während unseres Aufenthaltes in Leone sein soll. Dort werden wir von dem würdigen Père Jaboulet herzlich begrüßt, der kürzlich mit uns die Fahrt nach Pago Pago gemacht und zur Begrüßung seiner Ordensbrüder die weite Wanderung über die Berge und den Urwald barfuß vollendet hat wie ein richtiger Waldeinsiedler. Die Angehörigen der Maristengemeinde hier draußen sind arm wie die Kirchenmäuse, und schon aus Mangel an irdischen Reichtümern müssen sich die wackeren Väter zu samoanischen Gewohnheiten bequemen. Und in der Tat tragen sie wie die Kinder des Landes Schuhwerk nur bei festlichen Gelegenheiten und wenn sie nach der „großen Residenz" Apia gehen. Viele, viele Jahre lang muß die schwarze Kutte herhalten, die sie trotz Tropensonne und Treibhaushitze von morgens bis abends auf dem Leibe tragen, einer verderblichen Folgerichtigkeit zuliebe, daß nur Schwarz die Farbe der Entsagung sein könne. Da machen es sich doch die Sendboten der Gesellschaft Jesu in den Tropen viel bequemer, sie tragen vernünftigerweise nur weißes Zeug, und anstatt des schweren schwarzen Krempen=

hutes, der in Rom eine so bedeutsame Zierde des Straßenbildes ist, setzen sie einen ganz weltlichen Tropenhut aus indischem Kork auf. Auch mit Speise und Trank, Behausung und Lebensführung sieht es bei den Ordensbrüdern anders aus als bei den Klosterbrüdern der Dichtung, wie wir ihn uns mit Eduard Grützner gern gemütlich schwelgend vorstellen. Die Wohnräume sind kahl und leer wie eine Mönchszelle, außer einem Arbeitstisch, einem Stuhl und einer einfachen Bettstelle, lauter selbstgezimmerten Kunstwerken, nichts als ein paar Bücher, lateinisch meist, und ein paar französische Andachtswerke und Bibelkommentare. An der Wand die Mutter Gottes, aus alter Zeit noch ein Bild von Pio Nono und eine vergilbte Photographie von Monseigneur Broyer, der ein Hauptförderer der katholischen Missionsarbeit auf Samoa gewesen. Und doch leben die Brüder hier in ihrer Armut und Abgeschlossenheit zufrieden und glücklich. Sie haben sich ihr Grundstück schön bepflanzt, und die Mangobäume, die Père Jaboulet hier vor 17 Jahren selbst gesetzt hat, haben sich zu prächtigen, schattenspendenden Riesen ausgewachsen, unter denen die frommen Einsiedler stets willkommene Kühle finden. Kirche, Wohnhaus, Schule, alles haben sie selbst gebaut mit ihren Händen, vom Ziegelmachen und Steinbrechen an bis zum Richten des Daches. Eine schöne, klare Quelle haben sie eingefaßt und überdacht in einem geräumigen Becken, mit Kalkmörtel ausgemauert und durch einen engen Gittereinfluß vor Verunreinigung bewahrt, und dieser unschätzbare Badeplatz erscheint wie das Prunkbad Caracallas im Vergleich zu den dürftigen Badeeinrichtungen, womit sich die armen Apiaer begnügen müssen. Länger als ein halbes Menschenalter haben die bärtigen Männer hier unter den Bekehrten ausgehalten, und sie gedenken hier auf ihrem Arbeitsfelde ihr Leben zu beschließen, während dem englischen Missionar in seinem vornehmen Landhause gegenüber nach sieben Jahren ein Erholungsurlaub und nach weiteren sieben Jahren Dienstende und auskömmliches Ruhegehalt winken.

Nur ein Fremdling war schon hier am Westende Tutuilas Bewohner Leones vor Ankunft der Franzosen, nur einer kann auch auf den alten Père Jaboulet und die Oberin, eine Engländerin, eine Schwester des Apothekers von Apia, als Neulinge hinabsehen, das ist der alte Vater Hahn, der älteste von allen Weißen auf der Insel. Der Besuch bei diesem wackern Mann war eine der belehrendsten Erfahrungen während unserer Reise, es war die Begegnung mit einem leibhaftigen alten Beachcomber, und was das überraschendste dabei war, mit einem Beachcomber, der bis in sein hohes Alter ein ehrenwerter Mann geblieben und kein Mitglied der saufenden und raufenden Zunft geworden ist. Sobald die Kunde von der Ankunft eines deutschen Kriegsschiffes im Hafen das Dorf durcheilt hatte, war der alte Mann, der seit undenklicher Zeit nicht mehr mit Landsleuten in der Muttersprache geredet hatte, an den Strand geeilt und hatte sich in einem Eingeborenenkanu an Bord rudern lassen. Da er aber stockblind ist, hatte er sich auf dem Fallreep nur mit Mühe bewegen können und war von dem wachthabenden Deckoffizier für betrunken gehalten worden, wie ja so oft in einsamen Südseehäfen sich „der Weiße" des Ortes völlig berauscht vorzustellen pflegt. Man hatte ihn kurzerhand abgewiesen, und nun fanden wir ihn ganz niedergeschlagen über den schlechten Empfang, den er an Bord eines deutschen Schiffes gefunden. Daß nun der Kommandant selbst und der deutsche Konsul ihn in seiner schlichten samoanischen Hütte aufsuchten, war ihm ganz unfaßlich. Sehen und erkennen konnte er niemand, aber bald faßte er doch Zutrauen und erzählte uns seine Geschichte, die

Lehr- und Wanderjahre einer richtigen Südsee-Existenz. Seine Eltern waren aus dem Reich nach der Schweiz eingewandert, und er war als Schweizer Kind im Bieler Lande am Jura aufgewachsen. Als junger Schmied wanderte er nach dem vielgepriesenen Lande der Freiheit aus. Der große Bürgerkrieg bricht aus, er tritt als Freiwilliger ein, macht den blutigen vierjährigen Feldzug mit und will nach dem Friedensschluß mit seinem ersparten Solde von 320 Dollar in sein Schweizerland zurück. In New York trifft er einen Landsmann, der ihm von den Wundern des Goldlandes am Großen Ozean erzählt, und mit diesem Genossen zusammen macht er sich nach Kalifornien auf. Jahrelang gräbt er „Schmutz statt Gold", so daß er das fruchtlose Suchen aufgibt und sich als Schmied zu ernähren sucht. Mit Ausbessern von Werkzeugen und Einrichten von Arbeitsstätten erwirbt er fast ebensoviel wie die glücklicheren unter seinen goldsuchenden Genossen. Bald hat er 1200 Dollar zurückgelegt, und zum zweiten Male tritt er die weite Reise nach der Heimat an. Wiederum scheitert er in New York. In einer Matrosenkneipe betäubt man ihn mit vergiftetem Trank am Vorabend seiner Abreise. Als er aus der Betäubung erwacht, findet er sich an Bord eines amerikanischen Walfischjägers, seiner ganzen Barschaft beraubt, ein widerwilliges Mitglied einer aus Verbrechern und hilflosen Unglücklichen zusammengesetzten Mannschaft. An ein Zurück ist nicht mehr zu denken, sie sind schon auf offener See, außer Sicht von Land oder anderen Fahrzeugen. Erst nach Umsegelung des Kap Horn gelingt es ihm, den unsagbaren Leiden auf diesem fluchwürdigen Sklavenschiff zu entfliehen. An der Küste einer der Marquesas springt er nachts über Bord und rettet sich schwimmend an Land. Die Eingeborenen nehmen ihn freundlich auf und lassen ihn bei der ersten sich bietenden Gelegenheit nach Tahiti weiterziehen, wo er zuerst wieder unter umgangswürdige Weiße gerät. Nach ein paar Jahren läuft ein Schiff in den Hafen, das nach Samoa weiter will, wo damals der Ruhm Godeffroys in höchster Blüte stand. Aber nicht nach Apia bringt ihn der Segler, sondern nach Pago Pago, das damals wie heute nur ein unscheinbares gottverlassenes Nest ist, das abgelegene Paradies einiger verwilderter Amerikaner und Mischlinge. Schließlich, nach einigen traurigen ergebnislosen Jahren in der stillen Bucht, hört er, daß es auf Tutuila noch einen größeren Ort gebe: Leone, mit Händlern und Missionaren, ja sogar einem amerikanischen Vizekonsul. So hat er hier seit 26 Jahren sein kleines Heim, eine Schmiede nach deutscher Dorfart und eine samoanische Hütte daneben, in der seine einheimische, nun auch alt und grau gewordene Frau schaltet und waltet. Seine Tochter, nebenbei eine der niedlichsten Mischlingsfrauen auf den Inseln, ist an einen ehrsamen Schmiedemeister aus Berlin in Apia verheiratet, sein Sohn in der Lehre in einem deutschen Hause auf Upolu, und er lebt nun seine alten Tage wie ein Samoaner dahin in dem kleinen Städtchen, dessen Eingeborene ihn lieben wie einen treuen Schutzgeist, dessen Missionare ihn schätzen als einen weißen Raben unter den gefürchteten Beachcombern. Er ist fast ganz erblindet, nur beim Schmiedefeuer vermögen seine netzlosen Augen noch einen ganz schwachen Schimmer wahrzunehmen. Im Ort kennt er jeden Steg und Stein, und die Ehrenjungfrau von Vailoa steht ihm bei kleinen Handreichungen hilfbereit zur Seite, so daß er noch nicht ganz zu den unnützen Alten gerechnet werden mag. Merkwürdig war, wie vollkommen ihm der Gebrauch der Muttersprache geblieben; er sprach ein reineres und geläufigeres Deutsch als mancher Deutsch-Amerikaner, der zwischen Englisch und Deutsch nicht mehr recht zu unterscheiden weiß und beides gleich schlecht rabebrecht. „Ach, Herr", sagte er, als ich mich über sein gutes Deutsch wunderte, „nur wer nie seine Muttersprache gekannt hat, verlernt sie in der Fremde."

* * *

An der Nordküste Tutuilas. — Die Insel trotz landschaftlicher Schönheit minderwertig. — Bewohner schäbig in Auftreten und Gesinnung. — Zur Massacre=Bai und den Spuren der Franzosen.

Einige Tage später ankerten wir an der Nordküste in der schönen Waldbucht Faga Sa, der heiligen Bucht (auf den Karten mit irreführender englischer Schreibung Fungasar), einer kleinen Ausgabe der romantischen Föhrde von Fagaloa auf Upolu. Dieselben steilen Waldufer, derselbe Wasserfall an der Südküste, dieselbe bergseeähn= liche Einschließung und Abschließung von der Außen= welt. Nur zwei winzige Ortschaften sind auf dem engen Umkreise der Einbuchtung zu bemerken, beide dicht nebeneinander gelegen, wo ein Felsenquell sein munter springendes Wässerchen der See zuführt. Nur ein paar Dutzend Dächer schauen aus dem dichten Grün heraus, und als Stammsitz eines einflußreichen Häuptlings, wie uns der Ort bezeichnet worden war, macht Faga Sa einen recht bescheidenen Eindruck. Um so größer scheint der Eindruck zu sein, den die Ankunft des Kriegsschiffes auf die Eingeborenen macht. Mit verblüffender Ge= schwindigkeit, wie auf ein verabredetes Zeichen, schießen die kleinen Auslegerboote hervor aus dem Dickicht des Strandes, sämtlich wie in Pago Pago nur mit Mädchen und Frauen bemannt. Sie scheinen sich für den Besuch an Bord besonders herausgeputzt zu haben und sehen in ihren Hüfttüchern und kurzen Jäckchen recht niedlich aus. Diese kleinen ärmellosen Jacken, an Latz und Schulter mit billigen Spitzen eingefaßt, wurden vor

Jahren durch die französischen Missionare von Tahiti ein=
geführt und bilden eine viel gefälligere Bekleidung als
die langen formlosen Nachtkittel der englischen Kirchen=
schüler; die Mädchen können sich darin frei bewegen, Arme
und Unterschenkel bleiben unbedeckt und die braunhäutigen
Schönen machen nicht den lächerlichen Eindruck verun=
glückter Nachahmung europäischer Moden. Im übrigen
schienen die beiden Dörfer der Bucht die Auslese ihrer
Bevölkerung gesandt zu haben, um die Fremden zu be=
grüßen und ihnen Kokosnüsse, Bananen, Ananas, Mango
und andere tropische Früchte, sowie Matten, Fächer,
Waffen und allerhand Merkwürdigkeiten zum Kauf an=
zubieten. Als wir später an Land gingen, bekamen wir
fast nur häßliche Menschen zu Gesicht, schlechter genährt
und weniger gut gepflegt als die Bewohner von Savaii
und Upolu. Fast ohne Ausnahme waren die Leute von
Faga Sa mit Hautkrankheiten und Augenübeln behaftet,
ihre Häuser schäbig und schmutzig, die Kleidung zerlumpt
und ungewaschen. Ohne Zweifel hat die verderbliche Nähe
Pago Pagos, das über Land nur wenige Kilometer ent=
fernt ist, viel zur Entartung der Bevölkerung beigetragen.
Die schlechtesten Elemente fremder Herkunft haben sich
mit Vorliebe in Pago Pago aufgehalten, und in dieser
abgeschiedenen Waldbucht hat ihr böser Einfluß viel un=
gestörter wirken können als etwa in Apia, wo die Größe
der europäischen Gemeinde an sich eine Art einschränken=
der Gewähr bietet.

Ganz Tutuila macht überhaupt mit den Westinseln
verglichen nur einen mäßigen Eindruck. Landschaftlich
zwar übertrifft es Upolu und Savaii ohne Zweifel an
wilder Waldschönheit und Vielgestaltigkeit der Felsen=
küste. Die ganze Insel ist nur etwa ein Sechstel so groß
wie Upolu, 30 Kilometer lang und an der breitesten Stelle
nur 9 Kilometer weit. Wie ein einziger schmaler Fels=

grat steigt es aus dem Wasser auf, in seinen Umrissen mit den zahllosen spitzen Zacken und scharfen Vorgebirgen mehr an Tahiti als an das übrige Samoa erinnernd. Der Nordostpassat wie der im hiesigen Winter (Mai bis Oktober) vorherrschende Südostwind fegen über die schmale Insel weg, deren höchste Spitze, der Matafao (von dem aus man den Fao auf Upolu sieht) nicht über 716 Meter hinausragt. Infolgedessen ist die Zersetzung der Trachyte und Basalte, die das Gerüst des Eilandes zusammensetzen, viel weiter vorgeschritten als auf den größeren und höheren Westinseln, die außerdem wohl länger unter tätigen Vulkanen zu leiden hatten als Tutuila. Vom brandenden Korallenstrand an bis hinauf zu den steilen Graten ist alles mit dem üppigsten Wald bedeckt, aber eben die steilen Hänge bieten für nichts anderes Raum als für Wald. Landwirtschaftliche Aussichten gewährt nur die Niederung am Westende im Hinterlande der Bucht von Leone, wo allein schon jetzt die Anpflanzung von Kokospalmen und anderen Nutzbäumen Erfolg gehabt hat. Hier finden sich auch die Siedlungen am dichtesten zusammengedrängt, und außer den zurzeit vorübergehend in Pago Pago lebenden amerikanischen Brückenbauern gibt es dort nur bei Leone Weiße und Mischlinge. Auf lange Zeit hinaus wird Tutuila lediglich durch seine Naturschönheit wertvoll sein. Erst gründliche Urbarmachung der jungfräulichen Wildnis wird hier dem Pflanzer eine ersprießliche Tätigkeit ermöglichen, aber auch nur in beschränktem Maße, da die Steilheit der Gehänge und der hohe Feuchtigkeitsgehalt der Luft wohl nur für Kaffee geeignet sind.

Unter diesen Verhältnissen scheint selbst die eingeborene Bevölkerung zu leiden. Der Ernährungszustand ist augenscheinlich sehr viel schlechter als bei den prächtig entwickelten, muskelstarken, fleischigen Samoanern des

Westens. Charles Wilkes, der amerikanische Forschungs=
reisende, beobachtete das ebenfalls schon vor sechzig Jahren
und meinte, die Trägheit der Tutuilaer sei daran schuld,
die zu faul wären, eine Kokospalme zu erklettern und sich
lieber mit Quellwasser begnügten, ehe sie sich die Mühe
machten, eine junge Nuß zum Trinken herunterzuholen.
Mir scheint vielmehr, daß der Mangel an mehlhaltigen
Nährpflanzen, die in der Küche der westlichen Inseln
eine so überwiegende Rolle spielen, daran schuld ist, und
dafür ist mehr der Boden als der Bebauer verantwortlich
zu machen. Überdies scheinen die Tutuilaer, nach den
Überlieferungen der samoanischen Sage zu urteilen, an=
dern Stammes zu sein als die westlichen Samoaner,
die ja in der Geschichte der Inselgruppe immer eine
führende Stellung eingenommen haben. Noch heute sind
sich die Eingeborenen dieser verschiedenen Abstammung
wohl bewußt; die von Tutuila gelten nicht für voll, son=
dern werden als Hörige derer von Aleipata, dem Ost=
bezirk Upolus, angesehen, und auf ganz Savaii und Upolu
findet man unter den Eingeborenen nichts als Verachtung
für die mageren, schmutzigen Nachbarn im Osten. Nach
allem, was wir auf dieser Umseglung der Insel und nach
Anlaufen ihrer Hauptlandeplätze kennen gelernt haben,
mußten wir uns dem volkstümlichen Verdammungsurteil
über die Tutuilaer anschließen. Die herzgewinnende Gast=
freundschaft und die liebenswürdige Offenheit, die den
fremden Besucher sonst in Samoa sofort gefangen=
nehmen, fehlt hier in Tutuila. Nicht als ob man hier
nicht auch Ava vorgesetzt bekäme und einem zum Schluß
der Empfangsfeierlichkeiten ein Tanz von jungen Mädchen
geboten würde. Es fehlt aber die Grazie des Gebens,
man vermißt die Höflichkeit des Herzens und verzichtet
lieber ganz auf eine widerwillig oder nur aus stumpf=
sinniger Gewöhnung gebotene Gastfreundschaft. In Faga=

toga verlangten die Tänzerinnen des Sivasiva Bezahlung und schoben uns wie in einer amerikanischen Kirche nach der Predigt einen Sammelteller hin, und in Faga Sa erwarteten die Häuptlinge, nachdem sie unsere Gastgeschenke schweigend angenommen hatten, daß wir ihre Gegengaben bar vergüten sollten. Auch die Edelsten des Volkes standen nicht besser da.

Während sonst der Häuptling sich durch hohen Wuchs und fürstlichen Anstand von den Gefolgsmannen auszeichnet, waren die Häuptlinge der Nordküste, die sich abends an Bord zu einem großen Fono einfanden, nur eine recht unansehnliche, wenig ansprechende Gesellschaft. Die größeren Würdenträger unter ihnen waren zur Feier des seltenen Tages in höchster Gala erschienen, d. h. sie hatten dicke, dunkelblaue Matrosenhemden angezogen oder gar ihre nackten Leiber in Uniformstücke englischer oder amerikanischer Seeoffiziere und Matrosen gesteckt. Die Herkunft dieser hochgeschätzten Wertstücke wurde uns klar, als der Sprecher der Versammlung einen schön polierten Kasten mit Schießbedarf für ein Maschinengewehr zum Verkauf anbot. Es stellte sich heraus, daß es amerikanische Maximpatronen waren und ein Beutestück aus dem unglücklichen Gefecht auf der deutschen Pflanzung Vailele, wo die führenden Offiziere ihre Geschütze in den Händen der Krieger Mataafas lassen mußten. Da die Umwohner von Faga Sa gegen den kleinen Missionsanwärter Tanu zu Felde gezogen waren und Mataafas Oberhoheit anerkannten, so konnte sich ein Häuptling von Upolu, der von Kapitän Emsmann als Dolmetscher mitgenommen war, ohne Gefahr daran machen, den Tutuilaern gehörig die Leviten zu lesen und sie zu fragen, ob sie sich nicht schämten, dem Häuptling des deutschen Schiffes Eigentum der befreundeten Amerikaner zum Kauf anzubieten. Das wirkte, sie wurden ganz kleinlaut und gaben nach einigem Hin- und Herreden untereinander ihre Einwilligung dazu, daß der deutsche Konsul seinem amerikanischen Amtsgenossen die erbeutete Munition als Alofa, als Zeichen freundschaftlicher Gesinnung, im Namen der Häuptlinge überreichen sollte.

Daß gerade die Tutuilaer es waren, die zuerst die Bekanntschaft der Europäer machten, hat es verschuldet, wenn die Samoaner bis weit ins 19. Jahrhundert hinein als unfreundliche Rauhbeine, ja als mörderische Wilde verschrien waren. Dieses harte Urteil hat nur das eine Gute zur Folge gehabt, daß noch hundert Jahre nach der Entdeckung der Inseln durch den Holländer Jakob Roggewein im Jahre 1722 kein Weißer es wagte, sich den verrufenen Inseln zu nähern, und daß somit die sogenannten Segnungen der christlichen Südseekultur in Gestalt von Pulver und Blei, Schnaps und andern schönen Dingen den Eingeborenen noch um einige Menschenalter erspart blieben. Gerade die Bucht von Faga Sa ist es, die diesen Ruf der Samoaner auf ein Jahrhundert festgelegt hat. Hier war es, wo 1787 die unglückliche Expedition der französischen Marine unter Jean François de Galaup, Comte de la Pérouse mit den Schiffen Astrolabe und Boussole landete und nach fünf Tagen weiter westwärts ging, die Leichen des Kommandanten des Flaggschiffes und zehn Mann der Besatzung in den Händen der Eingeborenen zurücklassend. Heute ist ein Denkmal errichtet zum Gedächtnis des unglücklichen Tages, das einzige geschichtliche Wahrzeichen dieser Fahrt. Die Darstellung der Niedermetzelung der Franzosen an dieser Küste, wie sie in den meisten Büchern über Samoa gedankenlos wiederholt wird, beschuldigt die Eingeborenen eines plötzlichen und in seiner Heftigkeit unbegründeten Angriffes auf die Landungsmannschaften der beiden französischen Kriegsschiffe.

Aus der ganzen Geschichte der Inseln wird man wohl keinen anderen Fall anführen können, wo die Samoaner zuerst Weiße angegriffen hätten. Selbst in der jüngsten Zeit, wo oft die Leidenschaften aufs höchste erregt und künstlich vergiftet waren, sind keine Fälle vorgekommen, wo der Samoaner ohne Not und ohne unmittelbare Herausforderung den Europäer angegriffen hätte. Es verlohnt sich also wohl der Mühe, diesem Fall von der Ermordung der Leute des de la Pérouse näher auf den Grund zu gehen, zumal es das einzige große Ereignis ist, das aus der vorchristlichen Geschichte der Inseln bekannt geworden ist. Es wurde beschlossen, den Ort des Gemetzels, die unfern von Faga Sa gelegene Massacre-Bai, selbst aufzusuchen und zu prüfen, ob unter der ortsansässigen Bevölkerung noch irgendwelche Überlieferungen darüber lebendig wären.

Eine Jolle wurde bemannt, Kommandant und Konsul und einige Herren der Messe waren von der Partie und fort ging's an der steilen Waldküste entlang. Aus den Karten läßt sich die Lage der Bucht nicht genau erkennen, die Spezialkarte von Faga Sa, die sich auf den Admiralitätskarten befindet, schneidet vorher ab, und die Angaben de la Pérouse selbst über die Stelle, wo seine Leute ums Leben kamen, sind sehr ungenau. Eine Einbuchtung nach der andern öffnete sich, und kein Denkmal, keine sonstige Spur des geschichtlichen Platzes wollte erscheinen. Endlich, in dem sechsten Einschnitt westlich von Faga Sa, leuchtete am Strande ein weißes Kreuz auf. Es fand sich eine kleine Kapelle aus Stein gebaut, davor ein hübsch eingefriedigtes Grabmal mit der Inschrift: „Morts pour la science et la patrie le 11 décembre 1787" und dann elf Namen von der Besatzung der beiden Kriegsschiffe Astrolabe und Boussole und am Ende der Gedenktafel der Vermerk: „Erigé en 1883". Es ist ein

idyllischer kleiner Platz, der diese traurige Berühmtheit
erlangt hat, eine friedliche Bucht in der schroffen Küste,
die mit ihrer donnernden Brandung und den geheimnis=
vollen Auswaschungshöhlen im vulkanischen Gestein un=
gemein malerisch ist. Kein Mensch erschien zu unserer
Landung am Strande, die wenigen Hütten, die auf
einem freien Platze inmitten des Ortes standen, waren
verlassen, und die mageren Hunde schienen die alleinigen
Herren zu sein. Endlich humpelte uns aus einer Hütte
ein uraltes Mütterchen entgegen. Durch den Dolmetscher
erfuhren wir von ihr, alles sei weit und breit nach Faga
Sa geeilt, um das große Schiff anzustaunen, von dessen
Ankunft ein Läufer aus dem nächsten Dorf Nachricht ge=
bracht hätte. Männer, Frauen, Kinder, alles hatte sich
sofort in den Kanus nach Faga Sa aufgemacht, und
nur die Altersschwachen und ganz kleinen Kinder waren
zurückgeblieben. Von den Alii Falani, den fränkischen
Herren, die hier ihr Grab hatten, wußte die Frau nichts,
obwohl sie selbst noch aus dem 18. Jahrhundert zu
stammen schien. Was sich aber aus dem Vergleich der
Aussagen der letzten Augenzeugen, die noch von den
ersten englischen Missionaren angetroffen wurden, mit
der Darstellung in dem großen de la Pérouseschen Reise=
werk ergibt, trägt doch sehr zur Entlastung der Samoaner
bei und scheint, wie wir im nächsten Berichte sehen wer=
den, den Franzosen wenigstens die Hälfte der Schuld
beizumessen.

* * *

Wie die Samoaner in den Geruch von blutdürstigen Wilden ge=
kommen sind. — Das Blutbad von Asu. — Widersprechende
Berichte. — Scheußlichkeiten der Franzosen. — Samoa heute wie
vor hundert Jahren.

Nach der landläufigen Darstellung der Niedermetze=
lung jener französischen Landungstruppen von der Ex=

pedition de la Pérouse hätte die leichte Bestrafung eines Diebes den Angriff der Tutuilaer in der Bucht von Asu — dies ist der einheimische Name der „Massacre-Bai" — verschuldet, und die Ermordung von elf Europäern wäre die furchtbare Rache für einen einfachen Akt der Gerechtigkeit gewesen. Der Befehlshaber der zur Umsegelung der Welt von Ludwig XVI. ausgesandten Unternehmung, der Sieur de la Pérouse, erzählt selbst bei der Beschreibung der Insel „Maouna" — er hatte jedenfalls den Titel des Oberhäuptlings Mauga für den Namen des Landes gehalten —, wie in der Bucht von Faga Sa die Eingeborenen sich in Hunderten von Kanus um die Schiffe gedrängt und Schweine und Kokosnüsse zum Tausch angeboten hätten. Für die üblichen Sachen, die auf andern Inseln mit Erfolg als Tauschmittel in den Handel gegeben wurden, zeigten die Samoaner gar kein Verständnis; nützliche Gerätschaften und Kleidungsstücke ließen sie liegen, waren dagegen wie besessen auf Glasperlen, so daß de la Pérouse für einige Perlenstränge nicht weniger als fünfhundert Schweine eintauschte, unzählige Tauben, Kokosnüsse und eine große Anzahl von Schildkröten und Papageien. Ein Samoaner soll nun nach der weiteren Erzählung sich einen Hammer aus einem der Boote des Admiralschiffes haben aneignen wollen. De la Pérouse läßt ihn durch vier ausgesucht starke Matrosen über Bord werfen, da er fürchtet, die Mißachtung, die die Eingeborenen ganz unverhohlen angesichts der kleinen schwächlichen Gestalten der Franzosen zur Schau trugen, könne leicht zu ernsteren Folgen führen, wenn nicht rechtzeitig das Ansehen der Weißen gewahrt bliebe. Um die Gewalt der Feuerwaffen zu zeigen, läßt er ein paar von den eingehandelten Tauben fliegen und sie durch ein paar wohlgezielte Schüsse herunterholen. Das scheint aber wenig Eindruck zu machen. Indessen

ziehen sich die Eingeborenen an den Strand zurück. Der
Kommandant der Astrolabe, Vicomte de Langle, hat in=
zwischen eine kleine Forschungsreise längs der Küste ge=
macht und kommt, ganz entzückt von der Schönheit des
Landes, zurück; besonders aber schwärmt er von einer
schönen Quelle, die er in einer benachbarten Bucht, Asu,
gesehen hat. Da er verschiedene Skorbutkranke an Bord
hat, will er frisches Wasser einnehmen. De la Pérouse, der
das Schicksal James Cooks vor Augen hat, dessen Er=
mordung auf Hawaii noch frisch in aller Gedächtnis ist,
gibt nur mit Widerstreben dem Drängen des Kapitäns
nach und läßt eine auserlesene Mannschaft von 61 See=
leuten und Schützen an Land gehen, um frisches Wasser
einzunehmen. Nur soweit kann der Oberbefehlshaber aus
eigener Kenntnis berichten. Die weitere Darstellung gibt
die Erzählungen zurückgekehrter Teilnehmer wieder.
Vicomte de Langle hat unerwartete Schwierigkeiten, das
am Tage zuvor gesehene Wasser in die mitgebrachten
Baljen zu schöpfen, da die Quelle fast ganz versiegt ist.
Er muß infolgedessen viel länger als beabsichtigt an Land
bleiben, bedient sich aber bei den Schöpfarbeiten der an=
gebotenen Hilfe der Eingeborenen, die nach und nach in
mehr als tausend Auslegerbooten zusammenströmen.
Plötzlich fangen die Samoaner an, große Steine vom
Strand aufzulesen und damit die Franzosen zu bewerfen.
Kapitän de Langle versucht mit Güte breinzureden. Es
ist zu spät, und er selbst gibt zuerst die beiden Schüsse
ab, die er zur Verfügung hat, und damit das Zeichen zu
einem allgemeinen Kampf. Im selben Augenblick hat
ihn ein Steinwurf auf die Backbordkante seiner Gig ge=
worfen, und ein wilder Samoaner bearbeitet ihn derartig
mit seiner Keule, daß er sofort den Geist aufgibt. Seine
Leiche wird noch weiter völlig zerschlagen und in der
schändlichsten Weise beschimpft. Alles stürzt sich in die

Boote und ins Wasser, um zu den Schiffen zurückzuschwimmen. Noch zehn Mann werden von Steinwürfen erreicht und dann mit Keulen erschlagen, darunter der Naturforscher de Lamanon, der als Schiffsarzt auf der Boussole diente, ein Deckoffizier und ein Artillerist mit deutschem Namen, Roth; 49 Mann retten sich an Bord zurück, fast alle mehr oder weniger schwer durch Steinwürfe verwundet. Voll Grausen wird die Geschicklichkeit im Schleudern und die ungeheure Kraft der Eingeborenen betont. Noch zwei Tage kreuzen die beiden Schiffe, von denen das Flaggschiff mit de la Pérouse während des Unglücks weiter nach Westen gesegelt war, an der Küste auf und ab; die starke Brandung verhindert aber eine Landung. So müssen denn die Leichen der Erschlagenen in den Händen der wilden „Indianer" bleiben, und am dritten Tage nach dem Überfalle von Asu geht die Expedition weiter nach Upolu, wo die Mannschaft an der Küste von Aleipata einige der Angreifer wiederzuerkennen glaubt und nur mit Mühe vom Oberbefehlshaber von blutiger Rache zurückgehalten wird.

Soweit de la Pérouse. Der Häuptling Lavasii von Falelatai, an der Südküste von Aana, hat nach dem Bericht von Teilnehmern dem englischen Missionar Stair vor fast 60 Jahren erzählt, daß es in der Tat Leute von Aana gewesen seien, die auf einer Gesellschaftsreise nach Tutuila begriffen mit den Franzosen in Streit geraten seien, weil man einen der ihrigen wegen eines unbedeutenden Diebstahls am Daumen zum Großmast eines Beibootes emporgezogen habe. Das mag Grund genug gewesen sein, sich gegen die fremden Gäste zu erheben. Noch stärkere Gründe, die auch den friedfertigsten Samoaner auf den Kriegspfad gedrängt haben mögen, lassen sich aber aus der Erzählung des obersten Führers der Franzosen selbst entnehmen. Mit ganz gallischer Unbefangenheit berichtet de la Pérouse, daß seine Leute, nicht zufrieden mit der Gunst, die ihnen für ein paar Glasperlen die Frauen und Mädchen geschenkt, sich auch an die Kinder herangemacht und mehrere ganz junge Mädchen „geopfert" hätten, mit Hilfe einiger feiler alter Weiber und „dans les bras d'un vieillard qui servait d'autel et de prêtre et qui pendant la cérémonie l'exhortait (sc. la victime) à modérer l'expression de sa douleur." Es ist nun sehr viel wahrscheinlicher, daß solche Scheußlichkeiten der Franzosen die Eingeborenen zur Keule und zu den Steinen haben greifen lassen als die Bestrafung eines einzelnen leichten Übeltäters. Noch heute hält sich, trotz Christentum und langer Bekanntschaft mit den Sitten der Beachcomber, jeder Samoaner für berechtigt, die Ehre seiner Tochter oder Schwester an dem Schuldigen durch Totschlag zu rächen, und noch heute haben die meisten vorübergehenden Zwistigkeiten zwischen einzelnen Geschlechtern oder ganzen Stämmen ihre Ursache in solchen Gewalttaten. Die sehr ausführliche Darstellung von de la Pérouse verliert unter diesem Gesichtspunkt sehr an Glaubwürdigkeit, und so sehr man in solchen Fällen geneigt und verpflichtet ist, den Aussagen der Weißen mehr Gewicht beizumessen als denen der Eingeborenen, so gebietet die Gerechtigkeit doch, zu sagen, daß höchst wahrscheinlich die Samoaner mehr Ursache hatten, gegen die Franzosen aufzutreten als umgekehrt. Dazu kommt die geringe Wahrscheinlichkeit für den Diebstahl eines Hammers. Kurz zuvor wird erzählt, daß die Samoaner alle Gerätschaften und ähnliche Tauschgegenstände verächtlich von sich gewiesen und nur Sinn für Schmuck und Glasperlen gehabt hätten, und dann soll ein Hammer mit List oder Gewalt entwendet worden sein, der wohl bei dem Reichtum der Inseln an harten Hölzern und stahlharten Gesteinen am wenigsten Reiz für einen Eingeborenen gehabt haben mag.

Wie dem auch sei, verständlich bleibt es, daß die Er=
mordung des ersten Offiziers der Expedition und eines
verdienten Gelehrten sowie einiger auserlesener Leute die
Stimmung an Bord der französischen Kriegsschiffe sehr
ungünstig beeinflußte. Was weiter von dem Unternehmen
des Sieur de la Pérouse in Samoa und auf den andern
von ihm angelaufenen Inseln der Südsee zu berichten ist,
kann nicht zur Mehrung des Ruhmes der an der Spitze
der Zivilisation marschierenden Nation beitragen. De la
Pérouse erzählt, hinfort seien alle kleinen Vergehen mit
der größten Strenge geahndet worden, Todesstrafe stand
auf unerlaubtes Anbordkommen, „und dieses Verfahren
war hundertmal vernünftiger als unsere bisherige Mäßi=
gung, und wenn wir etwas zu bedauern haben, so ist es,
daß wir zu diesen Menschen gekommen sind mit den
Grundsätzen der Milde und der Geduld; Vernunft und
gesunder Menschenverstand sagen deutlich, daß man das
Recht hat, Gewalt anzuwenden gegen einen Menschen, der
die unverhohlene Absicht hat, uns zu morden, wenn er
nicht durch Furcht gehemmt wäre". Und das ist und
bleibt das Schlußurteil desselben Mannes über die Sa=
moaner, der noch eben zuvor mit Begeisterung ein Lied
gesungen hat von der herrlichen Natur ihres Landes
und der klassischen Sorglosigkeit und Bedürfnislosigkeit,
womit diese Naturkinder in den Tag hineinleben. Es ist
wohl kein Zweifel mehr, daß die Rücksicht auf das An=
denken des unglücklichen Freundes und Kameraden nach=
träglich bei der Abfassung des amtlichen Berichts den
Charakter der Samoaner geschwärzt hat als wirklich echter
Abscheu vor diesen „Indiens féroces".

Interessant ist, was diese erste ausführliche Beschrei=
bung, die wir aus der Feder eines Weißen von den
Samoanern haben, über Land und Leute sonst zu sagen
hat. Der Holländer Roggewein, der 65 Jahre vor de la

Pérouse hier war, ist nur an den Inseln vorbeigefahren und hat nur aus der Ferne urteilen können. So läuft ihm zum Beispiel der Irrtum unter, die Eingeborenen bekleideten sich die Oberschenkel mit einem ganz feinen seidenartigen Gewebe, wofür er aus der Entfernung wohl die Tätowiermuster angesehen haben mag. Übrigens trifft seine sonstige Beschreibung der „Beauman=Inseln", wie er die Gruppe nach dem Kapitän seines Schiffes Tien= hoven nannte, so wenig auf Samoa zu, daß man mit be la Pérouse wohl bezweifeln kann, Roggewein habe über= haupt Samoa gemeint. Denn das ist sonst gerade das Überraschende bei allen alten Schilderungen der Insel= gruppe, sie erzählen fast nichts, was sich nicht auch noch heute, wenn auch nicht gerade in Apia, nachprüfen ließe. Trotz 70 Jahren Christentums und einem halben Jahr= hundert europäischen Handels stehen die Samoaner, allein von allen Südseevölkern, noch heute ganz auf der Stufe des unverdorbenen Naturkindes. Wenn man von den Äußerungen kirchlichen Lebens und von dem großen Schatz biblischer Vorstellungen und Erzählungen absieht, den langjähriger Missionsunterricht den Eingeborenen ge= bracht hat, wird man unter der leichten Tünche noch den echten Polynesier hervorschimmern sehen. Und mit der Entfernung von Apia und seinen gleichhobelnden Ein= flüssen wächst die Wahrscheinlichkeit, in Samoa noch die Südsee zu finden, echt und in alter Schöne, wie sie selbst auf viel später von Weißen besiedelten Inselgruppen nicht mehr zu genießen ist. Das hatte ich schon in Savaii gesehen, und in Manua, den östlichsten Samoa=Inseln, sollte ich dieselbe Erfahrung in einem lehrreichen Gegen= stück machen.

Vierzehntes Kapitel.

An Bord S. M. Schiff Cormoran nach den Ostinseln. 2.

Die östlichsten Eilande.

Nuu Manu, die Vogelinsel. — Völkerwanderungen in der Süd=
see. — Erster Eindruck von Manua. — Unfehlbares Rezept zur
Heidenbekehrung.

Genau 100 Kilometer östlich von Anuu, der kleinen Felseninsel, die sich vorm Ostende inmitten des Riffs erhebt, steigen drei hohe Bergrücken aus dem Meer em=
por, die Manua=Inseln, die nach Osten hin die Gruppe abschließen, wenn man nicht noch die 140 Kilometer weiter östlich liegende Koralleninsel Nuu Manu noch zu Samoa rechnen will. Dazu ist aber kein rechter Anlaß. Geologisch hat dieses Atoll nichts mit der übrigen Gruppe zu tun, solange wir nicht wissen, ob es sich auf demselben unterseeischen Rücken erhebt, auf dem die vulkanischen Ausbrüche stattfanden, denen die westlichen Inseln ihre Entstehung verdanken. Ethnographisch und wirtschaftlich hat es gar keine Bedeutung, da es von jeder Flut völlig überspült wird und auf dem schmalen Lagunenkranze außer einigen Nachtblütlern nichts zu finden ist als Schildkröten und massenhafte Seevögel und in der stillen Lagune die Brutstätte großer Fischherden. Unter diesen Verhältnissen wird das Atoll stets unbewohnt bleiben, und der fran=
zösische Weltumsegler Freycinet, der es 1819 bei seinen

erdmagnetischen Forschungen entdeckte, hätte zur Verewigung des Namens seiner Frau, der zu Ehren er es Rose Island nannte, wohl auf einen größeren Fund warten können. Die einheimische Bezeichnung, Nuu Manu, wie die westlichen Samoaner das Eiland nennen, sagt jedenfalls mehr als Rose Island. Denn die dichtbevölkerte Kolonie von Seevögeln aller Art, die hier ihr Wesen treiben, ist das Bemerkenswerteste auf dem 5 Kilometer im Durchmesser sich rundenden Korallenring. Höchst sonderbar ist die Gewohnheit der Fregattenvögel und Tölpel, ihre Eier in Abständen von 1 Meter ganz regelmäßig, in langen Reihen und schön ausgerichtet, in den kahlen Sand zu legen.

Sieht man von Nuu Manu ab, so erstrecken sich die Samoa-Inseln von Savaii bis Manua über eine Länge von 370 Kilometern, an und für sich nur eine bescheidene Entfernung, etwa wie bei unseren friesischen Inseln an der Nordseeküste von Texel bis Sylt. Hier aber, wo alle Reisen von den Eingeborenen im offenen Boot zurückgelegt werden müssen, bedeuten die 100 Kilometer offene See, die zwischen Tutuila und Manua liegen, oder gar die fast doppelte Entfernung, die Manua von Apia trennt, eine recht gründliche Scheidung, die nicht alle Tage überwunden werden kann. Wir wissen zwar von ausgedehnten Fahrten, die in der Vorzeit von den Samoanern über das Meer gemacht worden sind. Es kann keinem Zweifel mehr unterliegen, daß die Vorfahren der Polynesier, die selbst von den malaiischen Inseln gekommen sind, von Samoa aus Neuseeland, Tonga, Hawaii, Tahiti, Manahiki und die Ellice-, Gilbert-, Cook-, Marquesas- und Paumotu-Inseln bevölkert haben. Ungeheure Strecken, von Tausenden von Kilometern — von Samoa z. B. bis Hawaii 4000 Kilometer — können natürlich im Segelkanu nicht zurückgelegt worden sein, man muß schon die Annahme gesunkener Festländer zur Erklärung der Tatsache zu Hilfe nehmen, daß die Bewohner jener Inseln die unverkennbaren Spuren gemeinsamer Abkunft aufweisen und unter anderem sich sprachlich viel näher verwandt sind als etwa die verschiedenen Zweige der großen indogermanischen Völkerfamilie untereinander. Aber auch von großen Wanderungen in der jüngsten Vergangenheit haben wir Kunde. Nur mündliche Überlieferung zwar, da mit Ausnahme der rätselhaften Bewohner der Osterinsel, die große Steindenkmäler mit Inschriften hinterlassen haben, es kein polynesischer Stamm zur Erfindung irgendeiner Art von Schrift gebracht hat. In manchen Fällen haben Reisende und Missionare diese im Volke noch lebendigen Überlieferungen aufgezeichnet, und so haben wir z. B. genaue Einzelheiten über die Besiedlung der Insel Vaitupu in der Ellicegruppe durch die 900 Kilometer entfernten Samoa-Inseln, und auf Manua kann man noch heute die Leute erzählen hören von der großen Fahrt, die vor etwa 70 Jahren ein Eingeborener von Raivavac in der Tubaigruppe, südlich von Tahiti, 2500 Kilometer weit nach Manua gemacht hat. Der Unglückliche war verschlagen worden, drei Monate irrte er auf dem hohen Meere umher, in seinem großen Kriegskanu ein Spiel des Passates, der ihn grausam genug nur an unbewohnten Inseln vorbeitrieb. Zwanzig Mann seiner Besatzung erlagen den Leiden und Entbehrungen, die sie bei ihrem nur auf wenige Wochen eingerichteten Vorrat von Nahrungsmitteln durchmachen mußten, ehe sie an der östlichsten der samoanischen Inseln an den Strand getrieben wurden.

Aus all diesen Nachrichten ergibt sich, daß solche Wanderungen nicht zum Vergnügen unternommen wurden, sondern teils aus zufälligen Verschlagungen, teils

aus sorgfältig vorbereiteten Auswanderungen entstanden
sind, die infolge von Übervölkerung notwendig wurden.
Zwei sonst nicht erklärliche Gebräuche der Südseevölker
rufen noch heute die Zeit der großen Auswanderungen
zurück: das Töten von schwachen Kindern und die vor=
zeitige Abtreibung der Leibesfrucht sowie die Zubereitung
lange haltbarer Speisen. Die Furcht vor Kinderreichtum
hat man meist der Scheu vor Geburt und Mutterschaft
zugeschrieben. Wie mir scheint, sehr mit Unrecht. Vor
der Niederkunft haben die Frauen hier wenig Angst,
und die rührende Pflege, die sie ihren Kindern angedeihen
lassen, spricht nicht zugunsten der Anklage, sie wären zu
träge, um Mütter und Kindererzieherinnen zu werden.
Früchte und Speisen durch Dörren und Gärung für lange
Aufbewahrung zuzubereiten hat auch keinen Zweck auf
Inseln, wo der Reichtum an natürlichen Lebensmitteln
unerschöpflich und die Entfernung von Eiland zu Eiland
in weniger als einem Tage zurückgelegt werden kann.

Unter gewöhnlichen Umständen scheint denn also die
Reiselust der Samoaner durchaus nicht zu so kühnen Wag=
nissen zu führen, wie eine Kanufahrt nach Tonga oder
Tahiti es sein würde. Selbst die nur 70 und 100 Kilo=
meter breiten Meeresarme zwischen Upolu und Tutuila
und Tutuila und Manua werden nicht ohne Not im offenen
Boot durchfahren. Man kann sich deshalb nicht wundern,
daß die Ostinseln der Gruppe außer Abstammung und
Sprache fast nichts mehr mit denen des Westens ge=
mein haben. Diese Trennung der Interessen ist den
Manua=Inseln außerordentlich gut bekommen. Die un=
zähligen Kriege, die Savaii und Upolu in kurzen Zwischen=
räumen verwüstet haben, sind spurlos an den fernen
Ostinseln vorübergegangen, und die unendlichen und durch
Einmischungen der Mächte so vermehrten Verwicklungen
bei den Königswahlen haben bei ihren Bewohnern nur

mäßige Teilnahme gefunden. So sind die drei kleinen Inseln, die meist unter dem Sammelnamen Manua zusammengefaßt werden und, obwohl keine einzelne unter ihnen diesen Namen trägt, eine kleine geographische Einheit für sich geworden sind, in den meisten Dingen polynesischer Überlieferungen unverfälschter als ihre westlichen Nachbarn, in anderen Beziehungen wiederum fremden Einflüssen gründlicher verfallen. Die ersten Entdecker haben sich Samoa alle von Osten genähert und sind daher zuerst mit Manua in Berührung gekommen. Weder Bougainville noch La Pérouse gingen aber an Land, erst Wilkes, der amerikanische Forscher, stattete im Oktober 1839 Manua den ersten gründlichen Besuch ab, und in den sechzig Jahren, die seitdem verflossen sind, haben es nur sehr wenige Besucher Samoas zu einer Reise nach den östlichen Inseln gebracht. Und doch kann nur Manua einen Begriff davon geben, was Samoa einmal werden wird, wenn die Kriegsfackel für immer erloschen ist.

Es war noch vor Sonnenaufgang, als der Navigations-Offizier des Cormoran mir von der Kommandobrücke eine Ordonnanz an meine Hängematte auf der Hütte mit der Meldung schickte: „Manua-Inseln hart voraus in Ost zu Nord." Es war nicht viel, was im Morgennebel zu sehen war. Zur Linken eine kleine Felsenklippe, dann zwei hohe Inseln, langgestreckt und etwa 400 Meter steil aus dem Meer emporsteigend, und dann weiter zur Rechten, durch einen Kanal von ein paar Seemeilen getrennt, eine gewaltige Kuppel, die massig und gedrungen in die graue Morgenluft hineinwuchs, die andern mächtig überragend. Die Hauptinsel wurde angesteuert, und mit zunehmendem Tageslicht ließ sich eine prächtige Kuppe erkennen, ein vollkommener Kegel, nur an der Spitze etwas abgeflacht, von oben bis unten grün bewachsen, von breiten Riffen rings umgeben und

anscheinend nirgends in der tobenden Brandung Durch=
fahrt und Ankerung gestattend. Kaum war indes die
Nordwestspitze gerundet, so zeigte sich eine reizende kleine
Bucht, durch scharf vorspringende Felsgrate gegen alle
östlichen und westlichen Winde geschützt und bei der
Lotung guten Ankergrund aufweisend in bequemer Tiefe
von 30 Metern. Ein hübsches Dorf breitete sich am
weiten Strande aus, der, regelmäßig mit Palmen und
Brotfruchtbäumen bewachsen, im Verein mit den statt=
lichen Hütten auf den ersten Blick den Eindruck von
Wohlhabenheit und Fleiß machte. Unmittelbar hinter den
Häusern stieg das Land senkrecht empor, erst in einer Höhe
von etwa 300 Metern stumpfte sich der Böschungswinkel
ab, und weniger schroff, aber nicht minder großartig
und wuchtig spitzte sich der obere Teil des Kegels zu
seiner Höhe von fast 800 Metern zu, ein kleines Savaii,
in der Zusammendrängung der Umrisse nur um so ein=
drucksvoller. Es war nur eine der kleineren Ortschaften,
Faleasau, vor der wir vor Anker gingen — die Haupt=
siedlung liegt auf der völlig ungeschützten Luvseite der
Insel —, aber der Eifer, mit dem die kleinen Ausleger=
boote der Eingeborenen alsbald um unser Schiff zu
schwärmen begannen, gab der Küste einen Anstrich von
großer Volksdichte und Geschäftigkeit. Die Kanus waren
größer als die von Tutuila, aber zierlicher ausgestattet,
am Bug meist mit einer hübschen Verzierung von
Muscheln. Unter den Männern fielen uns einige un=
tätowierte auf, ein im übrigen Samoa völlig unerhörter
Anblick, und die Damen glänzten durch Abwesenheit, bei
der Begrüßung eines Kriegsschiffes sonst auch undenkbar.
Diese beiden Erscheinungen waren deutliche Kennzeichen
der eigentümlichen Mittelstufe, auf der die Manuaer heute
zwischen polynesischem Heidentum und eifrigem Christen=
tum englischer Herkunft stehen. Am Lande hatten wir

später Gelegenheit, noch manche andere Beispiele dafür zu finden, wie die beiden Weltanschauungen miteinander kämpfen.

Jener Schiffbrüchige von den Tubuai-Inseln, der von den Eingeborenen gastlich aufgenommen war, hatte sich für die freundliche Behandlung erkenntlich gezeigt, indem er den Manuaern die Kunde von den neuen Göttern mitteilte, die von den Weißen nach Tahiti gebracht worden war. Mit dem regen Sinn für alles Neue, der das Naturkind auszeichnet, wurde die neue Lehre aufgegriffen und versuchsweise angenommen, bis man sich überzeugt hatte, daß die bisher verehrten Schutzgeister, die in einem mächtigen Eisenholzbaum oder im furchtbaren Kraken wohnten, nichts gegen die Götter der Christen vermochten, die für ihre Religion mit unheimlichen Feuerrohren und fernwirkenden Bleikugeln kämpften. John Williams, der Apostel und Märtyrer der Südsee, erzählt selbst in seinem Buch "Missionary Enterprise in the South Sea Islands" mit großer Naivität, wie die Bekehrung der Heiden vorgenommen zu werden pflegte. Mit scheuer Ehrfurcht kommen die Eingeborenen an Bord des Missionsschiffes, betrachten aus höflicher Entfernung die fremden Gäste, werden allmählich zutraulicher und wagen die geheimnisvollen Durchbrecher des Himmelsgewölbes zu betasten. Grenzenlos ist das Erstaunen über die Wunder ihrer Kleidung. Die Taschen in Rock und Hose werden als natürliche Beutel in der Haut angesehen, wie sie das Känguruh besitzt, und die Füße mit ihrer doppelten Einkleidung in Strumpf und Schuh erscheinen als der Gipfel der Vollkommenheit. Dann werden Taschenmesser, Sägen, Beile, Hammer und Nägel gezeigt und schließlich als letzter Trumpf die Feuerwaffen ausgespielt. Nun kann an der Überlegenheit der Weißen kein Zweifel mehr sein, und eine sofort angeschlossene Bekehrungspredigt fällt auf fruchtbaren Boden. „Kann der Glaube dieser wunderbaren Himmelsdurchbrecher etwas anderes sein als gut und weise?" so heißt es wörtlich in der ersten Predigt, die Williams den Samoanern durch seinen einheimischen Dolmetscher halten ließ. „Laßt sie uns betrachten und mit uns vergleichen. Ihr Kopf ist bedeckt und geschützt, der unsrige ist der Hitze der Sonne und dem Wasser des Regens ausgesetzt. Ihr Körper ist in wundervolles Zeug gekleidet, wir aber haben nichts als Blätter um unsere Hüften. Ja, selbst an den Füßen tragen sie Kleidung, und unsere Füße sind nackt wie die der Hunde!" Selbstverständlich werden Kleidungsstücke, die nun ausgegeben werden, besonders von den Frauen mit Begier ergriffen, und ehe die Armen auch nur eine Ahnung haben, worum es sich handelt, hat man sie getauft und in die Gemeinschaft der Frommen aufgenommen, während selbstverständlich dafür gesorgt wird, daß alle Ungetauften und besonders der gegnerische Häuptling mit seinem ganzen Stamm hinfort als „Faapaupau", Diener des Teufels, in den Bann getan werden müssen. So fand Wilkes wenige Jahre nach dem ersten Besuch des großen Heidenapostels die Manuaer im bittern Krieg, die Christen der beiden kleinen Inseln gegen die Teufelsdiener auf Taú, der Hauptinsel, und die Bevölkerung arg zusammengeschmolzen infolge des seit Jahren wütenden Religionskrieges. Heute sieht es friedlicher auf Manua aus. Verständigerweise haben die katholischen und mormonischen Sendboten ganz auf Ausbreitung ihrer Bekenntnisse hier verzichtet und den Engländern das Feld geräumt, so daß heute wohl kein Teil Samoas so gründlich unter der Herrschaft der Kirche ist wie Manua. Zwar ist kein weißer Missionar auf den Inseln ansässig, aber sechs einheimische Lehrer — etwa auf je 250 Seelen ein Pfarrer und eine Kirche — und der jährliche Besuch der großen Dampfjacht der Londoner Missionsgesellschaft sorgen für die nötige Beaufsichtigung und die Einschärfung der neuen Lehre. Wie eifrig diese eingeborenen Diener der Kirche den von London aus gegebenen Vorschriften nach= kommen, sollten wir auf unseren Streifzügen am Lande an mehr als einem Beispiel aus eigener Anschauung kennen lernen.

* * *

Die Hauptstadt Manuas, der reichste und stattlichste Ort in Samoa. — Spuren alter Tapugebräuche. — Die jungfräuliche Königin von Manua. — Olosega und Ofu. — Schüchterne Waldmenschen. — Walfische.

Die Leute von Faleasau zeigten sich auffällig scheu bei unserer Landung. In hellen Haufen kamen sie zwar aus ihren Hütten an den Strand gelaufen, aber anstatt wie sonst üblich sofort auf die fremden Ankömmlinge zuzukommen und ihnen mit freundlichem „Talofa" Will= kommen zu bieten, hielten sie sich vorsichtig im Hinter= grunde, Staunen und ängstliche Neugier in ergötzlicher Mischung auf den Gesichtern. Erst als unserem Boot auch der englische Mischling entstieg, der ihnen als reichster Händler der Inseln wohlbekannt war, faßten sie sich ein Herz und kamen näher. Ja, schließlich schlossen sie sich uns in großen Scharen an, als wir unsere Wan= derung über die Berge nach der Westseite der Insel an= traten, wo die Hauptstadt liegt. Es gibt auf ganz Taú nur etwa ein halbes Dutzend Ortschaften, alle an der Küste gelegen, da außer dem schmalen Strandstreifen das Land in seiner Steilheit und dichten Bewaldung nicht be= wohnbar ist. Die größte Siedlung Taú, die der Haupt= insel den Namen gegeben, streckt sich in stattlicher Länge an demjenigen Teile der Westküste hin, wo die arbeitende

Brandungswelle dem hart ans Ufer tretenden Felsen den breitesten Strand abgewonnen hat. Der Marsch über den Ausläufer des Gebirgskammes, hinter dessen schützender Spitze der Cormoran Anker gefunden hatte, war etwas beschwerlich, da heftige Regengüsse das steile Gelände im an und für sich sehr feuchten Waldboden recht schlüpfrig und schwer gangbar gemacht hatten. Aber es lohnte sich der Mühe. Von der Höhe bot sich eine wunderbare Fernsicht auf die beiden kleinen Inseln Olosega und Ofu, die mit ihrem hohen Rücken viel malerischer wirkten als die kleinen Eilande zwischen Upolu und Savaii, und jenseits der schäumenden Riffbrandung lag das Kriegsschiff mit seinem in der Sonne glitzernden weißen Rumpf, in weiter Ferne wie das Spielzeug eines Riesengeschlechtes anzuschauen. Der Abstieg brachte uns bald nach Taú, das sich ungemein stattlich mit seinen mächtigen Häusern und der breiten Dorfstraße ausnahm. Ich habe in keinem Teile Samoas so große und vorzüglich gebaute Hütten gefunden wie hier in Taú, nirgends auch ein so planmäßig und wirkungsvoll angelegtes Dorf wie diese Hauptstadt Manuas, die sich etwa 5 Kilometer lang unmittelbar am Strande hinzieht, die große Hauptstraße sauber mit Kokospalmen und Fruchtbäumen eingefaßt und mit festgefügten steinernen Grabdenkmälern besetzt. Nur das Haus Mataafas in Amaile und das eine oder andere großer Häuptlinge in Savaii wäre mit den Bauten der Manuaer zu vergleichen, eine so prächtige Straße aber mit durchgängig so stattlichen Hütten wie hier in Taú findet sich nicht zum zweitenmal in Samoa. Das Faletele, das Empfangshaus, war ein wahrer Prachtbau. Zwar aus keinem andern Material hergestellt als sonst samoanische Hütten auch, aber in einem Maßstab entworfen und mit einer Sorgfalt aufgeführt, wozu die übrigen Inseln kein Gegenstück bieten können. Auch die

Gräber der Häuptlinge, die ganz wie die Denkmäler einer
europäischen Hauptstraße in der Residenz breite Palmen=
reihen schmückten, waren in ihren übereinandergeschichteten
Plattformen aus Basaltblöcken und Korallenkalk so stattlich
anzusehen, wie im übrigen Samoa nur die alten Erb=
gräber auf Manono oder die der Könige Tamasese in
Lufi Lufi und Malietoa Laupepa in Mulinuu. Der
Empfang im Fale Tele war sehr feierlich, und die Reden,
die zur Begrüßung des Kommandanten und des Konsuls
gehalten wurden, gehörten, nach der Übersetzung zu ur=
teilen, zu den geschicktesten, die ich bei all den unzähligen
Empfängen auf den Westinseln noch mit angehört hatte.
Der Avatrunk wurde draußen vor der Hütte durch eine
Anzahl junger Männer bereitet, selbst das Kauen geschah
zu unserem Entsetzen durch Männer. So hat hier auf
Manua die älteste Überlieferung sich noch siegreich er=
halten. —

Ursprünglich war die Ava für die Frauen „tapu",
heilig und unantastbar. Erst später gestattete man den
unverheirateten Mädchen, die Wurzel zu kauen und für
die Männer zurechtzumachen. Trinken darf auch heute
in keinem Teile Samoas die Frau von diesem Ehren=
trank. Auf Tonga dagegen, das noch am engsten mit
Samoa verwandt ist, trinkt jetzt schon alles Ava, gemein=
sam und öffentlich, ja selbst die Kinder dürfen davon
kosten, und der feierliche Charakter des festlichen Um=
trunks ist dort ganz verloren gegangen. In Manua ist
die völlige Ausschließung der Frauen von der Ava nicht
das einzige Überbleibsel der alten Tapugebräuche. Auch
das Kanu, das zum Beispiel auch auf den Marquesas den
Frauen verboten ist, scheint in Manua noch zu den ge=
heiligten, das heißt nur Männern zugänglichen Dingen
zu gehören. Die Freude, die im westlichen Samoa gerade
die Frauen und jungen Mädchen am Rudern in den ge=

brechlichen Nußschalen haben, scheint auch dafür zu sprechen, daß die Benutzung der Boote ein noch neues Vorrecht der Frauen ist. Als wir aus der Bucht von Pago Pago ausliefen, waren gerade die jungen Mädchen besonders eifrig, uns in ihren Auslegerbooten hinauszubegleiten. Alle Augenblicke zwar kenterte mal eines von den leichten Dingern. Das schien aber die lustigen Insassen wenig zu kümmern. Sie fühlten sich außerhalb des Bootes scheinbar ebenso wohl wie drinnen, schwammen neben dem gekenterten Boote einher, bis sie es gänzlich ausgeschöpft hatten und krabbelten dann mit Geschick vom Heck aus wieder hinein, um dem auslaufenden Schiffe weiteres Geleit zu geben. Mit den fächerartigen Ruderpaddeln winkten sie uns Abschiedsgrüße zu, und als die Entfernung zwischen uns sich rasch vergrößerte, banden die Naturkinder sich ihren Hüftschurz ab und winkten damit in Ermangelung von Taschentüchern, die noch nicht zur Ausrüstung samoanischer Damen gehören, bis wir außer Sehweite waren. Solche Späße sind den Manuaern versagt. Ja, die Herrschaft, die früher die Häuptlinge und Priester durch die Macht des Tapumachens über das Volk ausübten, ist heute auf die christlichen einheimischen Missionare übergegangen, die zu den althergebrachten Tapuerklärungen noch neue christliche hinzufügen. Als ich am nächsten Tage, einem Sonntage, in Tau und Faleasau einige Waffen und Matten kaufen wollte, bekam ich regelmäßig zur Antwort: „Faamoleolo, alii, ua le aso sa", verzeih, o Herr, es ist der heilige Tag, wir dürfen nichts verkaufen. Selbst als ich um eine Kokosnuß zum Trinken bat, entschuldigten sich die unfreiwilligen Frömmler mit dem Sonntage, an dem sie keine Palme ersteigen dürften. Wie mir der Händler von Tau, der als Mischling sehr gut Englisch spricht, erzählte, haben die einheimischen Pfarrer ein förmliches Strafgesetzbuch mit neuen Tapubestimmungen aufgestellt; nur wird darin die Verletzung des Tapus, die früher mit dem Tode gesühnt wurde, mit Strafen in barem Gelde oder Zwangsarbeiten geahndet. So ist das Tätowieren bei fünf Dollar Strafe verboten. Fast jeder heranwachsende Manuaer aber zieht es vor, nach Tutuila hinüberzugehen und sich dort die Schenkel bemalen zu lassen von sachverständigen Künstlern, denen der Aufenthalt in Manua verboten ist, und nach der Rückkehr Strafe zu zahlen, statt sich der Verachtung der Mädchen auszusetzen, die den untätowierten Mann als „unbemalten Säugling" verspotten. Diebstahl, Ehebruch, Körperverletzung werden so mit Geld gesühnt, und nur die armen Teufel, die nicht zahlen können, müssen nach bestimmtem Plan den Wald roden und an den Straßen arbeiten, die über die Insel gebaut werden sollen. Nur auf Mord und Totschlag steht als Sühne der Tod, während gerade darauf nach alter samoanischer Anschauung keine Strafe stand, wenn nicht Blutrache durch die Verwandten den Mörder traf. Auch auf Upolu bleiben ja fast alle Verbrechen gegen das Leben trotz Obergerichts und Munizipalität ungesühnt. Auf Taú aber wurde 1888 ein Mann, der den König Lalamua erschlagen wollte, verurteilt und erschossen.

Manua hat sich, solange die Eingeborenen zurückdenken können, stets eines eigenen Königs erfreut, der als Tui Manua zu den Herrschern von Atua und Aana in keinem Abhängigkeitsverhältnis stand. Und als der letzte König ohne erbberechtigte Nachkommen starb, wurde die Tochter des genannten Mischlings und Händlers von Taú zur Königin ausgerufen, da ihre Mutter sowohl wie ihre Großmutter aus dem alten Königsgeschlechte stammten. Als Tui Manua Matalita (Margarete) hat das junge Mädchen von 1891 bis 1895 die Insel beherrscht, unbekümmert um Malietoa oder Mataafa und unangefochten im eigenen Lande, da ihre Abstammung Thronanspruch genug war. Leider gruben die alten Hofhistoriker und Zeremonienmeister für die Königin soviel alte Tapugesetze aus, daß dem hübschen, zierlichen Geschöpf das Leben ganz verleidet wurde. Sie durfte dies nicht, durfte das nicht, nicht ausgehen, wann und wohin sie wollte, nicht sprechen, nicht scherzen, mit wem sie wollte, und schließlich kam sie elenbiglich um bei einer Feuersbrunst, wie jener König von Spanien, dem die starren Hofgesetze des Escorials das Leben kosteten. Ihr hübsches Grabdenkmal in Marmor steht zwischen der Königshütte und dem Fale Tele auf der Hauptstraße, und obwohl das Andenken an sie im Lande noch sehr lebendig ist, lassen sich die Inseln jetzt ganz ruhig und ordentlich vom Rat der Ältesten verwalten, der sich aus den angesehensten Häuptlingen zusammensetzt.

Weiße Ansiedler gibt es in diesem abgelegenen idyllischen Inselreich nur zwei, einen Deutschen und einen Schweden, und dieser Mangel an weißer Gesellschaft ist jedenfalls ein weiterer Grund, warum dieser Teil Samoas so wenig besucht wird und fast gänzlich unbekannt geblieben ist. Kapitän Emsmann, der, seit 1895 S. M. Schiff Falke vor Faleasau ankerte, zum erstenmal wieder die deutsche Flagge in Manua zeigte, wollte diesen beiden seinen Besuch abstatten. Wir fuhren daher an der Nordküste entlang zur Ostseite, wo in einem herrlichen Waldnest der Deutsche wohnt. In regelmäßigen Zwischenräumen wurde die Dampfpfeife gezogen und auch die Sirene ließ ihre trübsinnigen Klagelaute erschallen. Aber obwohl wir eine Viertelstunde lang auf der Höhe von Fitiuta, dem Wohnort des einsamen Landsmannes, hielten, ließ sich nichts sehen. Wir erfuhren vom Konsul, daß der Mann ein Hamburger Schiffszimmermann sei, der in den Diensten der deutschen Firma gefahren und später als Aufseher auf einer der großen Pflanzungen angestellt gewesen, es dann im Wechsel der Geschicke zum Königlich Samoanischen Polizeiherrn gebracht habe — nebenbei eine Würde, die er mit einigen sehr erlauchten Herren teilt — und schließlich nach Taú in die Wildnis gezogen sei, wo er für seine ehemaligen Auftraggeber die Kopraernte besorge. Er liefert seine Pflanzungserträge nach Taú an den englischen Mischling ab, der in erster Linie das Hamburger Haus vertritt. Aller Wahrscheinlichkeit nach war der brave Mann, der sich vor einigen Jahren vorm Konsulat in Apia mit einer schönen Eingeborenen trauen ließ, schon zu sehr Waldmensch geworden, um dem Besuch eines deutschen Kriegsschiffs mit Gleichmut entgegensehen zu können. Die Reise ging daher weiter zu den beiden kleineren Inseln. Zwischen ihnen und Taú fand am 12. September 1866 ein unterseeischer Ausbruch statt, der bei den Geographen das größte Interesse weckte, als ein Zeichen der unerloschenen vulkanischen Tätigkeit der samoanischen Bruchspalte. Eine Lavainsel von 165 Metern Höhe wurde nach dem Zeugnis des Kommandanten des englischen Schiffes Faulcon aufgeworfen und alles weit und breit mit einem Regen von Asche und Lapilli bedeckt. 1884 war der plötzlich emporgetauchte Vulkan schon auf 46 Meter zusammengeschrumpft, und wir fanden weiter nichts mehr als eine leichte Verfärbung der See, die von einer Bank in etwa 40 Metern Wasser herrührte. In der Mitte des Kraters findet das Lot dagegen keinen Grund. Olosega, „die Papageienfestung", ist die kleinere, aber merkwürdigere Insel der beiden. Ihren Namen trägt sie von den schönen rotgefiederten Sittichen, die auf Manua häufiger zu sein scheinen als im übrigen Samoa. Wir sahen verschiedene Auslegerboote, die in der Fock einen dieser hübschen Vögel angebunden flattern ließen wie eine Flagge. Früher war das Zähmen von Papageien und Tauben eine Lieblingsbeschäftigung der Häuptlinge. Die Einführung von Feuerwaffen hat leider mit den Tieren so aufgeräumt, daß jetzt fast nur noch für die Küche Vögel geliefert werden, die übrigens von köstlichstem Wohlgeschmack sind.

Olosega ist eine wirkliche Festung, eigentlich nichts als eine scharfe Klippe, der Erosionsüberrest einer vulkanischen Kuppe, der in wunderbaren Zacken zu 370 Metern emporsteigt. Hier pflegte sich der König gegen aufständische Häuptlinge zu verschanzen. Ein einziger schmaler Fußpfad führte hinauf zur Spitze, und ein paar Kinder konnten durch Hinabrollen von Felsblöcken den Zugang verteidigen. Die einzige Gefahr bestand im Aushungern, da natürlich die Früchte des Waldes bald aufgezehrt sein mußten. War ein sehr langwieriger Krieg vorauszusehen, so fingen die oben ganz kaltblütig an ihre Taloknollen zu pflanzen, und nach ein paar Monaten waren sie aller weiteren Nahrungssorgen überhoben. Der einzige fremde Bewohner dieser Wasserfestung ist ein Schwede, der sich indessen, wie die Sage geht, in seiner Einsamkeit so sehr mit dem vortrefflichen Punsch befreundet hat, den seine Landsleute in Göteborg brauen, daß er sich nicht gerne von naseweisen Besuchern stören läßt. Auch er verhielt sich dem Locken der Dampfpfeife gegenüber standhaft ablehnend.

Mehr Glück hatten wir auf der nächsten Insel, die nur durch eine schmale Straße von kaum 300 Metern von Olosega getrennt ist. Auch Ofu ist ein alter Vulkankegel, der durch Wind und Wetter arg angefressen ist und durch die fleißige Arbeit des Passatregens ein dichtes grünes Pflanzenkleid bekommen hat. Nach Norden zu hat sie einen völlig senkrechten Steilabfall, völlig unnahbar und majestätisch. Die andern Küsten lassen einen genügend breiten Strandstreifen, um den Bewohnern den

Anbau von Talo und Brotfrucht zu ermöglichen. Hier liegt der nächst Taú größte Ort der Inseln mit dem unheimlichen Namen Aluuluúu, der sogar eine noch größere Kirche als die Hauptstadt aufweist, und die war schon größer als irgendeine Eingeborenenkirche im Westen. Dementsprechend machten auch die Manuaer für den Kirchgang ganz besonders große Anstrengungen. Während sie wochentags im Hüftenschurz und Blumenkette umherlaufen, zwängen sie sich am „heiligen Tage" in warme Wollhemden, und die Frauen ziehen sogar einen kurzen Rock an, wie man ihn selbst in Apia an den größten Feiertagen nicht zu sehen bekommt, und die Unzahl von Sonntagnachmittagsausgehhüten, denen man in Manua begegnet, zeigt, wie gut die einheimischen Missionare ihren englischen Lehrmeistern das Verständnis für den notwendigen Zusammenhang zwischen Mission und Kramhandel abgelernt haben. Nur die Füße sind auch bei den Manuaern noch „nackt wie die der Hunde".

Von dieser frommen Küste stieß denn endlich ein Kanu ab mit einem Papalagi, der sich sehr rasch und geschickt durch die Brandung längsseit des Schiffes paddelte. Bei näherer Besichtigung entpuppte er sich zwar als Mischling englischer Abstammung, der hier als Pflanzer das Apiaer Haus E. A. Grevsmühl & Co. vertritt. Er hatte sich in aller Eile in einen frischgewaschenen weißen Anzug geworfen, um an Bord seinen Besuch zu machen. Seit der englische Kreuzer Porpoise im Jahre 1898 nach Ofu kam, hatte er keinen Besuch mehr von Weißen gehabt. Er wußte mancherlei Wissenswertes über die Inseln zu erzählen und war im übrigen ein merkwürdiger Beleg dafür, wie selbst die Manuaer weißer Abkunft das Interesse an den westlichen Dingen verlieren. Was uns in Apia Tag und Nacht beschäftigte, die politische

Zukunft der Inseln, ließ ihn völlig kalt. Ihm war seine kleine Welt mit seiner Kopra, seiner Frau und wahrscheinlich auch seinem Whiskey Lebenszweck genug.

In der buchtähnlichen Wasserfläche zwischen Ofu und Olosega wurden plötzlich zwei Wale gesichtet. Ganz dicht unter Land tauchten dann und wann die gewaltigen schwarzen Rücken hervor oder ein Schlag mit der riesigen Schwanzflosse wühlte das Wasser auf. Die Tiere tummelten sich so dicht am Riff, daß wir hofften, sie würden aufs Trockene geraten, wie kürzlich in Saluafata und vor Fagaloa fünf große Wale gestrandet waren. Unsere Erwartungen wurden aber getäuscht, und ich konnte meine samoanischen Reiseerlebnisse nicht um das interessante Kapitel einer Walfischjagd bereichern.

Fünfzehntes Kapitel.
Die Zukunft Samoas.

Heutige Zustände. — Widrige Einflüsse gebrochen unter der Neuordnung der Dinge. — Samoa keine Ackerbaukolonie. — Klima. — Wirtschaftliche Entwicklungsfähigkeit. — Arbeiterfrage. — Zukunft der Eingeborenen. — Samoas Aussichten im Welthandel.

Ein viermonatiger Aufenthalt und gründliche Reisen auf den Samoa-Inseln, täglicher Verkehr mit den erfahrensten und maßgebendsten Einwohnern, Weißen wie Eingeborenen, sowie die Durchsicht der bisherigen wissenschaftlichen, amtlichen und rein beschreibenden Veröffentlichungen über Samoa haben es dem Verfasser dieser Briefe, die hierdurch abgeschlossen werden, ermöglicht, sich ein Bild von den gegenwärtigen Zuständen der Inseln zu machen. Wir sehen ein von der Natur besonders begünstigtes Tropenland, das infolge seiner Lage innerhalb des Passatgürtels den fremden Siedlern ein für so niedrige Breiten ungewöhnlich gesundes Klima bietet und an Fruchtbarkeit des Bodens darum doch nicht hinter andern Ausbeutungsgebieten der heißen Zone zurücksteht. Die Inseln, an wechselvoller Bodengestaltung und an Naturschönheiten reicher als irgendeine andere Gruppe der Südsee, sind bewohnt von einem glücklich veranlagten Menschenschlage, der sich an geistiger Befähigung ohne Scheu mit der mittelländischen Rasse messen darf, ihr an körperlichen und seelischen Vorzügen in seiner Gesamtheit vielleicht gar überlegen ist. Wir sehen das Land überwiegend noch im Besitz eingeborener Gemeinschaften, erst teilweise und seit wenigen Jahrzehnten durch Kauf in die Hände fremder Unternehmer übergegangen und trotz widriger Verhältnisse mit ziemlichem Erfolg bewirtschaftet. Um das größte und älteste Unternehmen, das in mehr als einer Beziehung den wichtigsten Faktor des ganzen Getriebes bildet, haben sich, zum Teil aus demselben Hause hervorgegangen, mehrere kleinere Händler und Pflanzer gruppiert, deren Tätigkeit neue Gesichtspunkte für die Möglichkeiten einer Ackerbaukolonie eröffnet. Die große Zahl einzelner, von allem Zusammenhang losgelöster Existenzen, die, außerhalb der menschlichen Gesellschaft und ihrer Rechtsanschauungen stehend, die Plage anderer Südsee-Inseln bilden, finden wir auf Samoa ausgestorben und nur in vereinzelten, harmlosen Belegstücken vertreten. Auf der andern Seite hat der Einfluß der weißen Einwanderer und vorübergehender Besuche nicht den verheerenden Einfluß auf die eingeborene Bevölkerung geübt, dessen sich der Weiße mit seiner Kultur fast überall sonst in diesen Gewässern zu schämen hat. Noch sind die ursprünglichen Bewohner nicht wie jagbares Wild abgeschossen wie in Australien, noch haben ekle Krankheiten und der Alkohol sie nicht vernichtet wie auf Hawaii und Tahiti, noch hat der Opiumschacher christlicher Krämervölker sie nicht körperlich und geistig gebrochen wie in Tasmanien und auf einzelnen westlichen Inseln. Und doch haben weder Land noch Leute bis jetzt die Entwicklung durchgemacht, die bei den günstigen Vorbedingungen billig erwartet werden durfte, und auch die wohlwollendsten Beurteiler können nicht behaupten, daß der Gesamterfolg im richtigen Verhältnis stünde zu dem Aufwand an Zeit und Geld, Arbeitsleistung und Lebenskraft. —

Daß für dieses Mißverhältnis nur die äußeren poli-

tischen Zustände verantwortlich gemacht werden müssen,
wird von vielen bestritten. Manche Schwarzseher wollen
den Inseln überhaupt jede einträgliche Entwicklungsfähig=
keit absprechen. Wer aber von der äußersten Westspitze
Savaiis bis zur Ostseite Taús die Inseln kennen gelernt
hat, wird den erstaunlichen Unterschied in dem Wohl=
stand der Bevölkerung je nach der Entfernung von Apia
und den politisch wichtigen Mittelgebieten vor allem aus
der größeren Ruhe erklären müssen, deren sich jene ab=
gelegeneren Teile zu erfreuen gehabt haben. Von der
endgültigen Entscheidung, die nunmehr über die politische
Zukunft der Inselgruppe getroffen worden ist, können
daher die besten Ergebnisse erwartet werden. Jede Ent=
scheidung, wie sie auch ausgefallen wäre, war den bis=
herigen Zuständen vorzuziehen, und da die tatsächlich
zwischen den bisherigen Vormündern Samoas getroffene
Vereinbarung die denkbar beste Lösung darstellt, die unter
den gegebenen Verhältnissen möglich war, so wird auch
der nüchterne Beobachter, der seine Freude über das end=
lich Erreichte keinen Teil haben läßt an der sachgemäßen
Abwägung der Tatsachen und Möglichkeiten, den An=
bruch einer Blütezeit voraussagen können, da hoffentlich
nach der Neuordnung der Dinge sämtliche bisher hin=
dernden Gewalten ausscheiden oder unschädlich werden.
Die Hetzer und Wühler englischer Zunge, und besonders
diejenigen neuseeländischer Herkunft, werden von selbst
ihre Tätigkeit einstellen, nachdem die deutsche Flagge über
Upolu und Savaii weht, denn das Endziel dieser kanne=
gießernden Winkeladvokaten und Missionare war nichts
als die Schwächung der deutschen Stellung und die Besitz=
ergreifung durch England oder Neuseeland. Und gerade
von den gefährlichsten und beim Volk einflußreichsten
Maulwürfen ist bekannt, daß nur die Hoffnung auf eine
einträgliche Staatsanstellung sie in Apia ausharren ließ.

Von den Eingeborenen sind keine Schwierigkeiten zu fürchten. Eine gerechte und gleichmäßige Behandlung durch landeskundige Beamte wird leicht Verständnis und Entgegenkommen finden. Der Befähigung und politisierenden Neigung der Samoaner entsprechend wird sich eine Beteiligung des Volkes durch seine berufenen Vertreter an der Verwaltung sehr empfehlen. Ohne daß diese Heranziehung der Häuptlinge an Selbstregierung zu streifen hätte, brauchen doch auch die Grenzen nicht zu eng gezogen zu werden. Die nach dem Vorbild der Verwaltung von Viti gemachten Vorschläge der drei Kommissare, wie sie in dem Verfassungsentwurf niedergelegt worden sind, geben dafür vorzügliche Fingerzeige. Bei der großen Vorliebe der Samoaner für wohlgesetzte Reden und bei dem herkömmlichen Ansehen, das die Sprecher der Gemeinden genießen, wird dort die vorgeschlagene Volksvertretung wohl ein besonderer Erfolg sein.

Von wohltätigstem Einfluß wird die Neuordnung der Dinge auf die wirtschaftlichen Verhältnisse sein. Zwar wird Samoa wohl niemals eine Ackerbaukolonie werden. Nicht als ob dem das Klima entgegenstünde. Die Hitze geht selten über 33 Grad Celsius im Schatten hinaus, und die Regenmenge erreicht nur an den dem Passat völlig ungeschützt ausgesetzten Gebirgswaldstellen bedenkliche Ziffern wie 350 Zentimeter im Jahr. Fieber ist nicht endemisch, nur ganz leichte Arten kommen vor, die erst in Verbindung mit Erkrankungen der Luftwege und der Verdauungswerkzeuge gefährlich werden. Im allgemeinen gewähren die weißen Bewohner Samoas einen überraschenden Anblick von Gesundheit und Kraft. Besonders gilt das sogar von den Deutschen, die schon seit fünfzehn und mehr Jahren im Lande leben. Vorsicht in der Lebensweise ist natürlich geboten. Vor allem muß für Bewegung durch Spiel und Sport gesorgt werden;

körperliche Trägheit ist die größte Feindin des Europäers in den Tropen. Auffälligerweise bleibt auch der Fremde nicht verschont von einigen echt samoanischen Krankheiten. So sind gelegentlich ältere Siedler von Elefantiasis befallen worden, einer mehr entstellenden als lästigen und gefährlichen Erkrankung der Gewebe in den Gliedern, die von den Eingeborenen dem Aufenthalt in der Sonne und dem Salzwasser zugeschrieben wird. Bloß lästig ist ferner der Ringwurm, eine hartnäckige Flechtenerkrankung der Haut, die sich rasch ausbreitet und den ganzen Körper bedecken kann. Bei den Eingeborenen, die in ihrer Jugend fast ohne Ausnahme davon befallen werden, verliert sich die Flechte noch in jungen Jahren, bei Weißen tritt sie auch in höherem Alter und oft recht langwierig auf. Mit andern Tropenländern verglichen, ist das Klima Samoas außerordentlich gesund, so daß selbst schwere Arbeit im Freien von Weißen verrichtet werden kann. Auf seiner Pflanzung Lotopá bei Apia hat Herr Hugo Schmidt z. B. das Roden des Urwaldes, die Aussaat und das Setzen der Fruchtbäume von Anfang bis zu Ende selbst mitgemacht, überall selbst mit Hand angelegt, und zwar weidlich dabei geschwitzt, im übrigen aber keine Schädigung davongetragen. Die Witterungsverhältnisse würden also kein Hindernis für eine völlige Besiedlung durch Weiße bilden. Es sind nur die erschwerenden Begleitumstände, die das unmöglich machen. Die große Entfernung vom Mutterlande, die Kosten der Ausreise und die durch den langen Seeweg erheblich gesteigerten Preise aller eingeführten Waren würden dem Manne mit bescheidenen Mitteln das Arbeitsfeld hier draußen verschließen.

Für die amerikanisch gewordenen Inseln liegen die Verhältnisse in dieser Beziehung auch nicht günstiger. Zurzeit sind die Dampferfrachten von San Francisco nach Apia beinahe ebenso teuer wie die von Hamburg über Sydney nach Apia. Dazu kommt der Mangel an Raum. Von den etwa 3000 Quadratkilometern, die die Inselgruppe messen mag, kommt doch nur ein Bruchteil für die erfolgreiche Bewirtschaftung in Frage. In den höheren Lagen würden die Schwierigkeiten der Bodenbearbeitung ins Ungeheure wachsen. Für eine beschränkte Zahl von Pflanzern bieten sich dagegen die besten Aussichten, zumal wenn man mit der baldigen Einrichtung rascherer und billigerer Verbindung mit der Heimat rechnen darf, die die Anschaffung alles Bedarfes und die Verfrachtung der Bodenerzeugnisse zu vernünftigen Preisen gestattet.

Augenblicklich bringt Samoa, von verschwindenden Nebendingen abgesehen, nur Kopra hervor, den zur Ölbereitung verwandten getrockneten Kern der reifen Kokosnuß. In früheren Jahren hat man aber auf den deutschen Pflanzungen auch Baumwolle, Tee, Zucker, Chinarinde, Zimmet, Vanille und manche andere tropischen Erzeugnisse gezogen, und heute werden erfolgreiche Versuche mit Kaffee und Kakao gemacht. Zahlreiche Arten von Früchten, wie Ananas, Bananen, Papaya (Frucht des Melonenbaumes), Apfelsinen, Zitronen, Mango, Rangäpfel (Passiflora), Giraben, Alligatorbirnen (Persea) und ungezählte andere, deren Anbau und Versand sich lohnen würde, wachsen wild und warten auf Pflege. Schwierig ist in allen Fällen nur die Beschaffung von brauchbaren, ausdauernden Arbeitern. Die Samoaner sind als Feldarbeiter zwar nicht ganz so schlecht wie ihr Ruf, aber für einen größeren landwirtschaftlichen Betrieb eine genügende Anzahl von regelmäßigen einheimischen Bestellern zu haben, dürfte doch recht schwierig sein, da eben die Arbeit den glücklichen sorglosen Naturkindern keine Notwendigkeit ist und das bißchen Geld=

erwerb sie nicht locken kann, solange ihre Bedürfnisse noch so wenig nach dem Geschmack der Händler entwickelt sind. Auf der andern Seite ist der Bezug von Arbeitern aus den deutschen Besitzungen in Melanesien kostspielig und schwierig. Mehr als tausend Mann das Jahr lassen sich dort zurzeit nicht beschaffen, und in englischen Kolonien zu werben, empfiehlt sich nicht wegen der unleidlichen Mißstände, die später die Aufsicht und Gerichtsbarkeit des englischen Konsuls über diese in deutschem Solde stehenden englischen Schutzbefohlenen notwendigerweise mit sich bringen. In bescheidenem Umfang hat man Versuche mit andern Polynesiern gemacht, so von Raratonga, Niue und den nordwestlich von Samoa gelegenen Gruppen, die soweit zur Zufriedenheit ausgefallen sind. Für kleinere Unternehmer, denen der Preis von etwa 300 Mark für den melanesischen Mann fürs Jahr zu hoch ist, würde der Samoaner vielleicht doch noch vorzuziehen sein, wenn er auch scharfer Aufsicht und steten Antriebes bedarf. Chinesen hat man bisher hier nur als selbständige kleine Kaufleute und Handwerker in Apia gesehen, und die Einführung chinesischer Kulis für die Pflanzungen würde im Interesse der Eingeborenen, die eine starke Abneigung gegen die „Saini" haben, nicht ratsam sein, so sehr die vorzüglichen Eigenschaften des chinesischen Arbeiters, Genügsamkeit und Fleiß, Ausdauer und Nüchternheit, dies Auskunftsmittel empfehlen möchten. Wozu schließlich die unbedachte Einfuhr asiatischer Arbeitskräfte in das Land sorglos träger Eingeborenen führen kann, sieht man in Hawaii, wo die Kanaken von den Missionaren und ihren Nachkommen ihres Grundbesitzes völlig beraubt und von dem Anteil am wirtschaftlichen Leben ihres reichen Landes durch Chinesen, Japaner und auf gleicher Stufe stehenden Portugiesen von den Azoren völlig verdrängt worden sind.

Und das ist schließlich der einzige dunkle Punkt in der für die weißen Ansiedler so hellen Zukunft Samoas: das Schicksal der Eingeborenen. Länger als irgendein anderer Stamm hat das samoanische Volk seine Eigenart bewahrt und dank seiner Abneigung gegen europäische Dinge seinen Bestand auf der Höhe gehalten. Auf Tonga gibt es nur noch 20 000 polynesische Eingeborene, auf Tahiti 16 000 und auf den Hawaiischen Inseln, die fünfmal größer als Samoa sind, nur noch 32 000 von der halben Million, die zu James Cooks Zeiten dort gelebt haben müssen, während die samoanischen Inseln mit ihren 35 000 Einwohnern, obwohl nur die Küsten besiedelt sind, eine Volksdichte von 10 auf den Quadratkilometer aufweisen, eine für Südseeverhältnisse ganz außergewöhnliche Ziffer. Das wird aber nicht so bleiben können mit wachsender europäischer Einwanderung und zunehmender Vertrautheit der Eingeborenen mit der europäischen Kultur. Die kleinen Händler, die ihr Geschäft mit den Eingeborenen machen, haben ja auch ihre Daseinsberechtigung, und niemand wird es ihnen verübeln, wenn sie ihren Kunden alle möglichen und unmöglichen Dinge anpreisen, die dem Verkäufer Geld, dem Käufer im günstigsten Falle keinen Schaden bringen. Sitte und Recht spielen im Geschäftsleben keine Rolle, und dem Kaufmann ist es höchst gleichgültig, wenn andere Leute es für verwerflich oder gar verbrecherisch halten, daß er die Eingeborenen zum Kauf allerhand überflüssiger Kleidungsstücke oder schädlicher Genußmittel veranlaßt. Auch die Missionare wollen ja leider nie einsehen, daß sich ein Naturmensch, der bisher nur in seiner eigenen Haut spazieren gegangen ist, nicht ungestraft plötzlich in Wolle und Flanell kleiden darf, daß die Widerstandsfähigkeit gegen Wind und Wetter durch so törichten Brauch untergraben, und wie die Erfahrung immer wieder lehrt,

der Grund gelegt wird zu Lungenkrankheiten und all=
gemeiner Schwächung der Organe. Noch ist der Ver=
kauf geistiger Getränke an Eingeborene durch die Landes=
gesetze streng verboten, und hoffentlich wird die zukünftige
Verwaltung gerade in diesem Punkte stets ein wachsames
Auge haben. Bisher hat der Samoaner glücklicherweise
noch keinen Geschmack an der „Ava Papalagi", wie er
alle starken geistigen Getränke nennt, gefunden, und nur
vereinzelte Männer in Apia und wenigen Orten außer=
halb stehen in dem Ruf, der Verführung durch gewissen=
lose Weiße unterlegen zu sein. Das abschreckende Bei=
spiel der schnapstrinkenden Eingeborenen von Hawaii
sollte allen, die mit der Leitung eines so leicht lenkbaren
Südseevolkes zu tun haben, eine eindringliche Warnung
sein und ihnen die Verantwortung klarmachen, die sie
durch Gleichgültigkeit oder Lässigkeit auf sich laden würden.
Der am Ende doch unvermeidliche Untergang dieser
liebenswürdigen Völker sollte doch mit allen Mitteln so
lange als möglich hintangehalten werden, und schließlich
findet sich vielleicht hier doch einmal die Ausnahme der
bisher als unumstößlich geltenden Regel, daß die Be=
rührung eines Naturvolkes mit dem Europäer notwendig
zum Untergange der einfacheren, natürlicheren Gesittungs=
stufe führt.

Wenn man über das Schicksal des samoanischen Volkes
nur Vermutungen und Wünsche äußern kann, so läßt sich
über die wirtschaftliche Zukunft der Inseln mit größerer
Bestimmtheit reden. Der mittelamerikanische Kanal,
mag er nun Panama oder Nicaragua heißen, wird
mit einem Schlage das ganze Bild des Südsee=
verkehrs verändern. Nicht nur wird Samoa dann
ein bequemer Haltepunkt sein auf dem Wege nach
Auckland und den australischen Häfen und wird deutschen
Kriegsschiffen zwischen Südamerika und Ostasien will=

kommenen Ankergrund in deutschen Gewässern bieten, sondern von den neuen, noch unübersehbaren Verkehrsverschiebungen, die der Anschluß des Stillen Ozeans an den Atlantischen bewirken muß, wird auch Samoa nicht zuletzt Vorteil ziehen. Schon jetzt ist die Verbindung mit den übrigen deutschen Besitzungen in Melanesien und Mikronesien gesichert, der weitere Anschluß an den Verkehr mit Ostasien wird sich von selbst ergeben, und wenn erst schnelle und große Dampfer unter deutscher Flagge den Verkehr über das große Weltmeer vermitteln, das erst am Anfang seiner Rolle im Welthandel steht, dann wird Samoa wieder zu dem werden können, was es im Beginne seiner Handelsgeschichte, zur Zeit der Godeffroyschen Segelschiffe, schon einmal zu sein begonnen hatte: der Mittelpunkt eines weitverzweigten Frachtverkehrs von Küste zu Küste. Und wenn in der deutschen Verwaltung etwas von der warmherzigen Teilnahme zu spüren sein wird, die das deutsche Volk von jeher den Samoainseln entgegengebracht hat, dann wird man die Zuversicht hegen dürfen, daß mit dem neuen Jahrhundert nicht nur für die Weißen, sondern auch die Eingeborenen Samoas endlich die langersehnte Zeit friedlichen Gedeihens angebrochen ist.

www.ingramcontent.com/pod-product-compliance
Lightning Source LLC
Chambersburg PA
CBHW021648230426
43668CB00008B/548